全国应用型院校学前教育专业新形态规划教材
总主编 李姗泽 孙亚娟

学前教育管理学

主　编　蔡红梅
副主编　董艳琴　刘小慧　马文香　张　淼
编　委　蔡红梅　董艳琴　刘小慧　马文香
张　淼　杨婵娟　王晓樊　朱智慧
陶　玮　亓兰真　徐有翠　王　璐

西南大学出版社
国家一级出版社 全国百佳图书出版单位

本书配有丰富教学资源

图书在版编目(CIP)数据

学前教育管理学 / 蔡红梅 主编. -- 重庆 : 西南大学出版社, 2023.1

ISBN 978-7-5697-1332-9

Ⅰ. ①学… Ⅱ. ①蔡… Ⅲ. ①学前教育－教育管理学－高等学校－教材 Ⅳ. ①G61

中国版本图书馆CIP数据核字(2022)第109731号

全国应用型院校学前教育专业
新形态规划教材

学前教育管理学

XUEQIAN JIAOYU GUANLIXUE

蔡红梅◎主编

董艳琴　刘小慧　马文香　张　淼◎副主编

责任编辑：黄丽玉
装帧设计：汤　立
排　　版：张　祥
出版发行：西南大学出版社(原西南师范大学出版社)
地　　址：重庆市北碚区天生路2号
网　　址：http: //www. xdcbs. com
邮　　编：400715　市场营销部电话：023- 68868624
经　　销：全国新华书店
印　　刷：重庆新生代彩印技术有限公司
幅面尺寸：185 mm×260 mm
印　　张：23
字　　数：400千字
版　　次：2023年1月　第1版
印　　次：2023年1月　第1次印刷
书　　号：ISBN 978-7-5697-1332-9
定　　价：68.00元

总序

学前教育是每个儿童接受集体教育的开始，是每个人终身学习的开端，是国民教育体系的重要组成部分。进入新时代，人民群众对优质教育的需求不断提升。实现幼有所育，成为满足人民群众日益增长的优质教育需求的重要举措。党中央、国务院高度重视学前教育事业，党的十八大提出“办好学前教育”，党的十九大要求“在幼有所育上不断取得新进展”，党的二十大提出“强化学前教育普惠发展”。2018年，中共中央、国务院发布了《关于学前教育深化改革规范发展的若干意见》，强调把发展学前教育摆在更加重要的位置，明确要大力加强幼儿园教师队伍建设，办好一批幼儿师范专科学校和若干所幼儿师范学院，支持师范院校设立并办好学前教育专业，扩大有质量教师供给。2021年，教育部等九部门印发《“十四五”学前教育发展提升行动计划》，提出要全面提升保教质量，提高教师专业素质和实践能力。由此可见，教师队伍是提高保教质量的关键，是保证学前教育质量的基石。

推动普通本科高校向应用型转变，是党中央、国务院的重大决策部署，是教育领域人才供给侧结构性改革的重要内容。创新应用型技术技能型人才培养模式，建立以提高实践能力为引领的人才培养流程，是实现应用型高素质人才培养的关键。2011年10月，教育部颁布《教师教育课程标准（试行）》，并发文要求各地按照《教师教育课程标准（试行）》的学习领域、建议模块和学分要求，制定有针对性的幼儿园、小学和中学教师教育课程方案。幼儿园教师职前教育课程要帮助未来教师充分认识幼儿阶段的特性和价值，理解“保教结合”的重要性，学会按幼儿的成长特点进行科学的保育和教育；理解幼儿的认知特点和学习方式，学会把教育寓于幼儿的生活和游戏中，创设适宜的教育环境，保护与发展幼儿探究、创造的兴趣，让幼儿在愉快的幼儿园生活中健康成长。

为了适应我国学前教育大发展的改革趋势和高素质应用型人才培养的要求，我们坚持培养实践性、应用型人才的理念，立足于学生学习与发展的需要，增加了学科相关前沿研究以及社会热点问题的讨论，将理论知识与实践案例相融合，同时加强了实训内容；实现理论体系向教材体系转化、教材体系向教学体系转化、教学体系向学生的知识体系和价值体系转化，使教材更加体现科学性、前沿性，以进一步增强教材的应用性和实效性。在开展充分调研的基础上，我们组织了一批业务能力强、理论知识和实践经验丰富的专家、一线教师开展教材编写和建设工作。丛书包括《学前教育学》《学前儿童心理学》《中外学前教育史》《学前教育研究方法》《学前儿童游戏》《学前教育评价》《学前教育管理学》《学前儿童卫生学》《学前儿童体育与健康教育》《学前儿童语言教育》《学前儿童社会教育》《学前儿童科学教育》《学前儿童艺术教育》《幼儿园环境创设》《幼儿园玩教具设计与制作》《幼儿行为观察与评价》《幼儿园课程》《学前儿童文学》《学前教育政策法规与师德修养》等。

本套教材紧密结合《教师教育课程标准（试行）》《3~6岁儿童学习与发展指南》《学前教育专业师范生教师职业能力标准（试行）》等最新国家政策文件精神，立足于应用型院校学前教育专业高素质人才的培养，涵盖学前教育专业的核心课程、基础课程、学科课程和拓展课程。本套教材除了满足内容充实、完整，结构清晰、合理，语言得体、流畅等基本要求外，还力求克服国内已有教材的不足，努力打造自己的优势和特色。

第一，课程思政与育人为本相结合。本套教材的编写注重主流价值观引领，挖掘和拓展课程的育人价值，充分体现了不同课程的特色与优势，形成了特色鲜明、优势突出、交叉互补的教材内容体系，实现了课程思政与立德树人的结合。

第二，理论与实践相结合。本套教材强调深入落实《教师教育课程标准（试行）》“实践取向”的精神，以学生发展为根本，以学习产出为导向，注重实践性教学内容，关注解决教育实践问题。在板块设计上，除了正文的理论阐述，还辅以案例破冰、拓展阅读、人物介绍、经典研究介绍、思考与实训、专题探讨等实践板块，引导学生将理论运用于实践。

第三，基础性与时代性相结合。本套教材吸纳教育学、心理学、学科教学的最新研究成果，坚持呈现各学科领域的基本知识、基本原理，为学生搭建一个全面而扎实的知识体系；及时跟进社会及行业的最新发展动态，将最新、最权威、最具代表性的成果引入教材，实现了基础性与时代性的结合。

第四，学术性与应用性相结合。本套教材既注重学术性，也注重应用性，为支持“立体化”教学，教材编写团队立足于学前教育专业应用型人才培养的需求，注重资源的应用性和实用性，形成了以知识图谱、教学计划、多媒体课件、案例库、习题库、教学视频、教学动画、微课等构成的课程教学资源体系，打造了“纸质教材+数字化教材+在线课程”协同互补的新形态教材体系；形成了教材、文本和网络技术相互交叉、相互融合、相互支撑的立体化、网络化、互动化教学方式，能有效提升教学质量，以期成为学前教育专业学生喜读、乐读的学习素材。

本套教材的编写人员较多，教材的编写与出版是一项艰巨的工程，能顺利付梓得益于所有参编人员的辛勤工作，也得益于西南大学出版社编辑的积极协调与沟通。在此向所有参与此次编写与出版工作的作者及编辑人员表达我们的敬意。由于编者的学术视野及学术能力的限制，本套教材难免存在不足之处，我们将在使用中进一步总结反思，不断修订完善，欢迎广大学界同人和读者朋友不吝赐教，多提宝贵意见。

李姗泽　孙亚娟

前言

2018年，中共中央、国务院印发的《关于学前教育深化改革规范发展的若干意见》，明确了新时代学前教育的定位，提出扩资源、调结构、增普惠、提质量，完善学前教育管理体制、办园体制和政策保障体系，以实现“幼有所育、学有所教”。2021年12月，教育部等九部门印发《“十四五”学前教育发展提升行动计划》，围绕提高普及普惠水平、加强幼儿园规范监管、合理确定收费标准等提出系列举措。学前教育实现了基本普及目标，开始迈入全面提高质量的新阶段。“十四五”期间，学前教育改革发展的主要任务是在补齐普惠性资源短板的同时，把工作重心转移到完善体制机制和提高学前教育质量上来。我国学前教育事业进入新的历史发展时期，必将对学前教育管理提出新的要求。

学前教育管理学是研究学前教育管理现象及其规律的一门学科。加强学前教育管理学的研究与学习，可以帮助我们掌握基本管理理论和教育理论，联系新时期学前教育事业改革和发展中遇到的新要求、新问题，引导我们在实践中厘清发展方向和管理思路，积极探索科学的管理策略，不断提升管理能力，推动学前教育机构保教质量的提高，并助力于我国学前教育事业可持续健康发展。

2019年2月，中共中央、国务院印发了《中国教育现代化2035》提出要建设高素质专业化创新型教师队伍，这也是新时代对学前教育师资队伍建设提出的要求。高质量的教材是培养和造就高水平专业教师队伍的重要载体。课程思政的本质强调立德树人，本书编写遵循2018年《中共中央、国务院关于全面深化新时代教师队伍建设改革的意见》提出的“着力提升思想政治素质，全面加强师德师风建设”。提高学前教育质量的关键在于建设师德高尚、专业能力卓越的幼儿教师队伍。突出新时代的要求，融合最新的管理思想与管理理念，紧密结合国家学前教育事业改革发展和幼儿园课程改革实践。教材编写力求把新时代的要求、新的管理理念渗透在相关章节的内容之中。如，第二章的第三节“学前教育督导与检查”讲述了学前教育督导体制以及国内外学前教育督导实践；第五章的第五节“幼儿园课程管理”，突出了幼儿园课程园本化的新要求和实践；第七章的第三节“幼儿园教职员工的管理”，突出人本管理思想，将现代管理理论的新发展引入幼儿园管理。第八章的第四节“幼儿园与媒体的公共关系”，强调了紧跟现代社会自媒体We Media快速发展，信息传递个人化、大众化、普泛化、自主化等特点，以体现学前教育管理应适应社会信息科技发展的需要。

本教材在设计和编写过程中，力求体现如下特点：

1. 时代性和方向性。本教材的编写力图反映我国学前教育改革和发展的最新趋势、动向和需求，通过多种方式呈现最新的学前教育管理政策、方针、条例、制度等，严格践行幼儿为本、实践取向、终身学习的教育理念。教材编写融入了课程思政的理念，在扩展阅读、专题探讨和小资料集中体现课程思政的本质：立德树人，学习目标的制订突出课程思政结构的立体多元性，实现知识传授、价值塑造和能力培养的多元统一，力求引领未来学前教师尊重幼儿权益、遵循幼儿身心发展规律，成为政治强、情怀深、思维新、视野广、自律严、人格正、专业能力卓越的学前教师。

2. 知识性和实践性。在保证严谨阐述理论知识的基础上，还注重教材的实践性以及读者友好性。在内容上既有系统的学前教育管理学知识体系，同时还通过案例破冰、拓展阅读、人物介绍、经典研究介绍、思考与实训、专题探讨等多种方式，帮助学习者准确理解和系统把握知识结构，同时能将知识理论与学前教育管理实践相结合。

3. 科学性和系统性。教材严格按照《幼儿园教师专业标准（试行）》《教师教育课程标准（试行）》《3—6岁儿童学习与发展指南》的精神和要求编写，从篇章结构的设计，到具体的章节内容、概念、观点，既符合学前教育管理学学科体系的内在逻辑性和严密系统性，又体现了知识的科学性和先进性；涵盖了学前教育最前沿的研究成果，同时又与国家最新的教育政策紧密契合。

本教材是集体合作完成的成果，由重庆师范大学蔡红梅副教授担任总主编，负责本教材整体架构设计、提纲编写及组织协调编写工作。重庆师范大学的董艳琴，广西民族师范学院的刘小慧，青海省委机关幼儿园的马文香和东莞开放大学张淼担任副主编。各章节的执笔者如下：第一章第一节，蔡红梅；第二节和第三节，杨婵娟（重庆师范大学）。第二章，刘小慧。第三章，张淼。第四章，董艳琴。第五章第一节，蔡红梅；第二节、第三节、第四节和第五节，董艳琴；第六节，王晓樊（平顶山学院）。第六章第一节和第二节，陶玮（巢湖学院）；第三节和第四节，朱智慧（百色学院）。第七章第一、二节，张淼；第三节，刘小慧。第八章第一节、第二节、第三节和第四节，亓兰真（宜春学院）；第五节，董艳琴。第九章，徐有翠（滇西科技师范学院）。第十章，王璐（重庆渝北幼儿园）。青海省委机关幼儿园的马文香负责审定了全书中的案例。全书由董艳琴和刘小慧统稿和校对，蔡红梅定稿。

感谢西南大学出版社高教分社伯古娟社长、郑先俐老师、黄丽玉老师和编辑团队的大力支持和辛勤付出，本教材才能顺利出版。教材的部分案例来自青海省委机关幼儿园、宜春市机关幼儿园，在此深表感谢。在编写过程中参阅了大量相关著作和教材，并引用了学前教育管理及教育管理研究者的学术研究成果，在此一并表示诚挚的感谢。学前教育管理涉及复杂的历史因素和现实因素，关涉面广泛，限于时间和水平，教材存在不妥之处在所难免，恳请读者在使用过程中提出宝贵的意见。我们将在后续的修订中继续完善，使本教材更为成熟和完善，为我国学前教育事业的发展贡献应有之力。

编者

2022年1月

目录

第一章 学前教育管理学概述

学习目标

知识目标：

- 掌握学前教育管理的含义；
- 掌握学前教育管理的目标、过程、原则及方法；
- 理解学前教育管理在学前教育发展中的独特价值与意义。

技能目标：

- 会用学前教育管理的原则分析实践问题，提出解决问题的思路和方法；
- 掌握学前教育管理方法实际应用应注意的问题。

学习重难点

- 重点：掌握学前教育管理的原则和方法以及应用要注意的问题。
- 难点：理解管理的属性和职能、明确学习学前教育管理学的价值。

案例破冰

幼儿教师该不该学习管理？

小丽，一位有着8年工作经验的幼儿教师。新学期开始，幼儿园空出一个教研组长的职位，小丽凭借优异的教学能力和个人素养被集体推选兼任教研组长。然而，小丽并没有系统学习过管理学和学前教育管理相关知识，也没有从事幼儿园科研管理的经验。面对新的工作岗位，她每天手忙脚乱，不能科学合理地安排处理各项工作任务，感觉工作总干不完，压力很大，也很焦虑。

问题:小丽老师的工作压力和焦虑反映了什么问题?如果你是小丽,你会怎么做?你是否赞成幼儿教师学习学前教育管理学呢?本章将帮助你了解学习学前教育管理的价值和意义,了解学前教育管理的概念、目标、过程、原则和方法,合理解答上述问题。

第一节　管理与学前教育管理

一、管理

（一）定义

管理是人类最普遍和最基本的活动之一。从管理现象的产生来看，当人类社会发展到一定文明程度，出现分工合作的需要时就会出现管理行为。早在数十万年前，早期人类为生存以部落等集体组织的形式生活，在部落内部就有相对明确的生产分工和物品分配等管理行为。

有效的管理是中华文明的重要组成部分，都江堰、京杭大运河、长城等伟大工程，都是古代管理实践的杰出典范。[①]我国的管理思想源远流长，不论是宏观治国的管理思想还是微观治生的管理思想都对后世有着深远影响。《老子》《论语》《管子》《墨子》《韩非子》《孙子兵法》等书籍中都包含着丰富的管理思想。老子的“无为而治”，孔子的“以德为政”，管子的“以人为本”等思想，至今仍被广泛应用于社会治理、军事管理、企业管理中。例如，《孙子兵法》被美国的西点军校列为必读书目之一。

“管”原意为细长而中空的物品；“理”，原意为玉的纹理。在古代，管理通常被用作“管辖”“处理”“经管”“治理”“办理”“管制”；人们也根据不同的语境把管理用作动词或者名词。例如，“万历中，兵部言，武库司专设主事一员管理武学”中的“管理”就是动词。“东南有平海守御千户所，洪武二十七年九月置。有内外管理、又有碧甲二巡检司”中的“管理”就是名词。在现代汉语中管理具有负责某项工作并使之顺利进行，保管和料理，照管并约束的含义。管理的拉丁文释义是“以手领导”。管理的英文是 manage（动词）和 management，administration（名词），其中 management 既表示管理，也表示管理人员、管理层、管理团队。

① 袁柏乔，张兴福．管理学［M］．上海：上海交通大学出版社，2018：50-52.

当前,对“管理”的界定在学术界仍存在着较大争议,至今还未有广泛认同、普遍接受的统一定义。最典型、最有代表性的界定有以下几种:

(1)科学管理之父弗雷德里克·温斯洛·泰勒认为,管理就是确切地知道你要别人去干什么,并使他们用最好的方法去干。即指挥他人能用最好的办法去工作。

(2)古典管理理论的代表人物亨利·法约尔认为,管理是由计划、组织、指挥、协调及控制等组成的活动过程。

(3)人际关系—行为科学管理学派的埃尔顿·梅奥等人认为,管理就是协调人际关系,激发人的积极性,以达到共同目标的一种活动。

(4)现代管理学之父彼得·德鲁克认为,管理是一种工作,有自己的技巧、工具和方法;管理是一门科学,一种系统化的并到处适用的知识;管理也是一种文化。

(5)当代管理学家斯蒂芬·罗宾斯认为,管理就是同别人一起,或通过别人使活动完成得更有效的过程。

综上所述,可以将管理视为,组织的管理者通过计划、组织、领导、控制、激励等方式,综合调度和运用组织的各种人力、财力、物力、知识、资产以及其他无形的组织资源,科学高效达成组织目标的活动。

(二)管理的职能

管理职能是指管理所具备的功能和作用。最早、最系统探讨管理职能的是亨利·法约尔。他认为管理具有预测、计划、组织、领导、协调和控制六大作用。在法约尔之后,诸多的管理学家都对此提出了不同看法。但是,对管理的计划、组织、控制这三项基本职能有普遍统一的认同。因此,我们从计划、组织、控制三个方面分析管理的职能。

1.计划职能

从计划的字面意思来看,“计”意为计算,“划”意为分割。在管理活动中计划是最基础、最核心的职能,具有重要的地位和作用。计划不仅是其他管理职能的前提和基础,而且渗透在其他管理职能之中。诺贝尔奖获得者赫伯特·西蒙认为管理就是制定决策。计划即决定未来(明天、下一周、下一个月、明年或者将来)需要达成什么目标,并确定完成目标的方案、步骤或途径。计划工作包括确定目标、明确步骤。明确目标后,在计划中还必须说明如何做、谁做、何时做、在何地做、需投入多少资源等基本问题。

2. 组织职能

在管理学中的组织是指社会组织，即为有效地达成特定目标而建立起来的有清楚界限、分工和正式关系结构的共同活动集体。法约尔认为在组织中挑选管理人员是一个发现人员的品质和知识，以便填补组织中各级职位的过程。组织职能是指在具有正式关系结构的共同活动集体中明确每个成员的职责，协调成员之间的关系，确保成员协调一致的工作，高效实现组织目标。

3. 控制职能

控制是在组织中为确保各项计划按预定完成而进行的检查进程和纠偏的过程。控制职能是指管理者对组织运行情况的检查和监督，发现实际工作与计划的偏差，并采取一定的行动纠正偏差，使组织的工作依据计划顺利实行，确保预定目标的实现。全面理解管理的职能需要把控制职能与计划职能联系起来，一方面，计划为控制工作提供依据，另一方面只有对计划执行的情况进行控制，才能保证组织目标实现。因而，计划与控制也被比喻为管理剪刀的两刃，失去任何一刃，剪刀都无法发挥作用。

拓展阅读

孙子兵法

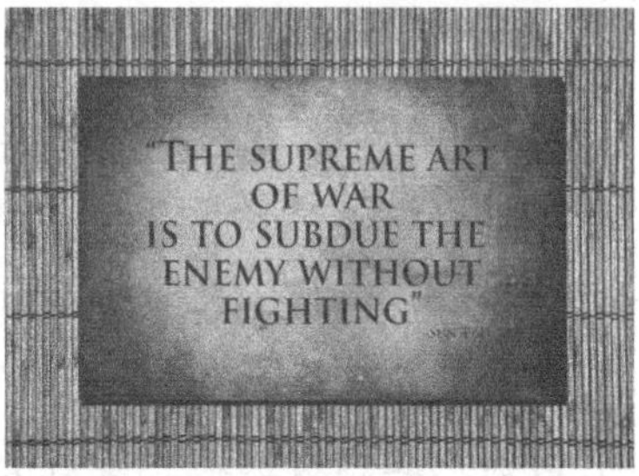

《孙子兵法》又称《孙子》，是我国现存最早的古代军事著作，同时也是世界现存最早的兵书。据史书记载，它是春秋后期大军事家孙武所著。孙武，生卒年不详，名武，字长卿，齐国安乐(今山东惠民)人。据司马迁《史记·孙子吴起列传》记载，他经吴国重臣伍子胥的推荐，"以兵法见于吴王阖闾"，被吴王拜为大将，率军西破楚国，名显诸侯。

《孙子》全书共十三篇，包括《始计》《作战》《谋攻》《军形》《兵势》《虚实》《军争》《九变》《行军》《地形》《九地》《火攻》《用间》。该书精湛完整地总结了春秋末期及其以前的战争经验，探索了战略战术规律，强调了人的主观能动性，也包含朴素的辩证法思想，历来为兵家所推崇。

资料来源：徐中玉．中国古典文学精品普及读本 先秦两汉散文[M]．广州：广东人民出版社，2019.

(三)管理的特性

1.普遍性

戴维·赫尔茨提到,管理是心智所驱使的唯一无处不在的人类活动。这句话表明管理是人类社会最普遍、最基本、最重要的活动。管理无所不在,影响着人们的生活质量,也影响工作的效率、产品的质量乃至人的心情与健康。人类社会组织的一切活动都涉及管理,不管是宏观层面的国家政治、经济、社会、科技、思想、教育、文化、资源、环保等事务,还是微观层面涉及一个家庭的吃、穿、住、行等,或者个人一天的生活安排都需要计划、组织、控制。例如,当今,很多人都面临着如何有效管理时间,适度使用智能手机等问题。

2.双重性

双重性是指管理既有自然属性,也有社会属性。自然属性是一种不以人的意志为转移,也不因社会制度意识形态而改变的客观存在,是人类生产活动的客观需要,属于内容层面。社会属性是在一定生产关系条件下进行的,是维护和发展生产关系的需要。在人类历史进程中,管理实践活动中反映的"为谁管理"的问题,都属于社会层面。

经典案例

"无为"牧羊

杨朱见梁王,言治天下如运诸掌然。梁王曰:"先生有一妻一妾不能治,三亩之园不能芸,言治天下如运诸手掌,何也?"杨朱曰:"臣有之。君不见夫羊乎?百羊而群,使五尺童子荷杖而随之,欲东而东,欲西而西。君且使尧牵一羊,舜荷杖而随之,乱之始也。臣闻之,夫吞舟之鱼不游渊,鸿鹄高飞,不就污池,何则?其志极远也。黄钟大吕,不可从繁奏之舞,何则?其音疏也。将治大者不治小,成大功者不小苛,此之谓也。"

一个简单的牧羊案例,生动形象地呈现了道家顺性无为的管理思想。若把牧羊人比作管理者,以羊比作团队成员。那么,要使牧羊简单得就像运动手掌,牧羊人就要顺应羊的自然本性,而不能过分人为做作。"无为"并不是无任何作为,而是经过有为的思考,以时势、趋势的判断做出顺势而为的行为,顺应自然的变化规律,使事物保持其天然的本性,从而达到"无为而无不为"的境界。

资料来源:闫秀敏.道家无为管理智慧[M].北京:人民出版社,2013.

二、教育管理

(一)教育管理与教育管理学

教育管理是社会管理的一个组成部分。教育管理有广义和狭义之分,前者是包括教育行政管理和学校管理,后者主要指学校管理。在我国,教育管理是指教育管理人员依据党和国家的教育方针政策通过组织协调,充分发挥教育人力、财力、物力等要素的作用,利用教育内部各种有利条件,高效率实现教育管理目标的活动。

教育管理学是研究教育管理现象,揭示国家管理教育规律的社会科学,其研究的范围包括教育管理活动、教育管理体制、教育管理机制及教育管理观念等等。

(二)教育管理学的新转向

20世纪70年代的教育管理学理论主要是以客观主义为取向,重点关注事实、效率等问题。20世纪70年代之后,教育管理学理论转向主观主义,重点关注价值伦理问题。当前,教育管理学的研究呈现出多元化、综合化的发展模式,从以“管”为中心的研究走向以“理”为中心的阐释,从描述解释的取向走向批判反思,从效率理性追求走向价值伦理表达。

拓展阅读

教育管理整合论

教育管理整合论形成于20世纪90年代初期,是一个在当前有广泛影响力的教育理论体系。埃弗斯和拉科姆斯基是该理论最重要的倡导者。教育管理整合论的基本观点为:

1.教育管理整合论旨在建立一门新型的管理科学。这种新型的管理科学不是按照逻辑经验论或教育管理主观论,而是通过系统整合,将科学与知识结合,从而使教育管理学成为一门整体合法的科学。新型的教育管理应具有经验性、一致性、简单性、理解性、丰富性(fecundity)和学习性(learnability)等特性。

2.教育管理整合论是一种有关教育管理的后实证科学。这种后实证的教育管理学理论既应包含价值论题,又能高度关注人的主观性和道德伦理问题。教育管理整合论反对原有教育管理科学论狭隘的科学观,旨在发展一种更理想的、内涵更广的、更具包容性的教育管理理论。

3.教育管理整合论重视运用自然科学的成果理解人的主观性。以当代认知神经科学的新近进展为支撑是教育管理整合论的一个鲜明特色。认知神经科学发现人类的认知活动并不是杂乱无章的,而是通过发展相应的压缩规则(compression algorithms)而进行的。这种压缩规则的一个重要脑机制就是神经信息加工模式,即"神经网络"模式。该模式由输入层、隐藏层和输出层三个层面构成,各层之间存在着大量联结网络。一般来说,隐藏层的单元比输入层少,这意味着来自输入层的信息只有通过必要的压缩才能予以有效地回应。教育管理整合论认为,教育管理活动中存在着类似于人类认知活动中的"压缩规则",这有助于我们进一步认识教育管理知识的属性和本质。

4.教育管理整合论倡导管理理论与教育理论的统一性。教育管理整合论强调在管理理论与管理实践之间建立一种更富成效的关系,反对把理论与实践作简单的二元区分,呼吁从一元的、整体的观点审视二者的关系。教育管理整合论认为,如果管理理论与教育理论之间缺乏和谐与一致,就会影响教育组织取得稳定的教育效果,甚至会导致教育组织的失败。将管理理论与教育理论统一起来,有利于从教育理论的角度评价教育管理实践,摆脱一般管理理论的支配,使人们既从管理的角度,又从教育的角度思考和处理学校中的问题。

资料来源:张新平.外国教育管理学理论发展50年[J].华东师范大学学报(教育科学版),2003(04).

三、学前教育管理

(一)学前教育管理的含义

学前教育管理是整个教育管理系统的一个重要组成部分。学前教育管理是指学前教育管理者遵循学前儿童发展规律和教育规律,遵照党和国家的教育方针、政策,以现代管理学的理念和原则为指导,通过计划、组织、控制、协调学前教育的人、财、物、资源等,实现良好教育效果的活动。

学前教育管理包含了宏观、中观和微观三个层面。从宏观上来看,学前教育的管理是指国家及政府对学前教育事业的管理,即学前教育行政管理。从中观层面来看,学前教育管理主要是指各省、自治区、直辖市政府及其相关的职能部门以及下级市、县、区的教育行政机关,对辖区内学前教育事业的整体规划、统筹组织、协调扶持、督导和促进。从微观上来看,学前教育管理是指学前教育机构内部的管理,如早教机构的管理、社区托育中心的管理、幼儿园的管理。

(二)学前教育管理学的含义

学前教育管理学是教育管理学的一个分支,探究有效管理学前教育的过程及其规律。学前教育管理学是综合运用管理学、教育学和学前教育学的理论和方法探讨如何通过有效地规划、组织、指导、协调和控制学前教育的各个组成要素,获得最大效果,促进国家学前事业持续发展、实现预期教育目标的一门学科。

(三)学习和研究学前教育管理的价值和意义

学前教育是学校教育的起始阶段,是国民教育体系的重要组成部分,是重要的社会公益事业。学前教育是终身学习的开端,对人的身心健康、习惯养成、品德培养和创造力发展具有不可替代的重要影响。促进学前教育公平、提高学前教育质量是世界学前教育发展的两大主题。2010年以来我国学前教育事业快速发展,但是从总体上来看,由于学前教育市场不成熟以及政府责任边界的不清晰,发展不均衡、师资队伍薄弱、办园行为不规范等问题依然较为突出,学前教育仍是教育的一个薄弱环节。

从国家的学前教育事业发展来看,学习和研究学前教育管理有助于我们全方位、系统地认识国家学前教育发展的管理需要,提高学前教育管理的整体水平,促进国家学前教育事业健康优质发展。从学前教育人才培养来看,学习和研究学前教育管理有助于学习者系统全面了解我国学前教育行政管理体制,如幼儿园的开办与组织结构,幼儿园的人力、财物、资源、环境管理,幼儿园公共关系管理,幼儿园文化管理和幼儿园工作评价等方面的知识。学习者要掌握幼儿园组织与管理的基本技能,为将来对幼儿园的组织与管理进行更深入、更具体的研究和实践奠定基础,成为适应未来的高素质学前教育人才,共同致力于促进学前儿童健康全面发展。

小资料1-1

6s管理法

6S管理即整理(seiri)、整顿(seiton)、清扫(seiso)、清洁(seiketsu)、素养(shitsuke)、安全(security),由5S现场管理发展而来。5S管理起源于日本,是

指在生产现场中对人员、机器、材料、方法等生产要素进行有效管理,其内容是常组织、常整顿、常清洁、常规范、常自律。我国企业在此基础上,根据自身实际和发展需要,增加了安全(safe)要素,形成6S管理法。6S管理法体现着认真对待每一件小事的工作生活哲学观念,即通过精细化管理清洁、摆放、分类等环节,从这些最基本的地方做起,既体现人自身的素质,同时又改善工作效率,提高生活质量。

资料来源:郭小玲,何永琴,刘珺等.以环境育人为理念的本科教学实验室管理模式探讨[J].生物工程学报,2020,36(07).

小资料1-2

6s管理法在幼儿园管理中的运用

步骤一:整理

整理,即按照标准区分开必要的和不必要的物品,对不必要的物品进行处理。其目的是,腾出空间,减少误用、误送,营造清爽工作环境。

步骤二:整顿

整顿,即将必要的物品按需要的量分门别类、依规定的位置放置,并摆放整齐,加以标识。整顿即使物品摆放一目了然,避免寻找时浪费时间,也能够减少不必要的浪费。

步骤三:清扫

清扫,顾名思义就是清除工作场所的脏污(灰尘、污垢、异物等),保持工作场所干净亮丽。

步骤四:清洁

清洁,即将前面的整理、整顿、清扫的做法制度化、规范化,并贯彻执行及维持,意即"标准化"。要做到标准化,就应形成制度,定期检查督导。

步骤五:素养

通过整理、整顿、清扫、清洁等规范流程的实施,培养教职员工良好的工作习惯,革除马虎之心,最终提升人的品质,养成凡事认真的习惯。

步骤六:安全

幼儿园所有的工作都建立安全的基础之上。从近年的新闻媒体报道中可以发现,造成幼儿园安全事故的主要原因中包括了教师管理不到位。

资料来源:陈晓云.论6S管理法在幼儿园管理中的运用[J].课程教育研究,2015(05).

第二节　学前教育管理的目标与过程

一、学前教育管理的目标

（一）学前教育管理目标的含义

明确学前教育管理的目标事关学前教育事业的稳定运行和健康发展，具有至关重要的意义和价值。学前教育管理目标依据学前教育目标制定。学前教育目标是根据国家的教育目的和学前教育的性质和任务，对学前儿童培养提出的具体要求。学前教育目标体现学前教育内容的结构、组成、阶段及其特殊价值，是学前教育实践和评价活动的直接目标。学前教育管理目标规定并阐明学前教育管理工作应达到的标准，即为实现学前教育目标需要完成哪些方面的管理工作。

（二）学前教育管理的具体目标

学前教育管理是一项系统、复杂的工作，以实现学前教育最大的发展效益，促进学前儿童健康全面发展为目的，既包括宏观的学前教育行政，又包括微观的托幼机构管理。具体而言，宏观的学前教育管理目标是国家通过立法、经费投入、规划组织、督导评估等引导和调控学前教育事业发展，既为培养能担当民族复兴大任的时代新人打好基础，又为学前儿童家长提供有质量的社会公益服务，实现学前教育的教育性和公益性的目标。微观的学前教育管理目标是托幼机构管理者对组织内的人力、资金、物力、事务、信息等进行计划、组织、协调和控制，进而高效益地达到组织的目标。

典型案例

宁波市李惠利幼儿园三年（2013—2016）自主规划目标（节选）

1.园务管理

（1）继续完善基于“和而不同”思想的管理系统，建立健全内部管理体制与制度，深化科学管理内涵。

(2)坚持办“童话的世界、爱心的教师、游戏的乐园”这样的幼儿园，围绕“精品与优质”的目标，在管理体制上、管理流程上、管理方法上不断探索和调整，确保集团幼儿园各个环节的良性运行。

(3)深化“爱心李幼、服务李幼、人文李幼、和谐李幼”的园所文化内涵，拓展渠道，深挖资源，立足实际，提升师德，促进集团幼儿园文化内涵进一步深化。

2.队伍建设

(1)围绕“师德优、品位高、专业强”的师资队伍建设核心目标，进一步强化教科研训在提升教师专业成长中的重要作用，通过创新方式、拓展渠道、追求实效等手段，开展新时期有实效的师德教育模式，净化心灵、美化形象。

(2)通过教科研训工作的组织架构的调整与完善，力求进一步深入幼儿园教科研训工作，打造学以致用的优秀教师团队。

3.教科研工作

(1)以园本研修为依托，以主题背景下的课例优化和特色课程深化研究为载体，深入开展教育教学实践研究，强调教科研训一体化，继续积极发挥学科骨干、教坛新秀、教研组长等骨干的示范引领作用，促进中青年教师在课堂教学、科研能力、基本功、班级管理等方面有显著的提升。

(2)营造良好的教科研氛围，提高幼儿园的教科研水平。

4.后勤保障

(1)集团内四所园进一步打造和谐、特色的校园环境，让课程与环境进行和谐交融，力求环境进一步体现教育理念。

(2)努力健全安全、保健工作防控体系，完善应急管理体系和安全预警机制，实现育人和谐的平安校园。

资料来源：宁波市李惠利幼儿园网站

二、学前教育管理的过程

过程是指事情进行或事物发展所经过的程序。过程体现管理活动随时间的延续而不断运转变化，具有动态性和阶段性的特征。学前教育管理过程是为实现预定的学前教育管理目标，对学前教育中的人、财、事、物、时间、空间、信息等要素进行管理的客观程序。依据当前在管理实践中广泛应用的PDCA循环(Plan，计划；Do，执行或实施；Check，检查；Act总结/处理)可将学前教育管理过程分为如下环节。

（一）计划

计划是指有目的地对整体任务进行把握，只有计划明确才能妥善地把控其余的步骤。美国管理学家孔茨认为：“倘若没有计划，则一切行动只能任其随意发展，那么，除混乱外，将一无所获。”对于托幼机构的发展而言，制订科学合理的计划有助于教职员工明确自己的任务职责和努力方向。计划的关键是做出决策，计划环节包括：

（1）选择和确定目标、规定任务，找出存在的问题。

（2）综合分析托幼机构内部以及相应社会环境中的各项基础条件与制约因素。

（3）对托幼机构的人力、物力、财力、时间、空间、信息等做出合理配置和安排，使其发挥最大的效果。

（4）设计行动方案，即将决策目标具体化，提出行动计划。制订具体措施，可以采用5W2H分析法，即通过说明Why、What、Who、When、Where、How、How much等回答管理要做什么，怎么做以及预期效果。

（二）实施

实施是将计划变为行动实现管理目标，是把决策设想转变为现实的管理活动。学前教育管理要发挥计划引领作用，必须重视实施这一关键的环节。实施阶段包括组织、协调、指导、激励等。组织是依据计划合理分配各种资源，管理者应注意构建团结协助的团队，注意用人所长，使成员明确各自的职责分工，安排工作进程，并采取有力措施使计划按时、保质、保量落实。

实施环节要注意四个方面的问题：

（1）协调好人际关系，注意处理好机构组织上下层级之间的相互衔接，确保托幼机构各个部门之间或各项工作之间的步调一致，相互配合。

（2）确保计划执行的严肃性，同时善用激励使中层管理人员、保教管理人员都明确各自的工作目标，不断改进工作方法。

（3）管理者要深入实际，关注计划的实施进展，并对计划中与实际不符合的情况予以及时、适当调整。

（三）检查

检查即检查计划的执行效果，目的在于促进工作。检查发挥着检验决策、获取反馈信息的作用，是总结的前提和依据。管理者通过检查督促、指导组织成员工作，保障计划顺利进行。在实践中可依实际需要采用自检、互检、第三方检查，定期检查和经常性检查等多种方式，检查执行结果与预定目标的差异，多方面了解情况掌握全局。

检查环节要注意三方面的问题：①

(1)检查以目标为依据，按照规定的要求和标准，有目的、有计划、有步骤地进行。

(2)检查必须实事求是，注重工作过程，注意记录并积累资料。分析检查结果，针对检查中发现的问题提出相应的措施。

(3)检查必须与指导相结合，注意检查的目的是促进工作，应将检查和指导二者结合起来加以考察。

(四)总结

总结是对计划、实施与检查的情况做整体性的分析和评价，是管理过程的最后一个环节，也为后续目标制定提供依据。在学前教育管理过程中总结起着承上启下，增强工作的预见性与自觉性，保障和提升管理水平的作用。以幼儿园教研管理为例，教研组长通常会在月末对当月教研活动进行小结，依据计划分析教研活动的效果，找出效果不显著的方面或者实施过程中出现的问题。

依据不同的标准可将总结分为不同类型。如，按照内容分为全面总结和单项或专题性总结。例如，社区的早教中心在年末对各项工作的总结即全面总结；再如，中心对安全管理方面的总结为单项总结。按照时间则可分为年度总结、学期总结、月总结、周总结。托幼机构适时进行周期性总结，推动管理过程不断循环进行。

总结环节要注意三个方面的问题：

(1)总结的参与主体应该多元，管理者应让成员参与总结工作，激励成员的积极性。

(2)总结必须以计划为依据，依据事实和数据，保证客观、实事求是。

(3)总结既要总结效果、发现问题，更要提炼经验、探讨管理过程中的规律，以便更好指导后续的实践。

① 张燕.学前教育管理学[M].北京：北京师范大学出版社，1995：111-113.

拓展阅读

戴明环

戴明环(Deming circle/cycle/wheel)或者哈特利圆环,由美国管理学家爱德华兹·戴明提出。1900年10月14日,戴明生于美国艾奥瓦州,父亲经营农场但收入不多,他从小就外出打工补贴家用。戴明1925年获得科罗拉多大学数学与物理硕士学位,1928年获得耶鲁大学的物理博士学位。

戴明环又称PDCA(Plan-Do-Check-Act)循环,是指循环式品质管理,针对品质工作按计划、执行、查核与行动来进行活动,以确保可靠度目标的达成,并促使品质持续改善。戴明环的PDCA是分别指Plan/计划,包括方针和目标的确定以及活动计划的制订;Do/执行,即执行上一步所指定的计划和程序,实现计划中的内容,收集必要的信息来为下一步进行修正和改善提供依据;Check/检查,研究分析执行中收集到的信息和预期设计进行比较,并提出修改方案,包括执行后的改善和计划的完善,使得计划的可执行性提高;Action/行动或处理,对总结检查的结果进行处理,对成功的经验加以肯定,并予以标准化,或制定作业指导书,便于以后工作遵循;总结失败的教训,以免重现。戴明环的循环即按照PDCA的顺序,不断循环进行下去。

PDCA循环的三大特点:第一,周而复始,PDCA循环的四个过程周而复始地进行。每一个循环结束后,需要调整、改善和出现的新问题都需要在下一个PDCA循环中解决,依此类推。第二,大环套小环、小环保大环、推动大循环。组织中的成员有自己的PDCA循环,而组织也有PDCA循环,层层循环,形成大环套小环,小环里面又套更小的环。大环是小环的母体和依据,小环是大环的分解和保证。各级部门的小环都围绕着企业的总目标朝着同一方向转动,彼此协同,互相促进。第三,不断前进、不断提高,PDCA循环就像爬楼梯一样,一个循环运转结束,目标就会提高一个台阶,然后再制定下一个循环,再运转、再提高,持续改进。

后来戴明把PDCA改成了PDSA用study(研究、学习)替代了检查(check),他认为这样能更好表达第三步是研究而不是检查。当前,戴明环还有另一个版本,即OPDCA,加入了O(observation,观察)。

资料来源:Johnson C N. The benefits of PDCA [J]. Quality Progress, 2002, 35(5).

在学前教育管理中计划——实施——检查——总结四个环节一个循环运转结束，即完成了一个管理周期，学前教育的目标就会提高一步，进而制定下一个计划，进入下一个循环，再运转、提高，持续发展。学前教育管理工作就是在如此循环往复、持续提升的过程中，不断前进和深化发展，促进学前教育高效优质发展。

第三节　学前教育管理的原则与方法

一、学前教育管理的原则

（一）学前教育管理原则概述

1.定义

原则是做事所遵循的根本准则。学前教育管理原则是学前管理必须要遵循的基本准则和基本要求，也是正确处理管理过程中一系列矛盾、关系或问题，实现学前教育工作目标的方向指南。

2.作用

原则在学前教育管理实践中起着统摄和指导整个管理系统及各项管理工作的作用。依据正确的管理原则才能保证学前教育管理达成最终的目标。

3.确定依据

原则是学前教育管理工作的方向指南，原则的确定必须基于科学可靠的依据。学前教育管理原则主要依据以下三方面确定：[①]第一，学前教育基本规律，从目的和方法上约束学前教育管理活动。第二，管理学原理。现代管理学的系统原理、人本原理、责任原理和效益原理，对探讨确定学前教育管理原则及其体系具有很大的启发作用。第三，要解决幼儿园基本关系和矛盾。幼儿园作为子社会系统有其特定的基本关系和基本矛盾。探索有针对性的行为准则，是确定管理原则的一个来源。幼儿园的实践管理活动需要处理好幼儿与社会、人与人、工作与工作、资源投入与工作产出效果四大关系。

（二）学前教育管理的基本原则

1.方向性原则

方向性原则是指学前教育管理必须坚持全面贯彻党的教育方针，认真落实立德树人根本任务，牢牢把握学前教育正确发展方向。学前教育是学校教育制度的起始阶

① 王雯．学前教育管理学[M].北京：北京大学出版社，2014：146-147.

段，是国民教育体系的重要组成部分，是重要的社会公益事业。学前教育管理只有坚定不移地坚持方向性原则，才能更好地服务于国家构建广覆盖、保基本、有质量的学前教育公共服务体系，满足人民群众对幼有所育的美好期盼。

贯彻方向性原则的基本要求：

（1）坚持以马克思列宁主义、毛泽东思想、邓小平理论、“三个代表”重要思想、科学发展观、习近平新时代中国特色社会主义思想为理论指导。

（2）坚持中国共产党对学前教育发展的领导权，认真贯彻落实新时期党的学前教育方针、政策和发展任务。

（3）坚持把培养社会主义事业的建设者和接班人作为学前教育的根本任务，认真践行为党育人、为国育才的崇高使命。

拓展阅读

砥砺十年路　奋进新征程

——党的十八大以来学前教育改革发展成就

人生百年，立于幼学。

党的十八大以来，学前教育砥砺奋进，开拓创新，取得跨越式发展和历史性成就：

1.学前教育取得跨越式发展，普及水平位列世界中上行列，广大适龄幼儿享有公平接受学前教育的机会；

2.学前教育资源发生格局性变化，公益普惠底色更加鲜明，人民群众幸福感、获得感显著增强；

3.学前教育治理体系不断完善，办园水平显著提升，为提高国民素质、建设教育强国奠定了坚实基础；

4.学前教育始终立足国情、勇于创新，创造了中国特色的学前教育发展经验，为世界贡献了中国方案。

回顾十年来学前教育跨越式发展的历程，办好学前教育必须做到以下四个坚持：

1.必须坚持党的全面领导，确保学前教育始终沿着正确方向前进；

2.必须坚持站稳人民立场，把发展公益普惠的学前教育作为政府的重要责任；

3.必须坚持深化改革创新,不断破解制约学前教育改革发展的体制机制性障碍;

4.必须坚持科学保育教育,切实遵循学前教育规律和幼儿身心发展规律。

节选自“教育这十年系列发布会”第一场:介绍党的十八大以来学前教育改革发展成就

资料来源:中华人民共和国教育部门户网站

2.以人为本原则

管理学的人本原理认为,人是管理的主要对象、也是最重要的资源,管理要从人性出发来分析问题、按人性的基本状况来实施,进而引导人去实现预定的目标,创造更多的社会价值。

儿童是学前教育最重要的主体,学前教育要坚持儿童优先和儿童利益最大化原则,尊重儿童人格,保障学前儿童享有游戏、受到平等对待的权利,充分调动和发挥儿童的主动性,保障儿童快乐全面健康地成长。幼儿教师、保育员、财务人员、后勤服务人员、安全保卫人员和其他工作人员是幼儿园的关键主体,对幼儿园开展保教工作、运行发展起着主要作用,尊重教职工的主体性,调动教职工积极参与管理活动并发挥其能动性,有利于幼儿园与教职工的共同发展。幼儿家长是幼儿园教育的重要合作伙伴,家长的合理需要也应予以关注和满足。

以人为本原则是指管理必须充分肯定人的主体地位和作用,以托幼机构、教职工及利益相关者的需求最大满足、协调发展为切入点,通过激励、检查、领导等多种手段激发人的主观能动性,实现组织和个人共同发展的目标。坚持以人为本的原则,能使学前教育活动中的人和人、人与事之间的关系保持最佳状态。

贯彻以人为本的原则应注意:

(1)建构人本管理思想的园所文化。幼儿园管理者要抛弃传统的管理理念,树立服务式、关怀式的管理理念,构建信任的人际支持网络及健康、正向、积极的工作和学习环境,促进教职员工更高水平的团结协作、自我效能和创造力。

(2)构建以人为本的管理体制。将以人为本的管理理念融入幼儿园的各项规章制度,形成以人为本的制度文化,从而使所有成员都紧紧围绕着幼儿园的总目标,在实际工作中彼此协同、互相促进。

(3)注重教师队伍人性化与个性化管理。管理要尊重教师,信任教师,充分发挥教师主人翁的作用;还要尊重教师的独立性,深入了解教师的个性特征及专业发展所需,重视给教师提供学习与创新机会,使教师在工作中不断成长。

此外,注意对教职工的人文关怀,如在教师节、新年、教师的生日等节点,准备礼物、组织庆祝活动等。

3.保教结合原则

保教结合是指对幼儿的保育和教育要同等重视,使两者相互结合、相互渗透、相互配合。《幼儿园工作规程(试行)》(2016)第二条明确规定:“幼儿园是对3周岁以上学龄前幼儿实施保育和教育的机构。幼儿园教育是基础教育的重要组成部分,是学校教育制度的基础阶段。”第三条规定:“幼儿园的任务是贯彻国家的教育方针,按照保育与教育相结合的原则,遵循幼儿身心发展特点和规律,实施德、智、体、美等方面全面发展的教育,促进幼儿身心和谐发展。幼儿园同时面向幼儿家长提供科学育儿指导。”

保教结合的原则是指幼儿园管理以保教活动为中心,其他工作围绕保教工作开展,为实现促进儿童全面发展这一核心任务服务。保教结合是由幼儿身心发展的特点和发展需要决定的,体现出幼儿园教育不同于普通学校教育的特殊性。

贯彻保教结合应注意:

(1)幼儿园的各项活动都必须以保教工作为中心。管理人员、教职工在思想认识上要坚持“保教并重”的理念,在实践中要做到“保教结合”,使二者互相配合、互相促进。

(2)正确处理教育好幼儿和服务家长之间的关系。促进幼儿身心和谐发展是幼儿园最核心、最主要的任务。在促进幼儿身心和谐发展的同时,为幼儿家长提供科学育儿指导,避免出现重教轻保或重保轻教的问题,特别要注意防止幼儿园教育“小学化”。

4.积极性原则

积极性是一个心理学词语,是指个体意愿与整体长远目标任务相统一的动机。积极性原则是指调动全体教职员工参与幼儿园管理。管理学的研究表明,组织机构的活动成果的效益是由领导方式与工作人员的情绪决定的,提高组织成员的积极性,发挥成员的主动性和创造性对提高组织的效率更为重要。人是管理的核心要素,将社会要求和教职工的积极性有机结合,有助于更好实现幼儿园的任务目标。

贯彻积极性原则应注意：①

(1)管理者应清楚地认识到教职工既是管理活动中的客体、又是主体的理念，知道实践管理活动的主体与客体是相互依存并在一定条件下相互转化。

(2)管理者要尊重并信任全体教职员工，采用激励、支持、关怀等多种手段充分调动他们的积极性，充分发挥所有成员的主人翁作用。

(3)在组织上为教职工参与幼儿园的管理创造条件。建立民主管理组织和群众监督、咨询制度，如定期召开教职工大会、园务会、党政工团联席会等。

5.有效性原则

管理的根本目的在于最大限度地提高效益，以最少的投入获取最大的产出效益。有效性原则是指幼儿园管理坚持以正确目标为指导，以符合学前教育基本发展规律、科学有效的管理方式，充分有效地运用有限的人、财、物、时间、空间、信息等资源，提高管理的功能效益，为优质高效率地完成幼儿园的各项工作任务创造良好条件，不断提高保教质量。

贯彻有效性原则应注意：

(1)正确处理质量和效益的关系。明确幼儿园教育的根本任务是促进幼儿身心的健康成长，必须基于正确的教育质量观和社会对未来人才规格的要求，贯彻落实“立德树人”。

(2)建立合理有序的组织与制度，确保管理工作规范化、程序化。建立层次明确、衔接有序、权责明确、职责分明、人员合理的组织系统，构建合理完善的规章制度，使幼儿园各项工作有章可依、保证质量并最大限度地提高工作效率。

(3)有效地组织、合理利用资源，实现经济效益最优化。管理要分析幼儿园资源的动态状况，综合考量人、财、物、时间、空间、信息等资源与教育产出之间的关系，核算教育成本、科学经营，充分发挥教育投入的效益。

---

① 张燕.学前教育管理学[M].北京:北京师范大学出版社，2009:79-80.

二、学前教育管理的方法

（一）学前教育管理方法概述

1.定义

任何管理活动都必须要选择、使用相应的管理方法。学前教育管理方法是管理理论、原理在学前教育这一特定社会实践活动中的自然延伸和具体化。

学前教育管理方法是在遵循学前教育管理原则的基础上，为实现管理目的而使用的各种手段、措施和程序等的总称。

2.作用

管理方法是管理理念指导管理实践活动的桥梁，是实现管理目标的途径。幼儿园管理的方法坚持现代管理思想和管理原则的指导，与园内的各项管理工作内容相适应。管理方法在管理中发挥领导、协调、组织、监控等一系列重要作用。

（二）常用的学前教育管理方法

适用于幼儿园管理的具体方法有很多，可依据不同的标准进行分类。如，按方法作用的原理，可分为法律方法、行政方法、经济方法和心理学方法；按方法适用的普遍性，可分为一般管理方法和具体管理方法；按方法的定量化程度，可分为定性管理方法和定量管理方法。

在实践中采用何种具体的管理方法，需要因地制宜、因人各异，学前教育管理实践中通用的一般方法主要包括以下几种：

1.法律方法

指管理者通过国家颁布的教育法律、法规、条例和方针政策以及组织内的规章制度，对幼儿园的各项工作进行指导、调节的管理方法。法律方法具有高度强制性、严格规范性和严肃性的特点，能有效调节各种因素之间的关系，保障并维护正常的管理秩序。

法律方法在实践中应用会因本身的灵活性和弹性不足等问题，导致管理体系的僵化和教条化，不利于及时有效处理一些个别化问题和新出现的问题。

使用法律管理方法应注意：

（1）管理者必须熟悉掌握国家学前教育相关的法律、法规、条例和政策，严格依法管理，做到依法办事。

(2)管理过程应注意彰显人文关怀,注重民主建设与民主管理。

2.行政方法

行政方法是管理者依靠行政机构和领导者的领导权利,运用行政命令指标、规定等行政手段,按照行政系统层次直接指挥和协调管理对象的方法。行政命令法具有一定的权威性和强制性,且具有垂直性管理的特点。

行政方法的局限是自上而下的直接强制干预,容易引起被管理者的心理抵抗。

使用行政方法应注意:

(1)管理者要注重沟通和调配,特别要注意沟通的方式,建立与组织成员之间的良好人际关系,不能过分强调上级的权威。管理活动中上下级之间缺少沟通容易造成官僚主义,管理者具备与非正式组织打交道的能力,使正式与非正式组织之间保持平衡。

(2)管理者要正确认识行政方法的局限性,重视组织成员的多方面需要,激发成员的能动性、创造性。

3.经济方法

经济方法指管理者因利益驱动,利用各种经济手段,通过调节和影响教职工的经济、物质需要而达成管理目标的方法。经济方法具有利益性、驱动性、普遍性和灵活性的特点,能充分调动成员的积极性和主动性,有利于幼儿园提高管理效率和保教质量。

经济方法的作用发挥基于价值规律,其局限是带有一定的盲目性和自发性,容易引发过度竞争、激化矛盾等明显的负面效应。

使用经济方法应注意:

(1)要制定合理的奖惩制度。保证奖励有理有据、公平公正,既全面兼顾,更要慎重使用、不能滥施。

(2)正确认识经济方法的局限性,注意奖罚结合,保证赏罚分明,奖罚有度。

拓展阅读

一分钟管理法

一分钟管理法由肯·布兰佳与斯宾塞·约翰逊于1982年在《一分钟经理人》一书中提出。一分钟管理法包括一分钟目标、一分钟赞扬和一分钟惩罚。

一分钟目标：组织中的每个人都将自己的主要目标和职责明确地记在一张纸上，200字左右，在一分钟内即能读完它。这样便于每个人明确自己为何而干，如何去干，并能定期地检查自己完成工作的情况，努力实现自己的工作目标。

一分钟赞扬：管理者经常用一分钟的时间，从员工所做的工作中，挑选出比较出色的部分加以表扬，鼓励员工更加努力工作。这样能激励成员的积极性，改进自我，使自己的行为趋向完善。

一分钟惩罚：在某件事应该做好而没做好的情况下，管理者对有关人员进行及时的、简短的批评。简明扼要地指出其错误所在，并明确告诉成员批评只是对他此时此地的工作不满意，而非针对个人。这样可使做错事的人乐意接受批评，促使他今后工作更加认真。

一分钟管理法高度精练了管理的精髓和基本原则：目标明确具体，奖惩及时到位。

资料来源：李丹．快人一步读名著[M]．北京：北京工业大学出版社，2015.

4.思想政治教育方法

思想政治教育方法指管理者以马列主义、毛泽东思想、邓小平理论、“三个代表”重要思想、科学发展观、习近平新时代中国特色社会主义思想为理论指导来教育、激励成员，提高他们的思想政治觉悟，培养他们良好的职业道德和高尚情操，激发调动他们工作积极性的方法。有效的思想政治教育能塑造学前教育工作者良好的思想状态，激发持久的工作热情，全面提升工作积极性以及整体的价值观。同时，思想政治教育方法对其他管理方法发挥着重要的促进作用。

与其他方法相比，思想政治教育方法的局限是：对于成员而言既没有法律方法和行政方法的强制性，也没有经济方法的诱导力。学前教育工作者的思想认识受社会各种因素的制约和影响，思想政治教育要真正产生作用，必须经过长期不懈的多方努力。

使用思想政治教育方法应注意：

(1)正确认识思想政治教育的局限性，与其他方法综合应用。多方面满足教职工的合理要求。

(2)思想政治教育内容要讲究科学性,教育方式要讲究艺术性。

本章小结

1.管理是指组织的管理者通过计划、组织、领导、控制、激励等方式,综合调度和运用组织的各种人力、财力、物力、知识、资产以及其他无形的组织资源,科学高效达成组织目标的活动。管理具有计划、组织、控制三大基础职能。

2.学前教育管理过程是为实现预定的学前教育管理目标,对学前教育中的人、财、事、物、时间、空间、信息等要素进行管理的客观程序。学前教育管理过程包括计划、实施、检查、总结四个环节。

3.学前教育管理的基本原则有方向性原则、以人为本原则、保教结合原则、积极性原则和有效性原则。

4.常用的学前教育管理方法主要有法律方法、行政方法、经济方法和思想政治教育方法。

思考与实训

1.何为管理?怎样理解管理的三大功能?

2.何为学前教育管理?为什么需要学前教育管理?

3.学前教育管理过程包含哪些环节?每个环节的含义、特点和作用是什么?

4.确定学前教育管理原则应遵循的依据是什么?幼儿园管理应遵循哪些管理原则?

5.幼儿园管理的常用方法有哪些?请选择任意一种管理方法,联系实际谈谈在幼儿园管理实践中必须注意哪些问题。

专题探讨

中共中央办公厅、国务院办公厅印发的《关于进一步减轻义务教育阶段学生作业负担和校外培训负担的意见》指出:各地在做好义务教育阶段学生“双减”工作的同时,还要统筹做好面向3至6岁学龄前儿童和普通高中学生的校外培训治理工作,不得开展面向学龄前儿童的线上培训,严禁以学前班、幼小衔接班、思维训练班等名义面向学龄前儿童开展线下学科类(含外语)培训。

伴随“双减”政策的贯彻落实,许多幼儿园开始提供延时服务,这对幼儿园管理提出了新的要求。假设你是一所乡镇中心幼儿园的园长,你计划怎么做好延时服务?你会如何贯彻学前教育管理的基本原则?你会采用什么样的方法进行管理?

第二章 学前教育行政管理

学习目标

知识目标：

- 了解教育行政及学前教育行政的概念；
- 知道学前教育管理体制的含义，把握学前教育管理体制的内容；
- 明确学前教育督导的概念，了解我国学前教育督导的进程和国内外学前教育督导制度。

技能目标：

- 运用学前教育行政管理的知识分析学前教育实践中存在的问题；
- 尝试提出改革完善我国学前教育管理体制的策略与思路；
- 具备一定的政策水平和形成初步的行政管理能力。

学习重难点

- 重点：掌握学前教育行政、学前教育管理体制及学前教育督导的内容，能正确理解和认识学前教育行政管理中存在的问题。
- 难点：能够运用学前教育行政管理分析学前教育实践中存在的问题，并提出改革完善我国学前教育管理体制的解决对策。

案例破冰

兰溪市教育局承担什么职责?

浙江省兰溪市大阜张村集体经济实力雄厚,吸引了大量外来务工人员,然而该村长期没有自己的幼儿园,360多个本村及外来务工人员的孩子,分散在周边几所质量参差不齐的民办幼儿园里。大阜张村早就有在村里建设一所幼儿园的实力和愿望,但阻碍该村党支部书记张志标下定决心的是他对办园质量的担忧:“我们不懂教育,幼儿园盖好了,请不来好的园长和老师,水平上不去怎么办?”

了解到情况后,兰溪市教育局伸出援手,双方达成协议:村建幼儿园开办后,土地与房屋产权仍归村集体所有,具体运营由教育局负责,实行统一的师资派遣和科学规范化管理。如今,大阜张村投资2000万元的现代化幼儿园即将投入使用。

问题:兰溪市教育局在学前教育公共服务体系中承担什么职责?应该如何健全和完善我国农村学前教育管理体制,实现“幼有所育”?本章围绕学前教育行政、学前教育管理体制及学前教育督导等方面展开,旨在帮助学习者了解学前教育行政管理的基础知识,进一步思考并提出改革完善我国学前教育管理体制的对策建议。

第一节 学前教育行政

人们对“行政”一词较为熟悉，如行政人员、行政工作、行政机关等。在教育领域，同样也有这些用语，如教育行政人员、教育行政机关。究竟什么是教育行政？什么是学前教育行政？这是本章要讨论的主要问题。

一、教育行政概述

（一）行政与教育行政

行政有广义和狭义之分。狭义的行政是指涉及国家政务的管理活动，与国家政权密切相关，具有鲜明的政治性。国家的统治权正是通过行政这一政务活动而发挥作用的。在我国，行政指的是国家通过各级政府部门对国家政治、经济、文化、教育、卫生等各方面事务的管理。广义的行政等同于管理，代表着对一切事务的管理和引导，不限于对国家或各级政府事务的管理和引导。

本章基于狭义的行政概念来探讨教育行政，教育行政是指国家各级政府及其教育行政部门，依照宪法、法律和政府的行政指令，代表国家意志对教育领域进行的领导和管理，即国家、政府对教育事业的领导和管理。教育行政是国家行政的重要组成部分，包括政府对各项教育事业的立法、规划、经费投入、督导评估等活动。

人物介绍

罗廷光

罗廷光(1896—1993)，号炳之，江西吉安人，民国时期著名的教育管理学家，在我国教育行政和学校管理实践领域做出卓越贡献。在罗廷光为数众多的研究成果中，《教育行政》一书集中代表了其学术成就。1918年罗廷光考入南京高等师范学校教育专修科，求学于陶行知、廖世承、陈鹤琴、陆志韦等国内知名教育学者。1928年，罗廷光公费赴美留学，先入斯坦福大学教育研究院攻

读教育行政和教育史，肄业满一年后，又转入哥伦比亚大学师范学院修习教育行政和比较教育。关于《教育行政》的成书过程，罗廷光曾在1943年“大学丛书”版自序中做如下说明：“笔者前在国立中央大学及国立北京大学担任‘教育行政’和‘学校行政’教学有年，近在国立西南联合大学师范学院继续讲授‘教育行政’亦有两载，当时深感适当课本的难得，乃一面教学，一面编印纲要，教学生笔记。此刻把全部讲稿，整理完毕，颜曰教育行政”，交由上海商务印书馆出版。由此可见，该书虽为教材，却汇集了罗廷光多年讲授、思考和研究教育管理的宝贵心得。

资料来源：吴涛．民国时期罗廷光教育管理理论及其贡献[J]．北京教育学院学报，2019，33(03).

（二）教育行政的职能

教育行政的职能是指教育行政系统或组织所具有的职责、功能和作用，可以概括为以下几点。

（1）立法功能。立法功能是指国家通过各级立法机关和政府部门制定各项教育法规，并依法对教育实施管理。它是使教育行政活动正规化的一个重要功能。

（2）计划功能。计划功能是指国家根据本国经济文化等各方面的实际情况和社会发展的需要，在一定时期内对全国教育事业的发展速度、规模做出统一规划，以保证教育事业稳步协调发展。从行政角度来看，计划有时也被称为规划，意在突出规划的全局性和宏观性，而避免人们通常对计划的局部性和微观性的印象。

（3）组织功能。组织功能是指国家对各级各类学校组织的人力、物力进行资源配置，推动教育事业正常运转的管理活动。组织功能所涉及的事项较多，如各省市城乡区域的学校布局、学校的教育经费与人员聘任、学校的招生范围、课程设置和改革等方面，都体现出教育行政的组织功能。

（4）监督功能。监督功能是国家依据有关法规和采取有关教育行政措施，对各个省市教育的发展和各级各类学校教育的实施进行监督。这种功能可以分为法律监督和行政监督两种。

(5)指导功能。指导功能主要是业务层面的指导,国家对地方教育行政部门和学校,就地方教育发展的规模,人才培养的数量、规格,教学内容的确定,课程的设置和课时的安排,以及教学方法的选择等基本业务提供指导和建议,间接地影响地方和学校的工作。

(6)服务功能。服务功能更多侧重于后勤方面为地方教育行政机关和各级各类学校提供保障。国家通过为地方和学校提供政策、咨询、协调、资助等途径,实现对教育的宏观控制。教育行政的目的是发展国家的教育事业,不断地为更好地实现教育方针和教育目标而创造适宜的条件,逐渐实现"育才强国"的目的。

二、学前教育行政

(一)学前教育行政的含义

学前教育行政是国家教育行政的一个组成部分。学前教育行政是指国家和地方政府及其教育行政部门通过规划、法规、政策等,对学前教育事业进行立法、投资、组织、督导、评估,保证学前教育的发展。

(二)学前教育行政的构成

1.学前教育行政的主体

宏观上的行政主体,应该说是指国家及政府中能对学前教育施政的机构及其专职人员。在我国现阶段,能施行学前教育行政的主体机构为教育部基础教育司内的学前教育处,该处工作人员的工作职责便是主管全国的学前教育工作。此外,国家政府的其他相关部门,如劳动人事计划、财政、工会、妇联等亦可以在必要时参与对学前教育的立法及监督测评。

2.学前教育行政的客体

行政的对象即学前教育行政的客体。凡属于学前教育行政主体职责范围内的学前教育机构,及其系统中的各方面都属客体,如下属教育行政机关的人员、事情、财务、物资设备及托儿所、幼儿园等,都构成了学前教育行政的客体。

3. 主体与客体之间的连接方式

主体与客体的活动是相互影响的。一方面行政主体通过调查研究，分析国家、社会对学前教育的需求，制订出各类规划，并通过颁布相关政策、法规来组织广大基层实施，在必要时采取予以督导评价等一系列措施，对行政的客体施加影响；另一方面行政客体的实际情况和发展趋势对主体计划、行政政策的制定等环节也产生影响。一般情况下，在上述作用与反作用的关系中，主体对客体的制约、指导作用占主导地位。

（三）学前教育行政的内容

1. 研究制定学前教育法规

具备健全的教育法是现代教育的标志。政策规范一旦上升到法律地位，便强制成为相关人员必须遵守的行为准则，学前教育法规是对教育系统进行控制、约束的手段。在当前许多国家和地区，学前教育立法的步伐是较快而稳健的，如德国各州府有《幼儿园法》。我们现阶段关于学前教育的立法层次较低，尚没有专门的单行法，众多涉及学前教育的政策文件往往是由政府职能部门以工作决议、意见和通知的形式出现的，部分重要的学前教育指导性文件，则是以法律法规体系中层次较低的“条例”和规章制度体系中层级较高的“规程”“指南”“标准”等形式推出的，如《幼儿园管理条例》《幼儿园工作规程（试行）》《3—6岁儿童学习与发展指南》《幼儿园教师专业标准（试行）》等等。另外，学前教育与一般教育的共性要求包含在有关的教育法之中，如《教师法》《未成年人保护法》《民办教育促进法》等。作为有效的行政手段，它们对于实现学前教育计划中的目标，完成学前教育一贯的任务是能持久地发挥作用的。

表2-1　近年来颁布的重要指导性文件一览表

序号	颁布时间	文件名称
1	2010年	《国家中长期教育改革和发展规划纲要（2010—2020年）》
2	2010年	《国务院关于当前发展学前教育的若干意见》
3	2010年	《托儿所幼儿园卫生保健管理办法》
4	2012年	《幼儿园教师专业标准（试行）》
5	2012年	《学前教育督导评估暂行办法》

续表

序号	颁布时间	文件名称
6	2012年	《3—6岁儿童学习与发展指南》
7	2013年	《幼儿园教职工配备标准(暂行)》
8	2015年	《幼儿园园长专业标准》
9	2014年	《国家贫困地区儿童发展规划(2014—2020年)》
10	2018年	《中共中央、国务院关于全面深化新时代教师队伍建设改革的意见》
11	2019年	《托育机构管理规范(试行)》
12	2018年	《幼儿园新入职教师规范化培训实施指南》
13	2021年	《中国儿童发展纲要(2021—2030年)》
14	2021年	《托育机构婴幼儿伤害预防指南(试行)》
15	2021年	《关于大力推进幼儿园与小学科学衔接的指导意见》
16	2021年	《中华人民共和国家庭教育促进法》

2.建立并逐步完善学前教育管理体制

与其他行业的管理体制一样,宏观的学前教育管理体制受国体与政体的决定,依照宪法和有关政策法规的规定而建立,一定的学前教育管理体制规定着国家中央机关与地方之间,甚至与具体的幼儿园之间的工作关系,它是影响国家的学前教育事业能否得到均衡发展的重要因素。形成并完善适宜的管理体制是学前教育行政能否有效施行的一个中心问题。

3.确定对学前教育的财政投入政策

发展学前教育需要资金,国家对学前教育的财政投入力度,在很大程度上反映着国家对学前教育重视程度。国家要研究制定适宜的学前教育财政投入政策,包括学前教育经费占比、增减的规律、中央政府与地方政府采用的经费分担模式,学前教育经费的内部构成、投入的渠道和方式等等。国家首先要设计出经费投入的整套方案,其次要让各省市相关政府部门理解和熟悉国家的政策和规定,然后有计划地投入学前教育经费,还要做好审计和检查,督促保经费的落实,确保其发挥作用。

4.制订发展学前教育的计划

现代的学前教育计划应当与经济发展和社会发展相适应，具备综合性、长期性等特点，以作为一定时期国家对学前教育宏观管理的依据。国家通过对全国各地学前教育情况的深入调研，对以前提出的政策措施落实情况进行系统分析、梳理总结，征求多方意见，从而制订学前教育发展规划，如，2010年8月，中共中央、国务院印发的《国家中长期教育改革和发展规划纲要（2010—2020年）》中规定了十年学前教育的发展目标、重要任务和重点工程等，体现出国家对学前教育的计划意图。2021年12月，教育部等九部门印发的《"十四五"学前教育发展提升行动计划》（以下简称《学前提升计划》），指出了到2025年的主要目标、重点任务与政策措施，明确当前学前教育工作的新任务、新要求，对于协调全国学前教育均衡发展能起较大的作用。

5.培养合格的学前教育师资

合格的师资是学前教育质量得以保证的前提，国家需要大量的幼儿教师，幼儿教师的准入标准怎样，幼儿教师的职前培养和职后提高由哪些学校负责，幼儿教师的职业地位和待遇怎样，教师培养的经费由哪些方面分担，这些涉及学前教育工作者的切身利益和发展空间的政策，主要依靠国家教育行政部门会同劳动人事部门及其他职能部门研究制定并公布，为各省市管理和培养学前教育工作者提供依据和参考。

6.加强学前教育的督导和评价

学前教育督导是各级教育行政机关组织学前教育专家，根据国家的学前教育方针政策，按照一定的原则和标准，使用科学的方法对辖区内学前教育组织系统和保教进行视察、监督、指导、建议的一系列活动。督导与视导基本上同义，只是在使用上略有区别。督导的强制性和权力性较强，常用于突出监督和检查的场景，以行政权力作为支撑，如：示范性幼儿园的评审、验收活动；学校出现了安全责任事故时，会有上级领导和专职的督导人员展开调查，并做出处理。视导更强调指导、建议，多为非权力性的，如研究人员对学校教育活动的巡视指导，无关乎评比筛选，主要是为了研究观察或业务指导。

督导与评价密不可分。评价有时也被称作评估。上级教育行政机关在对幼儿园进行督导的同时，应有针对性地提出指导意见，某一督导过程完毕后，若不做出应有的评价和指导，则没有发挥出教育行政的指导功能。督导人员在审慎分析和评定幼儿园或其他学前教育机构的工作之后，应及时指出成绩和缺点，共同商讨改进措施，提供必要的指导服务。

在督导、评价活动中，具有正确的指导思想和完整的依据是首要前提，同时还应体现科学性、民主性、合作性、促进性等特征，发挥督导、评价人员的引导作用，给被督导对象有效的评价和指导，增进学前教育行业从业者和相关人员的法律意识，按规律办学前教育，以共同推进学前教育计划目标的达成。

第二节 学前教育管理体制

学前教育管理体制在我国学前教育事业发展中起着领导、组织、协调、保障、监控等重要作用，是保障政府切实履行发展学前教育职责的重要条件和促进学前教育事业健康、有序、可持续发展的关键因素。随着政治、经济制度的发展及教育事业的不断变革，我国学前教育管理体制经历了从初步确立到逐步发展的过程。目前，我国在“地方负责、分级管理，有关部门分工协作”的基础上，实行“国务院领导，省市统筹，以县为主”的学前教育管理体制，但在实施中也存在一定的问题和挑战。因此，必须坚持促进公平、保障质量的基本方向，进一步完善我国学前教育管理体制。

一、学前教育管理体制的概念

学前教育管理体制是指国家各级政府、教育行政部门及其他相关行政部门管理学前教育事业的组织机构体系、职权责划分及内外部关系体系的相关机制、制度的总称，包括国家组织领导和管理学前教育事业的基本体系和工作制度。[①]学前教育管理体制既是我国教育体制和教育管理体制的重要组成部分，也是国家行政体制中不可或缺的一环，是学前教育体制的核心。

二、我国学前教育管理体制的改革历程

(一)集中领导，分级管理，成立托幼工作领导小组(1949—1982年)

新中国成立后，为了加强对学前教育工作的领导管理，1949年10月，教育部在初教司内设“第二处”，主管全国学前教育工作，1950年11月改为“幼教独立处”，这是我国第一个学前教育中央领导机构。[②]

1979年，全国托幼工作会议召开，决定由国务院设立“托幼工作领导小组”。会议

---

① 庞丽娟，范明丽．当前我国学前教育管理体制面临的主要问题与挑战[J]．教育发展研究，2012(4)：39-43.

② 杜燕红．学前教育管理学[M]．郑州：郑州大学出版社，2012：41.

同时要求各省、自治区、直辖市设立与全国托幼工作领导小组相应的省级托幼工作领导小组，以保证全国托幼工作领导小组的有关批示精神在基层能得到贯彻落实。同年11月8日教育部印发《城市幼儿园工作条例（试行草案）》规定：各级党委要加强对幼儿教育的领导。各级教育行政部门应建立幼儿教育的领导机构或专职干部，领导本地区各种类型幼儿园的保教业务、师资培训和科研工作。同时指出“幼儿园园长在上级党委和教育行政部门领导下负责领导全园工作”，确立了“园长负责制”，在实际操作层面为迅速恢复幼儿园正常工作秩序提供了政策保障。1981年颁发的《幼儿园教育纲要（试行草案）》，强调和突出了幼儿园是对幼儿进行全面发展教育的机构，并对幼儿教育的方针、目标、内容和制度做出了详尽的规定。

这个时期，幼儿园以集体举办为主，由政府部门牵头、其他各部门互相配合共同管理，为学前教育事业的恢复和重建提供了一个全局联动的保障机制，学前教育迈入新的阶段。

（二）地方负责，分级管理，各有关部门分工协作（1982—1992年）

这一时期政府持续高度重视学前教育，并从领导、管理、政策等方面予以保障。从1982年开始，我国进行了历时三年的行政管理体制改革，这次改革的重点是精简机构和人员。在这次机构改革中，刚刚成立不久的全国托幼工作领导小组，以及领导小组设立在全国妇联的办事机构均被撤销。然而，有关全国托幼工作领导小组的工作任务却一直没有进一步明确承担部门，因此造成了政府各个职能部门对学前教育工作的管理分工不清、职责不明，一度影响了学前教育事业的进一步发展。1985年9月，中共中央召开了改革开放后的第一次全国教育工作会议，颁发了《中共中央关于教育体制改革的决定》，明确指出实行基础教育由地方负责、分级管理的原则，进而明确中央和地方关于基础教育管理权限与职责的具体划分。

1987年，国务院办公厅转发国家教育委员会等部门《关于明确幼儿教育事业领导管理职责分工的请示》的通知（下称《分工请示》），明确指出“幼儿教育是社会主义教育事业的重要组成部分”，指出“除地方政府举办幼儿园外，主要依靠部门、单位和集体、个人等方面力量发展幼儿教育事业”，并明确了幼儿教育“必须在政府统一领导下”“实行‘地方负责，分级管理’和有关部门分工负责的原则”，[①]此文件仅规定了各部门职责，而未对各层级政府的责任做具体划分。

这个时期我国通过制定一系列幼儿教育法规、政策，保障和促进学前教育事业发展。1989年，国家教委颁布了《幼儿园工作规程(试行)》。同年颁布的《幼儿园管理条例》，不仅明确了地方各级政府发展和管理幼儿教育的职责，还对幼儿园的举办条件、审批程序、保教工作和行政管理等做出了明确规定，特别是“各级教育行政部门应当负责监督、评估和指导幼儿园的保育教育工作”，[②]有力促进了幼儿园办园条件改善和教育质量提高。它是我国第一部国务院批准实施的全国性学前教育行政法规，是针对全国幼儿园进行宏观管理和指导的单行法规文件。[③]

1991年4月，国家教委颁布了《教育督导暂行规定》，提出“教育督导的范围，现阶段主要是中小学教育、幼儿教育及其相关工作”，明确把幼儿教育纳入教育督导，并且明确“教育督导的任务是：对下级人民政府的教育工作、下级教育行政部门和学校的工作进行监督、检查、评估、指导，保证国家有关方针、政策、法规的贯彻执行和教育目标的实现”。[④]1991年6月，国家教委发布了《关于改进和加强学前班管理的意见》，重申学前班的性质和举办原则。至此，我国“地方负责，分级管理，各有关部门分工协作”的学前教育管理体制基本建立，且从中央层面明确并践行了通过督导促进学前教育事业发展的基本原则和思路。

(三)地方负责，分级管理，进一步明确主管部门(1992—2009年)

从1992年开始，随着计划经济向市场经济转型，我国学前教育管理体制改革的重心有了新的转向，在坚持“统一领导，分级管理”的基础上，开始探索适应社会主义市场经济体制的学前教育管理体制。1993年，《中国教育改革和发展纲要》提出：“政府要转变职能，由对学校的直接行政管理，转变为运用立法、拨款、规划、信息服务、政策指

① 国务院办公厅. 转发国家教委等部门《关于明确幼儿教育事业领导管理职责分工的请示》的通知[EB/OL]. (1987-10-15)[2021-08-15]. http://www.moe.gov.cn/s78/A06/jcys_left/moe_705/s3327/201001/t20100128_82000.html.

② 国务院. 幼儿园管理条例[EB/OL]. (1989-09-11)[2021-08-16]. http://www.moe.gov.cn/jyb_sjzl/sjzl_zcfg/zcfg_jyxzfg/202204/t20220422_620517.html.

③ 秦旭芳. 向海英. 学前教育管理学[M]. 长沙：湖南大学出版社，2015：32.

④ 国家教委. 教育督导暂行规定[EB/OL]. (1991-04-26)[2021-08-16]. http://www.moe.gov.cn/srcsite/A02/s5911/moe_621/199104/t19910426_81931.html.

导和必要的行政手段，进行宏观管理。”①在学前教育领域，企业开始逐步剥离社会职能，“鼓励多渠道、多形式社会集体办学和民间办学”。②

2003年，国务院办公厅转发了教育部等部门(单位)《关于幼儿教育改革与发展的指导意见》的通知(下称《指导意见》)，规定我国学前教育管理体制“坚持实行地方负责、分级管理和有关部门分工负责”。③建立和完善政府领导统筹，教育部门主管，有关部门或组织协调配合，社区内各类幼儿园和家长共同参与的幼儿教育管理体制，对中央、省、市、县、乡镇五个层级政府在学前教育发展中的具体职责进行了初步规定：“国家制定有关幼儿教育的法规、方针、政策及发展规划；省级和地(市)级人民政府负责本行政区域幼儿教育工作，统筹制定幼儿教育的发展规划，因地制宜地制定相关政策并组织实施，积极扶持农村及老少边穷地区的幼儿教育工作，促进幼儿教育事业均衡发展；县级人民政府负责本行政区域幼儿教育的规划、布局调整、公办幼儿园的建设和各类幼儿园的管理，负责管理幼儿园园长、教师，指导教育教学工作；城市街道办事处配合有关部门制定本辖区幼儿教育的发展计划，负责宣传科学育儿知识，指导家庭幼儿教育，提供活动场所和设备、设施，筹措经费，组织志愿者开展义务服务；乡(镇)人民政府承担发展农村幼儿教育的责任，负责举办乡(镇)中心幼儿园，筹措经费，改善办园条件；要发挥村民自治组织在发展幼儿教育中的作用，开展多种形式的早期教育和对家庭幼儿教育的指导。”《指导意见》中对于学前教育的督导制度规定：“建立幼儿教育督导制度，坚持督政与督学相结合。国务院教育部门要制定幼儿教育工作督导评估暂行办法，省级人民政府要制定地方幼儿教育工作督导评估标准，把幼儿教育事业发展、幼儿教育质量、幼儿教育经费投入与筹措、幼儿教师待遇等列入各级政府教育督导内容，积极开展对幼儿教育热点难点问题的专项督导检查。”④

(四)政府主导职责回归，地方负责，有关部门分工协作(2010年至今)

2010年以来，我国出现了社会反映强烈的“入园难”“入园贵”，乃至“入园荒”问

① 中国学前教育研究会.中华人民共和国幼儿教育重要文献汇编[M].北京：北京师范大学出版社，1999：357.

② 庞丽娟.中国教育改革30年.学前教育卷[M].北京：北京师范大学出版社，2009：42.

③ 国务院办公厅.关于幼儿教育改革与发展的指导意见[EB/OL].(2003-03-04)[2021-08-16].http://www.moe.gov.cn/s78/A06/jcys_left/moe_705/s3327/201001/t20100128_81996.html.

④ 国务院办公厅.关于幼儿教育改革与发展的指导意见[EB/OL].(2003-03-04)[2021-08-16].http://www.moe.gov.cn/s78/A06/jcys_left/moe_705/s3327/201001/t20100128_81996.html.

题，其实质是连续十年削弱的“供”和当前日益增强的“需”之间的突出矛盾的集中爆发。究其原因，在经济体制转型过程中，一些地方政府和相关主管部门发展观和认识严重滞后，主导责任不到位，发展职责不落实；行政管理力量严重不足，教育主管机构纷纷被撤，学前教育发展规划、组织领导和评估督导监管等失去基本保障。以“镇为主”的学前教育管理体制导致农村学前教育经费投入得不到有效保障，县域内学前教育发展不均衡问题开始显现，镇村发展学前教育的积极性难以调动。①

为从根本上解决“入园难、入园贵”的问题，在以《国家中长期教育改革和发展规划纲要（2010—2020年）》和《国务院关于当前发展学前教育的若干意见》（简称“国十条”）为代表的系列新政中，政府主导强力推进学前教育普及，管理体制成为落实政府主导责任的核心和关键。“国十条”提出“各级政府要加强对学前教育的统筹协调，健全教育部门主管、有关部门分工负责的工作机制，形成推动学前教育发展的合力”，同时要求各地“以县为单位编制学前教育三年行动计划”，②对地方政府，尤其是县级政府的学前教育规划和行政管理职能做出强调。2014年，教育部、国家发展改革委、财政部联合印发了《关于实施第二期学前教育三年行动计划的意见》，提出“以区县为单位制订幼儿园总体布局规划，合理确定公办园的布局”“省级和地市级政府加强统筹，县级政府落实主体责任”“各地要加强对幼儿园的监管，县级政府履行主体责任”。③2016年，国务院办公厅颁布的《关于加快中西部教育发展的指导意见》提出：“积极探索以县为主的管理体制，县级人民政府负责统筹辖区内园所布局、师资建设、经费投入、质量保障、规范管理等。”④

2017年，教育部等四部委联合印发《关于实施第三期学前教育行动计划的意见》，首次提出“国务院领导，省地（市）统筹，以县为主”⑤的管理体制，并在2018年11月中共

① 周建平.从“镇为主”到“县为主”：农村学前教育管理体制的变革：基于对A县学前教育发展状况的调查[J].教育发展研究，2012(20)：18-21.

② 国务院.关于当前发展学前教育的若干意见[EB/OL].(2010-11-21)[2018-11-06]. http://www.moe.gov.cn/jyb_xxgk/moe_1777/moe_1778/201011/t20101124_111850.html.

③ 教育部，国家发展改革委，财政部.关于实施第二期学前教育三年行动计划的意见[EB/OL].(2014-11-03)[2018-11-06]. http://www.moe.gov.cn/srcsite/A06/s3327/201411/t20141105_178318.html.

④ 国务院办公厅.关于加快中西部教育发展的指导意见[EB/OL].(2016-05-11)[2018-11-06].http://www.moe.gov.cn/jyb_xxgk/moe_1777/moe_1778/201606/t20160615_268538.html.

⑤ 教育部，国家发展改革委，财政部，人力资源社会保障部.关于实施第三期学前教育行动计划的意见[EB/OL].(2017-04-13)[2018-11-06]. http://www.moe.gov.cn/srcsite/A06/s3327/201705/t20170502_303514.html.

中央、国务院发布的《关于学前教育深化改革规范发展的若干意见》①中进一步明确和细化。

典型案例

南京实行学前一年基本免费教育

从2014年秋季入读小班的南京幼儿，当他们上大班时将减免共6000元的保教费，南京由此成为率先实行学前一年基本免费教育的城市。

南京最新公布的《关于实行学前一年基本免费教育、促进学前教育普惠优质发展的实施意见》，南京学前一年基本免费教育的对象为在依法设立的幼儿园就读的大班幼儿。从2014年秋季入园就读小班、到2016年就读大班的幼儿开始。

南京市教育局初等教育处处长戴兴海介绍，对符合免费条件的幼儿，每生每月减免保育教育费600元，全年按10个月减免。"这意味着全市在市优质园、市标准园和市一般园这三个等级公办幼儿园，收费标准不超过600元的民办园就读的适龄幼儿，均可实现大班全免费。"

南京市教育局副巡视员杨林国介绍，根据《意见》，无论就读公办还是民办幼儿园，均统一按此标准减免。经济困难家庭在园幼儿，除正常享受学前一年基本免费教育外，我们还将另行制定办法给以助学补助。

南京市教育局局长吴晓茅表示，2014年和2015年两年内，南京将投入20亿元，并引导民间资本参与办园，特别是举办普惠性民办幼儿园。通过政府购买服务，大幅度增加普惠性民办学位，使全市在公办和普惠性民办幼儿园就读幼儿比例提高到80%以上。

资料来源：中央政府门户网站

三、我国学前教育管理体制存在的问题

第一，政府职责定位不明。②20世纪末，我国在计划经济向市场经济转型的过程中，随着政府经济职能与政治职能相分离，原来计划经济体制下通过行政手段管理学前教育事业发展的做法受到挑战，对政府职能新的定位又未能及时明确，加上对学前教育的重要性认识不足，很多地方政府发展学前教育事业的职责有一定弱化，出现了

① 中共中央、国务院.关于学前教育深化改革规范发展的若干意见[EB/OL].(2018-11-07)[2018-11-06].http://www.gov.cn/xinwen/2018-11/15/content_5340776.html.

② 庞丽娟，范明丽.当前我国学前教育管理体制的主要问题与挑战[J].教育发展研究，2012(4)：39-40.

责任不到位甚至推卸责任的现象。2010年11月颁布的《国务院关于当前发展学前教育的若干意见》明确提出“政府主导”发展学前教育，并对中央和省级政府的职责做出一些规定，相比以往政策有了很大进步。但是，对究竟如何发挥政府的主导作用，对各级政府的具体职责及其在学前教育管理上的权责划分尚缺乏明确规定，学前教育管理体制有待进一步完善。同时，不少地方政府在实际操作中将“政府主导”窄化为或等同于“政府办园”，关注投钱办园、扩大规模，在一定程度上弱化了其在事业发展中统筹规划、政策引导、质量保障等方面的重要职责。

第二，各层级政府间权责划分不合理。①目前，我国实行“地方负责，分级管理”的学前教育管理体制，但由于政府职责定位不清晰，特定层级政府在发展学前教育中的职、权、责、利不对称。一方面，中央政府发展学前教育的职责缺位、错位与不到位并存。特别是学前教育专门法缺失，中央提供全国性学前教育法律政策的职责缺位，且促进区域间学前教育均衡发展的职责不到位。另一方面，地方政府间权责错位严重，责任主体重心过低。分税制财政体制改革时，中央在规范与省级财政的关系后，对省与市、市与县、县与乡镇的财权与事权分配未做刚性规定，导致在学前教育管理中，上级政府往往依靠其行政权力优势把责任推给下级政府，同时并不提供履行职责所需的足额配套资金，出现“上级请客，下级买单”的尴尬局面。

第三，政府各部门间权责划分不明晰。②由于政策对各部门之间的权责配置规定不够到位，导致权责交叉、多头管理、缺位越位、批管分离等问题突出。例如，2003年3月出台的《关于幼儿教育改革与发展的指导意见》中，明确提出要建立“由教育部门牵头、有关部门参加的幼儿教育联席会议制度”，并规定了教育部门、财政部门、价格主管部门、建设部门、民政部门、卫生部门、劳动保障部门、编制部门，以及妇女儿童工作委员会和妇联组织等部门的相关职责。但是，由于政策文件中对各部门之间的职能、权限和责任配置规定得不够明确、到位，导致政府各相关部门间职责定位不清，权责划分不尽合理。

第四，管理机构和人员设置不健全。现有政策对于学前教育行政管理机构和人员配置标准的规定宽泛且可操作性差，有关机构设置和人员配置数量、专兼职、行政归

---

① 范明丽，洪秀敏.我国学前教育管理体制改革的历程与方向——改革开放40周年回眸与展望[J].学前教育研究，2019(01)：22-32.

② 范明丽，庞丽娟.当前我国学前教育管理体制的主要问题、挑战与改革方向[J].学前教育研究 2013(6)：3-7.

属、编制、资质和职责规定等缺乏，对各地执行政策的指导性不强，直接导致了学前教育管理机构和人员设置随意性大，管理缺位严重。2010年以来，虽然很多地区增设了学前教育处或学前教育科，但仍有不少地区把学前教育归入基础教育或成人教育处室管理，这些地区配置了学前专干尚好一些，否则一人分管多头，学前教育又往往处于弱势，导致学前教育事业发展的职责仍旧落实不力。学前教育管理机构设置及其人员配置的缺位直接致使学前教育事业发展规划、组织领导和评估督导等失去基本保障。[①]

典型案例

中华人民共和国学前教育法草案

（征求意见稿）

第十条（管理体制）学前教育实行国务院领导，省、自治区、直辖市人民政府和设区的市、自治州人民政府统筹规划实施，县级人民政府为主管理的体制。

第五十四条（部门职责）县级以上人民政府教育行政部门负责学前教育管理和业务指导工作，建立相应的管理机构，配备管理和教研人员，加强对学前教育的监督管理和科学指导。县级以上人民政府卫生行政部门负责幼儿园卫生保健的监督检查和业务指导工作。

县级以上人民政府及发展改革、财政、编制、人力资源社会保障、自然资源、住房和城乡建设、民政、市场监管等相关职能部门在各自职责范围内负责学前教育管理工作，履行规划制定、资源配置、经费投入、人员配备、待遇保障、幼儿园登记等方面责任，依法加强对幼儿园举办、教职工配备、收费行为、安全防护、经费使用、财务管理等方面的监管。

第六十一条（投入机制）学前教育实行政府投入为主、家庭合理负担，其他多渠道筹措经费的机制。幼儿园经费由举办者依法筹措，确保稳定的经费来源。

国务院和地方各级人民政府应当逐步提高学前教育财政投入和支持水平，保证学前教育财政经费在同级教育财政经费中占合理比例。

思考题

2020年9月7日，教育部研究形成了《中华人民共和国学前教育法草案（征

① 范明丽，洪秀敏．我国学前教育管理体制改革的历程与方向——改革开放40周年回眸与展望[J]．学前教育研究，2019(01)：22-32.

求意见稿)》,面向社会公开征求意见。谈谈你对《学前教育法草案(征求意见稿)》的看法,你有什么修改建议?

四、当前我国学前教育管理体制改革与发展趋势

(一)转变政府职能,发挥主导作用

政府职能是指国家行政机关依法对国家和社会公共事务进行管理时应该承担的职责和所具有的功能,是公共行政的本质表现。2006年,我国提出要"以人为本"构建"和谐社会",从"以政府为中心"的行政模式逐步过渡到"以满足人民需求为中心"的行政模式,这意味着政府要从过去聚焦经济扩展到更为广阔的社会领域。在新的形势下,加强和优化公共服务理念,调整政府结构,转变政府职能,以满足日益扩大的社会公共需求,已经成为我国政府行政改革的核心。目前在我国学前教育事业发展中应该明确并不断强化政府主导责任,在实践中进行体制机制创新,合理借鉴理性科层制和后现代科层制的先进管理理念,建立起计划、立法、监督、经营、指导和服务不同职能合理搭配的政府主导学前教育事业发展模式。

2018年11月,中共中央、国务院发布的《关于学前教育深化改革规范发展的若干意见》明确了"坚持政府主导,落实各级政府在学前教育规划、投入、教师队伍建设、监管等方面的责任,完善各有关部门分工负责、齐抓共管的工作机制"。同时,还强调健全管理体制,认真落实国务院领导、省市统筹、以县为主的学前教育管理体制。一方面,政府在政策引导、规划发展、资源配置等方面具有得天独厚的权威性优势,其作用是任何类型的组织都难以替代的;另一方面,加强管理、规范办园行为、加强幼儿园教师培养培训并依法落实其地位和待遇等方面的责任,必须而且只能由政府来承担。

(二)合理配置权责,实行绩效管理①

政府的权力分为"事权"和"财权"。"事权"是指政府办事的权力和权限,是政府对于公共责任和权力的配置问题。在这里,责任分工是前提和基础,权力则是履行责任的必要条件和工具,因此,事权的主导方面不是权力划分,而是责任分工。"财权"是指

① 范明丽,洪秀敏.我国学前教育管理体制改革的历程与方向——改革开放40周年回眸与展望[J].学前教育研究,2019(01):22-32.

在法律允许下，各级政府负责筹集和支配收入的财政权力，主要包括税权、收费权及发债权。通常情况下，拥有财权的政府也拥有相应的财力，但政府拥有财力不一定拥有相应的财权。我国中央政府有促进区域均衡发展的责任，需要转移支付一部分财力给地方政府，因此其财权大于最终支配的财力，而地方政府的财力与其支出管理责任相一致，往往大于财权。政府的最佳运作机制是事权与财权大致匹配，地方政府各层级之间的公共服务职责和支出管理责任分别与其财权和财力相匹配。然而在实践中我国不同层级政府间事权和财权不匹配问题突出，尤其是1994年分税制财政管理体制改革后，中央政府财权增加，财政收入所占份额逐步提高，省级政府财政收入也是稳中有升，区县和乡镇（街道）财政收入比重下降，尤其是乡镇（街道）财权趋近于零，财力大大减弱。然而，各级政府对学前教育事业发展的责任长期停留在分税制改革前的状态，主要落在乡镇（街道）一级，2010年以来虽然逐渐提升到县级，但一些地区“小马拉大车”的现象依然突出，影响学前教育事业发展。

在行政体制改革中给予地方一定的自主权，一方面能调动地方的积极性，另一方面也能鼓励创新，有助于探索改革的新路径。为切实保障各级政府能够真正履行职责，需要按照事权与财权相匹配的原则对各级政府学前教育管理、服务等职责进行重新配置，并随着未来国家财政体制的渐进改革，不断对学前教育管理体制进行调整和完善。同时，为了保障学前教育事业发展财政性经费的合理使用，缩减管理成本，切实提高管理效率，也需要进一步改革完善学前教育管理体制，尽量缩减不同层级政府转移支付中的路径成本，避免管理漏洞。

（三）改革财政体制，促进城乡均衡

我国学前教育事业发展存在区域发展不均衡的问题，主要表现为城乡发展不均衡、东中西部发展不均衡等。目前我国学前教育财政经费投入大幅增加，地方各级政府均逐步将学前教育作为财政支出重点领域予以优先保障。[①]但在资源仍然有限的情况下，注重学前教育财政投入精准性对于提高财政投入效率与效益等具有十分重要的作用。我们需要科学规划合理分配财政教育经费，通过经费上的分配缩小长期以来形成的地区间差距，增加教育公平。

---

① 郭燕芬，柏维春．我国学前教育经费投入—产出效率分析及政策违议[J]．学前教育研究，2017(2):3-16.

学前教育管理体制设计需要综合考虑国家经济社会发展特定阶段的基本要求、不同区域的特点以及弱势群体的特殊需求。体制方案设计宜根据短期、中期、长期等不同阶段的发展目标，综合考虑城乡、东中西部等经济社会发展水平不同的区域，分阶段、分区域稳步推进，并注意关注、照顾到弱势群体的特殊需求。

案例分析

近年来，各级政府高度重视对学前教育的经费投入。2016—2020年，我国对学前教育的财政投入总量逐年增加(见图2-1)，学前教育财政性经费占比逐年提升，逐渐形成了中央、省、市、区县多级财政共同参与的学前教育投入机制。

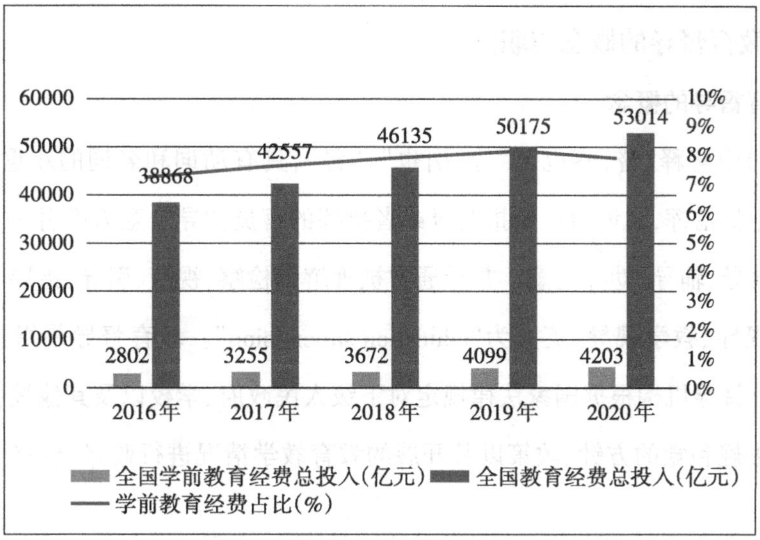

图2-1　2016—2020年学前教育财政性经费投入情况(单位：亿元，%)

▲ 数据来源：教育部网站

思考题

中央财政逐年加大学前教育投入，逐步提高学前教育财政支持水平，给学前教育事业带来哪些改变？随着各级财政投入力度加大，如何才能确保农村特别是边远贫困地区适龄幼儿都有机会接受学前教育？

第三节 学前教育督导与检查

学前教育督导是学前教育管理的重要组成部分，是督促、保障学前教育政策有效落实的重要环节，是保障学前教育质量提升的重要手段。合理发挥学前教育督导的监督、检查、评估、指导职能，对保障和促进学前教育事业健康发展具有重要意义。

一、学前教育督导概述

（一）教育督导的概念与职能

1. 教育督导的概念

《说文》中解释“督，察也”；“导，引也”。“督”，具有动词和名词的双重功能：动词“督”是指监督指挥，名词“督”则指监督或者指挥的官员。“导”，意为指引、带领，在教育中主要指教导、辅导、劝导之意。督导通常被理解为检察、视察、引导、指导。教育督导也称教育视导、教学视导，英文为“education supervision”。教育督导是指县级以上人民政府教育督导机构根据国家法律规定对下级人民政府、学校以及其他教育机构落实教育法律法规和党的方针、政策以及开展的教育教学情况进行监督、检查、评估、指导的活动。

教育督导不同于一般教育机构组织开展的一般意义上的检查、评价活动，它的实施是由国家法律规定的。《中华人民共和国教育法》（以下简称《教育法》）第二十四条明确规定：“国家实行教育督导制度和学校及其他教育机构教育评价制度”；2012年，《教育督导条例》（中华人民共和国国务院令第624号）以法规的形式确立了教育督导的法律地位、法定职能和工作程序等。

拓展阅读

夸美纽斯的督学思想

扬·阿姆斯·夸美纽斯是捷克伟大的民主主义教育家，西方近代教育理论的奠基者。夸美纽斯在国家的教育管理中还设置了督学，以保证教育顺利地实施，督学通过对国家中各学校教育工作的检查，努力使各学校之间趋于平衡、步调一致，这样，教育水平就能得到统一，每个人都能受到相同的教育。

夸美纽斯把学校比作军队，把督学比作是军队的总司令。督学的使命就是要为学校提供杰出的统帅和指挥官，并对这些将成为学校管理者的人进行培训，使他们学会组织学校、学会制定规章制度，从而把各自所管理的学校组织成一支有秩序运行的精良的“钟”。此外，督学的职责和任务还有：对各学校人员进行管理，对各学校教学工作进行检查，督学还应监督各学校规章制度的执行，还应在社会中巡视，检查学生的家长和监护人是如何对孩子进行教育的，以便使学校与家庭在教育上也能保持一致，达到教育的统一。

夸美纽斯提出的设置督学的设想对后世教育行政制度的发展具有影响作用，他分析了督学的任命及督学的具体职责，为英、美等国实行督导制度奠定了理论基础。

资料来源：钟文芳，单中惠．夸美纽斯教育管理思想初探[C]//纪念《教育史研究》创刊二十周年论文集(16)——外国教育思想史与人物研究，2009.

2. 教育督导的职能

教育督导机构是一个职能部门，它的职能并不是单一的，主要包括监督、指导、评估和反馈四个职能。

①监督职能。教育督导的监督职能是督导机构对被督导对象的工作进行检查和督促，确保教育目标达成所发挥的作用。教育督导机构被国家赋予特定的行政监督权力，按照职责要求采取相应的手段督促下级部门迅速、有效、准确、积极、主动地贯彻执行教育方针及各级政策，教育督导机构发挥监督功能必须依据国家有关的教育方针、政策、法律、法规、指令、规章和制度，不受任何个人的主观意志左右。从这个意义上说，教育督导的过程就是教育执法的过程，只有在检查督促过程中杜绝有法不依、有令不行、执法不严等现象，才能通过监督功能的发挥提高教育行政管理的效率，完成各项教育工作任务。

②指导职能。教育督导的指导功能是在督导过程中，帮助被督导对象找出问题的原因和解决问题的办法。指导是教育督导的一个重要环节和重要内容，从教育管理、教育课程、教育内容到教育方法，从地方政府、教育行政部门到学校、课堂。成功的指导以事实为依据，以督导人员与被督导人员之间相互信任为条件，通过帮助和指导激发督导对象的积极性，充分发挥其主观能动性，从而解决督导中发现的问题。

③评估职能。教育督导的评估功能是教育督导内在的评价监测系统与外部教育环境相互作用所产生的实际作用与效能。其依据一定的标准对教育活动做出评价，从而推动教育活动不断反思、改进和提高。评估功能不同于一般教育活动的评价功能，它需要建立一套较为完整的评价指标体系和监测方法体系，其中包括导向、激励和鉴定等子功能。

④反馈职能。教育督导机构人员通过反映下级教育部门、教育工作者的意见和要求，实现对上级各项方针、政策、指令任务、执行情况以及方针政策等问题的“反馈”。反馈是检查决策（包括方针、政策、指令、任务等）是否正确、执行是否有效的依据。教育督导的反馈职能是教育督导机构及人员在分析反馈信息的基础上，通过向教育行政部门、学校领导及教师提出意见和建议，实现其参谋职能。在教育督导系统内，对上级指令的实施情况，乃至指令本身是否正确，都能通过反馈系统直接了解，从而形成一个封闭的管理回路。

（二）学前教育督导的概念

“学前教育督导”乃是“教育督导”的下位概念，即学前教育督导是教育督导的构成部分。2012年2月教育部颁布了《学前教育督导评估暂行办法》，将教育督导引入学前教育领域，制定和执行学前教育督导政策，对促进学前教育发展具有重要的意义。学前教育督导是国家、政府依据相关的法律、法规、政策等，对学前教育工作进行监督、检查、评估和指导的行为。

（三）学前教育督导的内容

（1）落实政府责任和部门职责，完善管理体制，健全工作机制，建立督促检查、考核奖惩和问责机制等。

（2）加大学前教育经费投入，落实各项财政支持政策，构建学前教育公共服务体系等。

(3)多种形式扩大学前教育资源,大力发展公办幼儿园,积极扶持民办幼儿园,扩大普惠性学前教育资源等。

(4)加强幼儿教师队伍建设,核定并保证公办幼儿园教职工编制,落实并提高幼儿教师待遇,加强幼儿教师培养培训等。

(5)规范学前教育管理,有效解决“小学化”倾向等。

(6)提高学前教育发展水平,缓解“入园难”问题,提高社会公众对当地学前教育满意程度等。

表2-2　教育部关于学前教育督导评估指标体系

一级指标	二级指标	分值
政府职责20分	1.重视并切实加强对大力发展学前教育的领导。成立学前教育工作领导小组或建立联席会议制度,加强对学前教育的统筹协调;健全教育部门主管、有关部门分工负责的管理体制和工作机制	8
	2.制定切实可行的学前教育发展规划和三年行动计划,其目标明确,措施具体,突出针对性、可操作性	6
	3.建立督促检查、考核奖惩和问责机制。加强对学前教育的督导检查,将学前教育发展纳入各级政府领导目标责任制;对在学前教育工作中做出突出贡献的单位和个人给予表彰和奖励	6
经费投入15分	4.将学前教育经费列入财政预算,切实加大学前教育投入力度,向边远贫困地区和少数民族地区倾斜;新增教育经费要向学前教育倾斜;财政性学前教育经费在同级财政性教育经费中要占合理比例,并且近三年有明显提高;确保发展学前教育工程(项目)投入	6
	5.建立政府投入、社会举办者投入、家庭合理负担的投入机制;研究制定公办幼儿园生均经费标准和生均财政拨款标准,并能及时拨付到位	4
	6.制定支持学前教育的优惠政策,鼓励社会力量办园和捐资助园;建立学前教育资助制度,发展残疾儿童学前康复教育;国家支持学前教育发展的项目经费使用规范、合理	5
园所建设15分	7.扩大普惠性学前教育资源。大力发展公办幼儿园,提供广覆盖、保基本的学前教育公共服务;鼓励社会力量以多种形式举办幼儿园,积极扶持民办幼儿园,并提供普惠性服务	8
	8.研究制定城镇小区配套幼儿园的规划、建设、接收、使用与管理细则,并有效落实,确保布局合理,方便就近。农村乡镇建设公办中心幼儿园,大村独立建园,小村设分园或联合办园,人口分散地区开展学前教育巡回支教等,构建县、乡、村学前教育网络	4

续表

一级指标	二级指标	分值
	9.设施设备配备达标，满足幼儿活动和发展的需要	3
队伍建设15分	10.合理确定幼儿教师生师比，核定公办幼儿园教职工编制，配足配齐教职工；健全幼儿教师准入制度，严把入口关；多渠道保证师资的供给，满足学前教育发展需求	6
	11.完善学前教育师资培养培训体系，扩大幼儿教师的培养规模，加大幼儿教师的培训力度，增强培训的针对性，提高教师专业素质	5
	12.依法落实幼儿教师地位和待遇，切实维护幼儿教师合法权益	4
规范管理15分	13.严格执行幼儿园准入制度，制定各种类型幼儿园的办园标准，实行幼儿园审批登记和年检制度。对无证办园进行全面排查登记，实行分类治理，妥善解决无证办园问题	4
	14.完善幼儿园收费管理机制，制定幼儿园收费标准，规范幼儿园收费工作	3
	15.重视幼儿园安全保障和卫生健康工作，健全各项安全管理、卫生保健、饮食与健康工作制度和安全责任制	4
	16.落实《幼儿园教育指导纲要（试行）》，加强对幼儿园保教工作的指导，建立幼儿园保教质量评估监管体系和机制，开展保教质量监测评估工作，有效解决“小学化”倾向和问题	4
发展水平20分	17.“毛入园率”明显提高，“入园难”问题得到有效缓解	4
	18.城镇和农村公办幼儿园所占比例、广覆盖程度明显提高	3
	19.学前教育财政投入所占比例明显提高	3
	20.取得幼儿教育资格证的教师数占幼儿教师总数的比例明显提高	3
	21.保教质量明显提高	4
	22.社会对当地提供的学前教育的满意度明显提高	3

二、我国学前教育督导进程

2012年2月12日，教育部印发《学前教育督导评估暂行办法》，对学前教育督导评估的原则、内容、形式等做出明确规定，对全国开展学前教育督导评估工作提出明确要求。

2017年4月18日，教育部印发《幼儿园办园行为督导评估办法》，对督导评估内容与方式、督导评估组织实施、督导评估结果运用等做出明确规定，对在全国开展幼儿园办园行为督导评估提出明确要求。

2018年11月7日，中共中央、国务院印发《关于学前教育深化改革规范发展的若干意见》，第33条指出，“建立督导问责机制。将学前教育普及普惠目标和相关政策措施落实情况作为对省级政府履行教育职责督导评估的重要内容，作为地方各级党委和政府督查工作的重点任务，纳入督导评估和目标考核体系。国务院教育督导委员会制定普及学前教育督导评估办法，以县为单位对普及学前教育情况进行评估，省级为主推动实施，国家审核认定。省一级建立专项督查机制，加强对普惠性资源配置、教师队伍建设、经费投入与成本分担机制等政府责任落实情况的督导检查，并将结果向社会公示。对发展学前教育成绩突出的地区予以表彰奖励，对履行职责不力、没有如期完成发展目标地区的责任人予以问责”。

2019年6月10日，教育部印发《幼儿园责任督学挂牌督导办法》，对幼儿园责任督学管理、履行职责、监督监管等方面做出明确规定，对在全国开展幼儿园责任督学挂牌督导工作提出明确要求。

2019年9月，公安部、教育部印发《加快推动全国中小学幼儿园安全防范建设三年行动计划》，要求通过全面加强校园内部安全管理、着力打造校园周边安全区域、切实强化应急处置、加强校园法治安全宣传教育、着力提升监督指导效能等举措，有力有序推进校园安全防范建设，全面提升中小学幼儿园安全防范能力。

三、国内外学前教育督导体制

（一）国际学前教育质量监测系统

经济合作与发展组织（简称OECD）于2015年10月发布了《强势开端Ⅳ：监测儿童早期教育与保育质量》，它从国际比较的视角对OECD各成员国学前教育质量监控体系做了具体介绍，分析了各国学前教育质量监控体系的构成，阐述了近年来各国质量监控体系的共同发展趋势，总结了各国质量监控中面临的挑战和对策。[①]

1.各国学前教育质量监测体现的共同趋势

其一，OECD所调查的24个国家都在不断地加强学前教育质量监测，推动这项政策实践的动因主要是对学前教育公共投入的问责和对学前教育质量的关切，同时各国

① 刘颖.李晓敏.OECD国家学前教育质量监测系统分析及其对我国的启示[J].学前教育研究，2016(3):3-14.

政府也期望在信息不对称的市场背景下，能够为家长提供有关学前教育质量的信息，以便其做出判断和选择。其二，各国都在不断完善质量监测的方法和过程。通常，政府会监测学前教育机构质量是否符合法定要求(偏重结构性质量)，但目前也开始逐渐关注学前教育的过程性质量，例如师生互动的质量。因此，对教师质量的监测开始成为监测系统的一个部分。另外，各国主要通过观察的方法来对儿童发展的质量进行监测。其三，对于托幼机构服务质量、教师质量、儿童发展三个部分的监测往往不是单独展开的，而是相互联系的。其四，学前教育监测与小学监测系统往往联系在一起，这主要是基于儿童早期发展经验连续性的考虑。其五，监测的结果，特别是对托幼机构服务质量的监测结果会以恰当的方式披露给公众。

2.OECD 国家学前教育质量监测系统的主要内容

(1)对托幼机构服务质量的监测

各国一般综合采用外部监测和内部监测的方式。所谓外部监测，就是由外在于托幼机构的组织、评价者或政府办公室来实施质量监测，内部监测则由机构自身实施。外部监测可以区分为由政府主导的督导评估和家长调查两种形式，内部监督一般采用机构自我评价的方式开展。督导评估是OECD国家最为常见的外部监测方式，有利于国家整体把控托幼机构的质量和促进托幼机构质量的提升。在多数国家中，不管是保育机构还是教育机构都要接受督导。督导评估的主体一般是国家的督导机构，而这个机构往往又是学前教育主管部门的某个机构或者教育主管部门的附属单位。如英国的学前教育督导即是由其教育、儿童服务与技能标准办公室负责，新西兰的学前教育督导由其教育评估办公室负责。也有国家将督导评估的职责下放给地方，如意大利的督导就由地方当局和地方健康机构来负责，韩国的幼儿园督导由地方教育办公室实施。

家长问卷中，最常询问的是家长对机构服务质量的满意度，如对建筑和房屋的质量、教育和保育的质量、家长参与的可能性、儿童发展状况、园所与家长的关系、对家长开放时间的满意度等。就内部评价而言，各国并没有强制进行自我评价，但是很多国家在进行外部督导评估时，会将自我评价的内容作为其中的一个部分。自我评价的主要内容包括：机构与家长的沟通合作、员工和管理人员的合作、机构提供的服务质量水平、材料和课程实施、活动教室和游戏场地的质量、机构管理者的领导力等。

表2-3 OECD国家托幼机构质量外部督导评估的主要内容

督导内容	要求
师幼比	是否满足最低师幼比要求
室内和户外场地	是否满足法律规定的最小面积
健康和卫生	是否满足健康和卫生的最低标准
安全	是否满足最低的安全标准,包括机构空间如何安排等
学习和游戏材料	玩具和书籍的数量与种类是否达到要求,如何使用这些材料等
教职工资质	教职工的初始教育水平和专业发展水平
园所规划	一日常规等
工作条件	教师工作负担和时间、教师薪资与福利、教师假期与超时工作安排等
课程实施	托幼机构是否执行课程框架,并根据自己的需要进行修正
人力资源管理	雇用员工的状况、员工的培训和发展状况
财务管理	经费是否得到有效使用

就监测的具体工具而言,督导评估经常采用访谈和分析内部资料的方式,或利用检查清单进行观察。标准化的质量评价量表能较为科学地反映托幼机构的质量状况,但开发和使用量表都需要扎实的研究基础,在人员的专业性和经费方面都提出了较高的要求,如被广泛采用的早期环境质量评价量表(Early Childhood Environment Rating Scale,ECERS),并且各国通常都会对量表进行本土化改造,使其适合本国的情况。家长调查则往往采用问卷形式。内部监测时,机构可能会采用自我反思报告或日记、自我评估质量检查清单等方式。此外,由教师和管理者的自我陈述构成的档案袋也是常用的评价工具。

多数国家并没有以法律的形式规定托幼机构质量监测的频率,尤其是对内部评价。托幼机构质量监测的频率往往取决于最近一次的质量监测结果。若托幼机构表现的问题较突出,那么短期内就要进行监测;如果质量表现较好,间隔时间就会延长。以英格兰为例,如果最近一次监测的质量表现为“不充分”水平,那么在3个月内会进行第二次监测,6个月内会再次进行视导。

(2)对教师质量的监测

监测教师质量旨在服务于政策制定,从而提高学前教育的质量和改善教师的表现。在利用外部监测机制监测教师质量时,OECD国家广泛采用外部督导这种形式,且往往与对托幼机构的督导同时展开。督导主要针对教师质量的整体情况而非单个教师的质量进行,主要内容包括教师资质(教师是否获得必需的资质以及是否满足对教师学历层次的要求)、课程实施、材料运用、活动计划等。在监测教师质量的过程中,过程性质量是督导的重点。除了正式督导以外,在外部监测中,家长调查和同行评议也是常用的方式。家长调查指调查家长对教师质量的总体认识,以及课程情况、家园沟通等与教师相关的过程性质量。同行评议指由不在同一个机构工作的教育工作者开展的评估,主要考察团队合作、沟通等方面的过程性质量。内部评估主要包括自我评估、同伴评议和测验。自我评估通常考察教师的沟通技巧、材料使用情况、课程实施、保教能力、领导力和管理能力等。

表2-4 OECD国家儿童发展与表现监测的主要内容

监测内容	理由	具体解释
师幼关系与互动	师幼互动对儿童早期学习和发展起关键作用	互动的状况及师幼关系是如何建立的
教师与家长合作	家长参与能够帮助儿童早期学习,特别是早期阅读经验的获得	教师与家长能否就儿童发展和好的教育实践达成信息共享和合作
同事合作	同事间能相互学习、共享儿童发展的信息,同事间创造性地合作有助于提高教师质量	同伴之间是否有学习、经验共享以及关于儿童发展的信息交流
敏感性	教师敏感性是师幼互动中重要的要素,且对学前教育整体质量起到关键作用	能否识别儿童的意图、鼓励儿童、发展他们的能力,是否关注儿童、温暖地回应儿童
对儿童个体需要的回应	儿童的学习和发展存在着个体差异性,教师对儿童个体需要的回应是儿童发展结果的重要预测指标	能否识别每个儿童的独特性,并根据儿童的需要、能力提供差别化的教育

续表

监测内容	理由	具体解释
年龄适宜的实践	儿童早期的发展依照稳定的、可预见的顺序展开，因此理解特定年龄儿童的发展状况能为教师提供基本的行动指导框架，从而便于教师为儿童准备适宜的学习环境和课程	是否掌握儿童发展的知识，能否提供适宜于儿童年龄和发展阶段的教育实践
教学	支架式教学、支持儿童与同伴互动、鼓励儿童独立思考和自我管理，都能影响儿童的智力、语言和社会技能的发展	是否具有科学的保教方法，知道如何干预活动、如何组织活动与一日常规等

就使用的具体工具而言，在对教师实施外部督导时，访谈、观察和对内部记录的分析都是常用的方法，此外有的国家也会采用记录核查表和问卷调查的形式。同行评议主要采用观察、访谈、审阅档案袋等形式开展，有的国家如荷兰会在同行评议中播放活动录像，并组织同行研讨来助力教师专业成长。在教师质量监测中，自我评价对促进教师专业发展是非常重要的，采用的主要工具包括自评问卷、自我反思报告、日记、清单、档案袋、录像反馈等。就过程性质量的监测工具而言，有一个比较常用的评估工具———教师评价评分系统（Classroom Assessment Scoring System，CASS），主要关注教师在课堂上给予儿童的情感支持、教师组织和教学支持等。

监测结果通常会向公众公布，但是公布的是教师整体情况而非单个教师的表现。托幼机构需要对教师质量监测的结果负责，要解决教师质量中的问题，并安排管理者和教师接受培训。

(3)对儿童发展与表现的监测

对儿童发展和表现的监测能够帮助教师识别儿童需要，进而支持他们的发展，获得关于儿童发展状况的知识有利于教师与儿童的互动，能够帮助教师调整课程以满足儿童的需要。因此，OECD 国家对儿童发展与表现的监测呈现出逐渐增加的趋势。目前 OECD 国家进行儿童发展与表现监测的目的在于明确儿童学习需要、促进儿童发展、提高服务质量、丰富决策信息、改善教师表现以及对托幼机构实施问责等。

就监测主体而言，对儿童发展及结果的监测，主要由托幼机构教师开展的内部监测来完成，一些国家也会开展一些外部监测，例如比利时的法语区依靠外部的专业人员对儿童健康发展、身体运动能力等进行监测。

表2-5　OECD国家儿童发展与表现监测的主要内容

<table>
<tr><th>监测内容</th><th>原因</th><th>具体解释</th></tr>
<tr><td>语言与读写</td><td>语言学习关系到其他领域的学习，早期的语言能力能预测后继学习中读写任务的完成情况，且语言能力与社会能力也存在关联</td><td>主要考察儿童在句法、形态、语义、音韵、语用、词汇、前书写、前阅读等方面的发展水平</td></tr>
<tr><td>数学</td><td>早期数学能力帮助儿童发展逻辑和抽象思维，学会提问、分析和理解周围环境，数学知识、兴趣和能力是儿童后继学习成功的基础</td><td>主要考察儿童在推理、数概念、空间、形状、地点、方向、集合、数量、顺序、时间、基本运算等方面的发展水平</td></tr>
<tr><td>社会性、情绪情感</td><td>积极的社会性、情绪发展为儿童终身发展与学习提供重要基础，而且学前阶段的社会性和情绪状况能够预测个体进入童年中期和成年以后的社会性、行为和学业适应能力，有助于儿童适应新环境，是儿童参与学习活动的必要能力</td><td>主要考察儿童在情绪表达与调控、同伴关系、自我概念、自我身份、自我效能感、个性、与他人合作等方面的发展水平</td></tr>
<tr><td>身体运动</td><td rowspan="3">发育良好的身体、强健的体质、协调的动作、良好的生活习惯和基本生活能力是幼儿身心健康的重要标志，也是其他领域学习与发展的基础</td><td>主要考察儿童的运动与协调能力，及其小肌肉、大肌肉等的发展水平</td></tr>
<tr><td>健康发展</td><td>主要考察儿童的健康发展状态，包括身体状态、精神状态等</td></tr>
<tr><td>实践能力</td><td>主要考察儿童日常生活能力，如系鞋带、刷牙等</td></tr>
<tr><td>自主性</td><td rowspan="2">儿童的自主性、创造性与儿童后继的学业成功以及其他领域的学习和发展都密切相关，是儿童学习品质的重要内容</td><td>主要考察儿童独立完成活动和任务、自己做决定、表达自己的观点和看法的能力，及其是否建立了安全感、对自己的能力有信心等</td></tr>
<tr><td>创造性</td><td>主要考察儿童提出观点和表达感受的能力、想象力、用多种方式（包括艺术形式）表达自我经验和想法的能力</td></tr>
</table>

续表

监测内容	原因	具体解释
福利	当儿童感觉良好、幸福、安全和有社会成就感时，他们才能充分参与到一日生活、游戏、互动中，并从中学习	主要考察儿童的主观幸福感，以及儿童是如何认识他们的生活、物质环境、社会关系及其自身的
科学	幼儿是天生的科学家，科学学习能帮助幼儿发现周遭世界，为幼儿语言学习和同伴合作提供机会，同时还能激发他们学习的好奇心和动机	主要考察儿童科学学习的兴趣、科学知识的发展水平及其探求科学现象、了解科学和技术如何影响人类物质与文化环境的能力
信息技术	在信息时代，每个儿童都有权利成为信息技术的掌握者，信息技术能够为他们的交流、获取和分享信息创造大量的机会，同时信息技术非线性、关联性的信息呈现方式也有利于促进儿童的创造性	主要考察儿童使用电子和科技产品进行交流和知识创造的能力

各国评价儿童发展与表现的工具差异较大，一般而言，主要的监测工具包括直接评价（可以区分为测验和筛查）、描述性评价（主要包括故事讲述和档案袋）和观察（分为评分量表和检查清单两类）。考虑到监测工具的年龄适宜性以及监测的成本，使用描述性评价和观察的国家比采用直接评价的国家多得多。描述性评价则是用故事和记叙来描述儿童的发展，是儿童生活和学习的资料包，包括儿童的绘画、练习作品，教师的反馈、教师计划、家长参与等，共同说明儿童的发展现状。包括法国、智利、芬兰、德国、新西兰等在内的11个国家都采用这种方式来对儿童发展与表现进行监测。档案袋则是儿童的作品汇集，用来说明儿童在某些领域的进展。观察是另一种常用的信息收集方法，观察者以一种局外人的视角进行，不会影响儿童的活动，因此也不会给儿童增添负担。评分量表则需要教师收集相应的信息，并通过质性或量化分析对资料进行编码。检查清单由评价主体对一些具体项目打钩，如“儿童能否数到5”。

对儿童发展和表现的监测重在了解儿童发展状况、促进儿童发展，因此与其他监测相比，对儿童的监测更为频繁，至少一年一次，甚至是持续进行。儿童入小学以前，一般还会有一次终结性评价，以此考察儿童的入学准备状况。评价结果往往用于教师、家长和决策者改善教育实践。评价既是形成性的，回应儿童的发展需要，也是终结性、回溯性的，以此考察机构和教师在帮助儿童进步中所做的贡献。

(二)英国学前教育督导

英国是世界上较早建立教育督导制度的国家之一。英国在早期教育的管理及教育效果上取得了显著的成绩,这在很大程度上得益于其教育督导制度。

1.英国学前教育督导机构

“英国教育及儿童服务与技能标准办公室”(Office for Standards in Educations'Chilclren's Services and Skills,以下简称Ofsted),它是一个独立于教育部之外、直接对英国国会负责的中央组织。主要负责管理各类学校、学院、教师培训、儿童保育、儿童社会照养、成人教育、继续教育等,为形成统一的学前教育督导体系提供了组织保障。①教育标准办公室的主要负责人是英国女王总督学。教育标准局建立了严格的督学筛选、聘任和过程管理措施,对申请成为督学人员的学历、工作经验提出了较高的标准,例如对现任幼教机构管理者的申请者,要求必须具有两个及以上幼教机构的工作经历,并且原则上要求其当前任职的机构必须在最近一次督导中获评为“良好”以上等级。在督学的任期内,还要进行日常的网络学习或集中学习,了解最新的政策要求。若没有完成日常培训任务,则不会安排督导任务。

2.学前教育机构督导评价指标体系

2019年,Ofsted发布《学前教育督导手册》(Early Years Inspection Handbook)(以下简称《手册》),是目前为止英国最新版本的全国性学前教育督导指导文件。《手册》将评估指标调整为整体效能(Overall Effectiveness)、教育质量(The Quality of Education)、行为和态度(Behaviour and Attitudes)、个人发展(Personal Development)、领导和管理(Leadership and Management)五项,每项指标之下有具体的标准阐释。

表2-6　2015年与2019年英国学前教育督导评估内容标准②

2015年的评估内容标准	2019年的评估内容标准
1.整体有效性 幼儿取得发展和进步,为进入小学做好准备;教育环境和支持满足幼儿发展的需要;幼儿的个人和情感发展;对幼儿的照料和安全;机构的领导和管理	1.整体有效性 课程规划、设计和实施;教育环境和支持满足幼儿发展需要;幼儿取得发展和进步,为进入小学做好准备;幼儿的个人和情感发展;对幼儿的照料和安全;机构的领导和管理

① 江夏.英国现行学前教育督导制度的内容、特点及其对我国的启示[J].外国教育研究,2014,41(05):50-57.

② 刘昊,刘莉.从英国最新督导标准看学前教育督导评价发展趋势[J].外国中小学教育,2019(6):34.

续表

2015年的评估内容标准	2019年的评估内容标准
2.教学、学习和评价质量 对儿童发展的期望值和教育目标；教师具备有关儿童发展的知识、学习领域的知识；教师对幼儿学习发展情况开展的评价；教师对幼儿学习能力的指导；家长沟通与合作；促进学习机会均等；支持幼儿掌握所需的知识技能，为下一阶段教育做好准备	2.教育质量 课程的目标、实施、成果；幼儿“文化资本”（Cultural Capital，即幼儿成为受教育的公民所应具备的核心知识）的掌握
3.个人发展、行为和状态 机构中具有促进幼儿学习的积极氛围；幼儿的自信、自我意识、学习能力发展；幼儿享受学习快乐，具有独立性、好奇心和想象力；幼儿的社会情感发展；幼儿安全感和安全依恋建立；幼儿出勤情况；行为常规和规范，情感和行为的自我控制，与他人交往状况；幼儿自我保护意识和能力；健康生活习惯养成	3.行为和态度 幼儿尊重他人、具有自信、遵守规则、建立是非观念，理解自身行为对他人会造成的影响；对游戏和活动的积极参与，与他人的沟通和合作；幼儿享受学习快乐，具有如下诸品质：自控力、坚持性、好奇心、专注力、心理弹性等；教师对幼儿形成上述品质的支持和指导
4.学习发展水平 幼儿在从前基础上取得充分的进步；达到或超过本年龄的水平要求，为下一个阶段教育做好准备	4.个人发展 教育机构为儿童提供丰富的经验，促进其对周围人、家庭、社区的理解；教给儿童适当地表达自身感受的语言；帮助儿童理解不同的价值观和尊重差异；保持卫生标准，培养儿童的卫生和生活习惯
5.领导和管理 发展愿景和期待；对教师专业发展的督促和指导；对教育质量的自我评估；提供适宜课程；促进平等和差异；对幼儿的安全保护；积极推动英国价值观	5.领导和管理 新标准中未针对“领导和管理”单列具体条目，而是指出督学应结合前几方面考察此方面工作

3. 英国学前教育督导的实施和结果反馈

（1）督导前：事先通知被督导机构，给予学前教育机构更多自主权

所有在 Ofsted 注册过的学前教育机构都必须接受定期督导。在正式督导之前，督导人员必须做好充分准备，制定督导计划，下发督导通知。[①]《手册》明确规定，被督导

① 刘泽仪.英国现行学前教育督导评估内容、特点及启示——以《学前教育督导手册》为例[J].教育导刊（下半月），2021(12):87-92.

机构通常会在督导开始前接到电话通知，而此前的督导工作中并无此项规定。电话通知是督导人员和学前教育机构人员之间建立专业联系的第一次机会，目的在于让学前教育机构负责人有机会询问督导相关问题，了解应该事先提供的材料，为迎接正式督导做好准备，因而通话过程必须简短且着眼于实际问题。

(2)督导中：加强课程督导，注重以评促改

在督导中，督导人员需要结合机构的自我分析，开展现场督导，并以观察和谈话作为获取第一手资料的主要方式。通常，一个学前教育机构由一名督导人员负责实施督导。督导人员在现场停留的时间根据学前教育机构的规模而定。在现场督导时，督导人员搜集第一手资料的主要方法包括观察幼儿游戏、师幼互动以及教师照料幼儿常规活动的情况，与幼儿、家长和机构负责人进行谈话等，并据此衡量幼儿的理解水平和学习参与度，评估学前从业人员对规定课程的掌握情况。

(3)督导后：督导报告公开透明，注重结果运用

主要工作包括督导报告的形成、发布及督导结果的运用。督导工作结束后，要及时撰写督导报告，报告的内容须反映督导人员通过现场考察所得，并与提供给学前教育机构的反馈保持一致。督导人员根据最新督导报告更正和完善学前教育机构的评估档案。报告最终上交 Ofsted 并从发布之日起至少存档 6 个月；若机构对督导结果表示质疑，可提出正式申诉；督导人员有义务告知学前教育机构向 Ofsted 呈交申诉的途径。在督导结果的发布和运用上，《手册》注重将督导结果服务于多方面需要，在坚持儿童为主体的基础上，也听取家长、专家和教育机构的声音。

(三)新西兰学前教育督导

1. 新西兰学前教育督导机构

1988 年，新西兰教育评估办公室(Education Review Office，ERO)依托《国家部门法》成立，并在 1989 年颁布的《教育法》中明确其职能为对全国教育机构的表现进行评估。此后，ERO 作为独立于政府的第三方评估机构，对新西兰的中小学和学前教育机构进行评估并发布评估报告，提供关于学前教育机构服务表现的信息和改进建议，帮助学前教育机构提高教育质量。

2012年，新西兰政府拟定《学前教育评估方法(草案)》，并于 2013年颁布《ERO 如

何评估学前教育机构》(How ERO Reviews Early Child-hood Services),2015 年颁布《ERO 如何评估家庭日托中心》(How ERO Reviews Home-Based Education and Care Services),2017 年颁布《ERO 如何评估医院日托中心》(How ERO Reviews Hospital-Based Education and Care Services)①,这些评估政策对新西兰学前教育质量评估的目的、内容、方式、周期以及结果进行了详细的说明和介绍,对于丰富和完善新西兰学前教育评估体系具有重要意义。

2. 新西兰学前教育督导的目的

新西兰是一个以移民为主的国家,民族构成较为复杂,包括欧洲裔、毛利裔、太平洋岛屿族裔、亚洲裔等。为保障所有儿童享有同样公平的学习机会、获得同样卓越的学习结果,当前的评估政策将学前教育机构如何支持和帮助优先学习者(priority learners)获得成功作为影响评估结果的重要因素。优先学习者主要指 4类儿童:毛利儿童、太平洋岛屿族裔儿童、有多样化需求的儿童,以及 2 周岁以下婴幼儿。对于毛利儿童,认可他们的语言、文化及身份,同时建立积极的伙伴关系;对太平洋岛屿族裔儿童而言,重要的是了解他们有着不同的文化、语言、信仰和教育理念,承认他们的多样性及独特性,设计与他们的经验、家庭和社区相关的有意义的课程。对于多样化需求的儿童,如特殊儿童、低收入家庭儿童、非英语母语儿童、移民及难民儿童,给予包容和理解,保证每个儿童都有学习和参与的机会。对2周岁以下婴幼儿,由具有专业知识的成人提供优质的教育环境进行教育和养育。

3. 新西兰学前教育督导的内容

ERO 的评估内容由一个多层次的评估框架构成,包括领域、元素、指标、指标举例4 级内容。ERO框架的评估领域包括学前教育机构管理、领导者、教师、教学实践 4个方面。每个领域都由连接元素和贡献元素两部分组成,其中:连接元素的指标在每个领域中都相同,由与父母和社区的伙伴关系、持续的自我评估能力构成;贡献元素由具体实践或者特定主题下的具体指标构成,如财务管理、教师专业知识等,同时在每个指标后面都有具体的例子来解释说明该指标应有的实践(见表2-7)。

① 底会娟,段青如.新西兰学前教育质量评估的轨迹、现状及特点[J].中国考试,2020(04):46-54.

表2-7 ERO评估框架和内容

领域	元素	指标
机构管理	连接元素 贡献元素	与父母和社区的伙伴关系;持续的自我评估能力 愿景;理念;战略方向;具有指导实践的政策框架;绩效管理;财务管理;健康和安全管理;能力建设,使服务能够维持儿童的质量和改善成果
领导者	连接元素 贡献元素	与父母和社区的伙伴关系;持续的自我评估能力 愿景和理念的实现;建立支持持续改进的组织文化;建立和支持专业实践
教师	连接元素 贡献元素	与父母和社区的伙伴关系;持续的自我评估能力 教师专业知识;课程与学科内容知识;教师对儿童作为学习者及其学习的知识;儿童权利知识;文化和背景知识;家庭和社区知识;评价和认同;评估过程;评估目的;课程计划
教学实践	连接元素 贡献元素	与父母和社区的伙伴关系;持续的自我评估能力 师幼关系和互动;儿童的权利;有效教学实践;读写和数学;双文化课程;包容性实践;学习环境;家庭到机构的过渡

4. 评估方式

ERO建立内部评估与外部评估相结合的评估方式。其中,内部评估指学前教育机构的自我评估,外部评估指第三方评估机构对学前教育机构的评估。内部评估是基础,外部评估是保障,内部评估与外部评估互为补充。ERO 极为重视和强调提升学前教育机构的自我评估能力,将内部评估发展为 3 种类型:战略性自评、定期自评和紧急自评。战略性自评是长期的,重点对学前教育机构的愿景、目标等关键指标进行评估。定期自评又称为计划评估或日常评估,范围小、重点突出且持续不断,定期自评的信息将会反馈到战略性自评中。紧急自评是对计划外事件或问题的回应,虽然是一次性评估,但是需要与总目标以及其他评估相适应。内部评估以学习者为中心,实施进程主要由观察、调查、意义建构、采取行动、监测和评估影响5个环节构成。每个环节都有相应的要点、问题、具体做法作为指导,各个环节层层深入,从而保证内部评估的有效性。

5. 评估周期

ERO 根据学前教育机构的表现采取差异化复评方式,复评周期呈现多样化。复评周期有 4 种:

(1)复评周期4年。这类机构在促进儿童学业成就方面表现得非常好,可以持续有效地促进儿童的健康和学习,各项指标均表现出色。

(2)复评周期3年。这类机构在促进儿童学业成就方面表现良好,可以在很大程度上促进儿童的健康和学习,各项指标表现良好。

(3)复评周期2年。这类机构在促进儿童积极的学业成就方面需要进一步发展,很多因素在提高儿童积极的学业成就方面不显著。这类机构在接到经证实的评估报告后,需参与ERO及教育部组织的会议并制订改进计划;在评估后6—9个月内,需向ERO提供改进的最新进展,以用于确定ERO在2年内再次评估的时间。如果ERO发现该机构并没有足够的改善,那么它将面临被降级的风险,ERO会建议教育部对该机构的许可证进行重新评估。

(4)复评周期需要咨询教育部。这类机构在促进儿童积极学业成就方面表现较差,没有满足法定要求。这类机构要重点解决发展的关键问题,防止继续表现不佳,否则将会被吊销许可证。ERO不会对这类机构进行评估,直到其满足许可要求为止。

6. 评估报告

ERO发布的评估报告既公布在ERO网站上,也公布在学前教育机构的官方网站上,不仅服务于学前教育机构,还服务于政府、家长和社区。为进一步提高评估报告的阅读和使用率,ERO在2016年对网站进行改观,不仅方便公众在手机和平板电脑上阅读,而且每份评估报告都尽可能出现在同一页面上。

(四)美国学前教育督导

全美幼教协会(NAEYC)成立于1929年,至今已有90多年的历史。作为全国性的非营利组织,NAEYC建立了一套全面、科学、严谨,专业性、操作性较强的早期教育质量认证体系,通过衡量机构是否达到标准而决定其是否通过认证,从而保障早期教育机构的质量,为儿童提供专业的、适合儿童发展的教育。对早期教育机构质量认证的内容方面,它包含了关系、课程、教学、评价等10个维度。认证内容以发展适宜性实践理论为基础,以儿童为中心,建构儿童与同伴及成人之间的关系网络,同时充分考虑教师与管理者、家庭与社区等相关者的责任划分,鼓励各方共同为儿童发展承担责任。协会每年都会对早期教育质量认证的内容进行修改、更新,以保证能适应当代社会的早期教育思想。全美幼教协会所制定的早期教育质量认证标准是美国目前最全面、权威的认证标准之一。

1. 全美幼教协会早期教育质量认证标准的内容框架

全美幼教协会早期教育质量标准分为10个方面，可以归结为四个领域：儿童、教师员工、行政管理和家园合作。“儿童”领域中包含标准关系、课程、教学、儿童评价和健康，“教师员工”领域中包含教职员能力准备与支持，“行政管理”领域中包含物质环境和领导与管理，“家园合作”领域则包含了家庭与社区关系。

表2-8 全美幼教协会早期教育质量认证标准的内容框架

领域	标准	解释
儿童	关系	“关系”共包含六个主题：教师与家庭间的积极关系；教师与学生间的积极关系；帮助儿童结交朋友；创造可预测的，持续的，和谐的教室；解决问题行为；提高儿童的自律。分别从学生—教师—家长之间的关系，创造环境和培养良好行为三个角度对早期教育机构进行规定
	课程	“课程”中共包含了十个方面，分别是：课程的基本特征、社会和情感发展、身体发展、语言发展、早期读写能力、早期数学、科学、技术、对艺术的创造性表达及欣赏、健康和安全及社会学习。课程的内容可以概括为情感发展、生理发展以及学科技能的提升
	教学	教师有目的地使用多种教学方法可以提高儿童的学习体验，如为儿童创设丰富的学习环境；针对不同年龄段的儿童，教师应该学会运用不同的教学策略，运用多种信息来源，包括正式和非正式的方法对儿童进行评价，以确定儿童实际学到了什么
	儿童评价	建立评价计划，评价方法包含观察、评定量表和个人评价等； 根据评价计划的内容，选用适宜的评价方法，评价内容应涵盖儿童的认知技能、语言、社交和情感发展、学习方法和身体发育，以选择使用标准化测试与非正式评价方法结合使用； 在对儿童进行评价后，教师应根据评价结果，对课程内容以及教学方法做出合理的决定，从而为儿童提供适宜的课程、个性化教学及发展性课程； 为保证评价过程的有效与透明，教师应与家庭沟通并且鼓励家长参与评价过程，确保儿童的家庭了解并支持机构中使用的评价方法，同时他们应了解儿童的评价结果，并且与教师共同讨论儿童下一步的发展目标

续表

领域	标准	解释
	健康	机构应提高、保护儿童的健康与疾病预防； 机构应保证儿童成长所需的营养，并有责任为儿童提供健康、安全的食物
教师员工	教职员能力准备与支持	教师需要在支持性的工作环境中进行工作； 机构应保证教师的专业身份与认证，聘请具有专业的幼儿保教知识及有经验的教学人员和教学管理者； 机构应鼓励并支持教师持续的专业发展
行政管理	物质环境	在置备室内及室外的设备与材料时，应包含以下三种：基本的家具、与课程相关的材料和设备以及室内环境的设计； NAEYC 对机构的室外环境的设计及机构本身的建筑与物理设计也有一定要求。如 NAEYC 规定平均每个儿童的外部空间活动场地至少达到 75 平方英尺，机构所在的建筑物应包含活动空间和行政空间等； 对环境安全进行检测
	领导与管理	确保机构遵守相关的法规和准则； 促进财政稳健发展，提倡问责制，并与各方进行有效的沟通，积极发展与社区的关系； 机构应为员工提供一系列福利以保留人才，防止人才外流； 机构应制订持续的计划以及定期改进教学大纲
家园合作	家庭	机构应与儿童的家庭建立稳定的、良好的、互信互助的关系，共同为儿童的发展承担相应的责任； 机构也应为家庭育儿提供支持
	社区关系	早期教育机构通过将社区资源提供给家庭来建立与社区和家庭之间的关系； 早教机构应充分利用社区资源，将社区资源融入课程和儿童的学习经历中

2. 早期教育质量评级与提升系统（QRIS）

美国在学前教育质量监测方面已进行多年探索与实践，其中最具代表性的监测项目是学前教育质量评级与提升系统（Quality Rating and Improvement Systems，QRIS）。QRIS 已成为美国提升学前教育质量的重要政策行动。在 QRIS 建立前，美国保障和促进学前教育质量的惯常做法：一是州层面制定学前教育机构许可标准，二是民间权威评估机构（如全美幼教协会）进行质量认证。

为保障与提高早期教育质量，美国各州政府逐步建立并推行了早期教育质量评级与提升系统（QRIS）。该系统在美国的评估对象是学前教育机构，主要考察机构的综合质量。学前机构可通过QRIS获得质量提升方案、教师培训等技术支持以及政府的财政支持，包括特殊儿童补贴、分级补贴、质量提升奖励等，亦可引导学前机构根据质量标准进行自我测评，有针对性地提升教育质量。

美国各州QRIS实施的具体情况有所差异，但根据美国儿童教养信息与技术支持中心（NCCIC）出台的标准，各州的QRIS通常包含五项基本要素：质量体系、绩效责任测量、技术支持、财政激励和家长教育。质量体系是QRIS评估学前机构整体质量的核心要素，涉及三个层面：质量成分、质量标准和指标。

各州QRIS使用一系列质量标准对参与QRIS的学前机构进行质量测量与评级，引导学前机构根据质量标准来提升教育质量。参与QRIS的学前机构可获得生源和财政支持等方面的收益（如特殊儿童补贴、分层补贴、质量提升方案、教师培训等）。同时，QRIS向家长提供学前机构评级的信息，并确保州学前教育政策和财政支出合理有效。其对政府和家长行为的引导，间接提升学前机构的教育质量，从而对政府、机构和家长发挥多重作用力，并最终促进儿童发展。

表2-9　QRIS评估标准①

项目	内容
教职工资质与专业发展	包括教职工的专业教育及证书、培训、专业发展计划等
班级规模及师生比例	部分地区在登记注册时对幼儿园班级大小及师幼比例都有相应的要求，有些州因为已有的严格规定，也有部分州按照全美幼教协会NAEYC的要求来设置师生比及班级规模
行政与管理	行政与管理指标涵盖师资管理及行政管理两个主要的方面。师资管理方面包括职前培训、专业会议、待遇及福利、教师专业发展计划以及评价等；行政管理包括市场营销策略、风险管理、财政管理、质量提升计划等

① 彭宇．美国学前教育质量评价与提升系统（QRIS）研究[D]．长沙：湖南师范大学，2017.

续表

项目	内容
家园合作与社区参与	包括家长会、家庭活动、家长对机构的评估机会、家庭参与计划的机会、家庭咨询委员会、社区资源与参与度等
环境设置	为幼儿提供学习、生活、娱乐等各种场所的设施、材料的动态背景，基本上各个地区的评估体系中都包括对幼儿教育机构环境的现场观察评估。《幼儿学习环境评价量表》(ECERS)是QRIS用来评估环境的有广泛影响力的学前教育环境评量工具，也有部分QRIS也采用课堂评估评分系统(CASS)来衡量儿童参与及师生互动质量
个性化服务	个性化服务指的是幼儿教育机构为满足儿童和家庭的需要而定制的个性化服务的程度，这些服务包括发展适宜性课程、儿童评估、全纳教育、语言文化多样性等。这一标准是在QRIS的高等级时才进入评估体系当中，这表明它并不是幼儿教育机构必须达到的基本要求
登记注册与认证的使用	登记与注册指的是当前有效的许可证明以及良好的历史记录，以确保幼儿教育机构的安全及健康标准

3.评估过程

在不同州或地区的QRIS中，评估过程可能会有细微的不同，总的来说，包括四个阶段：准备阶段、材料评审、现场评估以及评估结果的维护与更新。

(1)准备阶段

在预评阶段，包括对QRIS的介绍、申请评估以及评估前的准备。

①了解

准备参评的机构了解QRIS的整体目标、体系标准及各个阶段他们所能获得的支持等。

②申请

QRIS参与资格一般是由当地幼儿保育咨询机构(Child Care Resources and Referral Agencies)进行审核。幼儿教育机构提交纸质申请表作为正式申请参与评估，但申请遵循自愿原则。

③指导

在正式申请参与评估后，QRIS都为参评机构提供一个学习标准与满足要求的机会，这包括为其提供自学资料、实施自我评估以及咨询类服务等。自学资料能帮助幼儿园熟练掌握评估标准并实施自我测评，使幼儿园了解自己的内部情况及所能获得的等级，同时 QRIS 还为机构提供培训，更细致地讨论评估标准，尤其是标准化评估的实施及结果阐释。在这一过程中 QRIS 还会指派专家对参评机构做指导培训，辅助其自我测评，根据机构本身情况来提供更加具体的帮助，如课程方面及物理环境的布置等。

(2)材料评审

正式评估的第一步即对材料进行审核来判断幼儿教育机构是否满足每个质量标准。评审员发挥着关键作用，不同于准备阶段提供服务的专家，他们专门对各类材料进行审核评定。

①评审员资质及培训

部分地区的 QRIS 都要求评审员有本科及以上学历，且与学前教育专业相关。评审员的数量则根据每个州或地区工作性质及数量决定。不少地区开发出新的材料以保证评审过程的一致性，如印第安纳州的评估手册、伊利诺伊州的样本示范及数据解说。

②材料评审

QRIS 材料审核的内容大致包括评估标准的各个内容，如行政管理、班级规模及师生比例、家园合作与社区参与、教职工资质、课程等。鉴于审核的复杂度，QRIS 采用了一些策略来提高材料评审的效率，宾利法尼亚洲运用专业发展注册表(Professional Development Registers)考察教职工资质，迈阿密地区在评审过程中，将结果直接输入 QRIS 数据库中。

(3)现场评估

在材料评审完成后，QRIS 按要求对参评机构进行现场考察，即标准化评估，主要是采用 ERS 对环境质量进行评估。实施现场考察的考察员与评审员工作内容不同，且考察时间与材料评审也不安排在同一天进行。

①考察员资质与培训

一般要求考察员至少有学前教育专业的本科学历，且有学前教育相关经验。不同州或地区对其有着不同的要求，如迈阿密地区根据其人口分布特征要求考察员双语，宾利法尼亚则对其写作技能进行测量，要求其针对特定情境进行创作。学员职前培训首先即对培训材料及指南开展深入研究和练习，同时进行评估示范样本分析，确保其熟悉 ERS 准则及程序。在对指南等熟悉之后，学习现场评估。

②现场评估过程

第一步即了解幼儿园各个班级中幼儿年龄分布特征，这能帮助评估团队决定采用哪一类评估量表。这些量表包括：(1)低幼组评级系统(Infant/Toddler Environment Rating Scale，ITERS)用于评估两岁及以下儿童的班级；(2)幼童组评级系统(Early Childhood Environment Rating Scale，ECERS)用于评估 2 岁至学龄前儿童的班级；(3)家庭托管中心评级系统(Family Child Care Environment Rating Scale，FCCERS)用于评估家庭式日托中心班级；(4)学龄儿童托管中心评级系统(School-age Child Care Environment Rating Scale)用于评估学龄儿童托管班级。对那些混合班级，评估团队通常根据年龄组最多的儿童来选用相应的量表进行评估。通常情况下，评估团队不会通知参评机构具体评估时间，但会告知在 3—4 个星期内将会实施评估。团队根据每个年龄组的班级数量随机抽取三分之一的班级实施现场评估。评估完成后，要求考察员对每一个评估的班级提交评估报告，且要求在现场评估后的 1—2 个工作日内完成。最后即计算参评机构的 ERS 得分，一般取所有评估班级的平均分作为最终得分，但如果其中有一个班级的分数低于 3.0，那么整个机构的分数也会低于 3.0，即不合格。

(4)评估结果的维护与更新

评估结果的呈现方式主要有三种，即记分制、分级制和混合制。计分制分别给每个项目进行打分，然后将各个分数叠加就是机构的总分，在此基础上对其进行评级。而分级制则要求对每个项目进行评级，只有当所有项目的等级达到了一定的标准，机构才能授予一定的等级。混合制跟分级制类似，即每个项目都有着一定等级的标准，两者的区别在于在混合制中，机构可能在某个项目的评估中等级较高，某个项目相对较低。

最终结果计算出来后，QRIS 即将所有数据以邮件和信件的形式通知给各个参评机构。这些数据包括等级证书、现场评估报告、帮助提高质量的资源与信息、通知家庭等级的材料等。同时如果参评机构对评估结果不满意，QRIS 允许其提交书面材料对结果提出申诉。评估结果有效期一般为 1-2 年，有效期后，部分州允许机构申请高等级的评估，部分州则要求参评机构提交年度报告来表明他们达到了该等级的要求标准，这样可以减少现场考察的次数，节约资源、降低成本。

(五)日本学前教育督导

日本《幼儿园评价指导方针》《保育所评价标准指导方针》等法规政策都对幼儿教

育质量评价做出了具体规定。2008年日本重新修订的《保育所保育指南》要求每位保教人员都必须通过自我评价的方式来改善幼儿的保教质量。为了与保育所的质量监督保持同步,日本文部科学省对幼儿园的质量评价制度也进行了相应的改革。经过多次修订后,文部科学省于2011年颁布了《幼儿园评价指导方针(2011年修订)》[①],至此,日本政府对幼儿教育的教育性质、设置标准、课程内容、教师培养、评价标准等方面的规范进行了全面而具体的概括和阐述,形成了一个由自我评价、相关者评价、第三方评价组成的完整的幼儿教育质量评价体系,为幼儿教育的质量监督提供了保障。

1. 幼儿园评价的目的

在幼儿园,为了让幼儿享受更好的教育,以改善和发展幼儿园运营为目标,保证和提高教育水平是很重要的。因此,有必要对幼儿园的教育活动和其他幼儿园运营的状况进行评价,并根据评价结果,促进幼儿园和管理者等改善幼儿园的运营,以及将评价结果等广泛地公布给家长等。实施幼儿园评价的目的有以下三个:

第一,各幼儿园对自己的教育活动和运营,设定应该达到的目标,并对其实现状况和为实现而采取的措施等进行评价,以此谋求幼儿园质量持续改善。

第二,各幼儿园通过实施自我评价,以及对家长等幼儿教育相关人员实施评价并公布评价结果,在适当履行说明责任的同时,要得到家长、地区居民等的理解和参与,推进幼儿园、家庭和地区合作的幼儿园建设。

第三,各幼儿园的管理者等根据幼儿园的评价结果,采取对幼儿园的支援和条件整备等改善措施,以保证并提高教育质量。

2. 幼儿园评价的类型

表2-10　日本现行的幼儿园评价

项目	内容
自我评价	各幼儿园教职员工进行的评价
幼儿园相关者评价	由家长、地区居民等幼儿园相关人员等构成以评价委员会等对自我评价结果进行评价为基本进行的评价

① 文部科学省.幼児教育・家庭教育・幼児教育の幼稚園における学校評価　ガイドライン〔平成23年改訂〕[EB/OL]. https://www.mext.go.jp/a_menu/shotou/youchien/__icsFiles/afieldfile/2018/10/03/1409872_1.pdf.2022-1-9.

续表

项目	内容
第三方评价	幼儿园为实施者,以外部专家为中心的评价者,在自我评价和幼儿园相关人员评价的实施状况的基础上,实施教育活动和其他幼儿园对运营状况从专业的角度进行的评价

3.幼儿园评价的实施及结果公布

自我评价在日本评价体系中占有重要地位,幼儿园评价体系以“自我评价”为基准。

(1)自我评价

①设定需要重点致力解决的目标等

幼儿园基于目标(Plan)-执行(Do)-评价(Check)-改善(Action)这一PDCA循环持续改善运营。在各幼儿园中,为了实现该幼儿园的教育目标,通常规定了教育课程编制的重点和教育方针。据此,需要考虑园长等教职员工的目标理想、幼儿园所处的实际情况、上一年度幼儿园评价的结果及改善方案、家长等的问卷调查结果,具体并明确地制定重点目标和计划。在园长的领导下,幼儿园全体教职员工能够有意识地致力于目标的实现,根据幼儿园园本特色和解决的课题进行目标设定。

②设定自我评价的评价项目

将为实现重点教育目标而采取的措施等设定为评价项目。同时,各幼儿园应该根据幼儿园的发展状况和所处地域的实际情况进行判断,根据评价项目的预达成状况和所需的指标为基准,具体设定评价项目指标。

③全方位检查评估和日常检查

为了把握幼儿园面临的问题等,全方位的检查、评价也很重要。如果只以过于重点化的目标等为目标的话,也可能造成幼儿园运营整体中的力度失去均衡。因此,在每天的幼儿园运营中,适当进行广泛的“全方位型”检查很重要,例如在一定时期(几年一次)内可以考虑对幼儿园的工作情况进行全方位的检查。另外,也可以考虑不通过一次评价,进行全方位的检查评价,而是通过多次实施,对多个领域进行评价。

④自我评价的实施

自我评价,要在园长的领导下,全体教职工参与并有组织地进行。根据需要,可以在校内设立幼儿园评价委员会组织。各幼儿园使用设定的评价项目等,掌握和整理目标的达成状况和为达成而采取的措施的状况。根据其结果，评价迄今为止进行的教育活动和有关幼儿园运营的其他措施是否妥当，并根据其结果探讨今后的改善对策。在进行自我评价的基础上，要活用家长等提出的具体意见、要求、问卷调查结果。此时，鉴于统计分析所需的事务量，有必要在谋求与评价项目的关联的同时，设定适当的项目。

另外，在实施问卷调查等时，考虑到匿名性。

自我评价应该根据各幼儿园、地方公共团体的情况，在教育活动划分的适当时期进行，但是每年至少需要进行一次。另外，可以根据评价项目的内容和教育活动的实施状况，实施中间评价，将评价项目等重新设定为更合适的项目。

⑤制作自我评价结果报告书

各幼儿园将自我评价的结果汇总成报告书。在自我评价结果报告书中，除了记述需要重点进行的幼儿园评价目标和计划、其达成状况以及措施的妥当性等评价结果和分析之外，还要简洁明了地记述今后的改善方案。

⑥公布自我评价结果

各幼儿园有必要将自我评价结果以及改善方案广泛地向家长和地区居民等公布。通过公布评价结果，可以明确各幼儿园的优点和课题，提高幼儿园教育的可信度。同时，据此可以明确与家长合作的必要内容。关于公布的内容，各幼儿园进行各种各样的努力，使公布的评价结果对各幼儿园今后的教育有利。另外，关于评价的方法，可以考虑“5阶段评价”等，最好记述指标和基准等的内容以及评价的根据等。在进行评价的情况下，还需要展示面向下一年度应该解决的课题，此时，不仅要考虑现状中需要改善的课题，为了进一步充实评价为在现状中已经完成的观点，也要考虑课题。并且，各幼儿园将向管理部门提交自我评价结果以及今后改善对策的报告书。

⑦基于评价结果和改善方案的措施

各幼儿园根据自我评价结果和幼儿园相关人员评价的结果，对自我评价以及今后的改善方案进行重新评估，将其反映在今后的目标设定和措施的改善上。幼儿园在推进改善的具体措施时，要与管理部门等合作进行。

(2)幼儿园相关人员评价

幼儿园相关人员评价是家长和地区居民等幼儿园相关人员的自我评价，不仅提高自我评价的客观性、透明性，还提高了幼儿园和家庭相互合作，促进了幼儿园运营的改善。

幼儿园相关人员评价标准包括四点：一是自我评价的结果内容是否适当；二是基于自我评价的结果，改善方案是否合适；三是需要重点努力的目标、计划、评价项目等是否合适；四是为改善学校运营而采取的措施是否妥当。

由家长和地区居民等幼儿园相关人员组成的委员会汇总评价结果，各幼儿园就幼儿园相关人员评价结果及改善方案向监护人和地区居民等公布的同时，向政府提交报告。为了突出幼儿园评价的实效性，各幼儿园将自我评价和幼儿园相关人员评价结果以及改善方案反映在下一年度的重点目标设定中，或谋求具体的改善措施。各幼儿园通过在园信上刊登评价结果等方法，向家长广泛公布自我评价和幼儿园相关人员评价结果以及据此改善方案。

(3)第三方评价

第三方评价被定位为由学校及其政府担任实施者，由与学校运营相关的以外部专家为中心的评价者，在自身评价和学校相关人员评价的基础上，从专业的角度对教育活动以及其他学校运营状况进行评价，其主要目的是通过改善学校运营来提高教育水平。与家长和当地居民评价不同，第三方评价是具有专业性的人从专业角度对幼儿教育和学校管理进行评价。关于评价的具体实施方式，可以根据地区和学校的实际情况等，包括以下措施在内灵活开展。

①在学校相关人员评价的评价者中，加入学校运营的外部专家，同时进行学校相关人员评价和第三方评价。

②一定地区内的多个学校合作，将彼此学校的教职员工作为第三方评价的评价者进行评价。

③组成以外部专家为中心的学校运营评价小组，进行评价。

在进行①的评价时，参加评价的外部专家不仅进行评价活动，还提出关于自我评价和学校相关人员评价的实施建议等，有效促进学校评价过程的改善。

在进行②的评价时，由于评价者是相互评价的关系，所以评价者要互不熟悉，才能客观评价。如果在一定地区内连接的幼儿园和小学校之间合作实施②评价仍有效。

表2-11 第三方评价的评价项目

组织运营	学校组织运营	园长等管理层是否适当发挥领导作用,得到其他教职员工的信任;校务分工和主任制能否适当发挥作用等,组织上的运营责任体制是否完备,职员会议等在学校运营中是否有效地发挥了作用;学校的财务运营状况是否适当公开;是否遵守了学校保健安全法、劳动基准法等各种法令等
	学校和政府的合作	政府是否提出了明确的教育方针等,并指导他们据此进行教育活动和其他关于学校运营的活动;是否基于政府明确的教育方针等设定了教育目标,进行了教育活动和其他学校运营的活动;是否采取了措施提高学校的裁量,使学校更容易自行采取改善措施,如可由学校酌量执行的预算措施等;学校和政府是否恰当地共享幼儿的状况(幼儿发展的状况等)和安全管理等(可疑人信息等)相关的信息
	目标设定和自我评价	是否根据幼儿和幼儿园的实际情况、监护人和地区的意见、要求等设定了教育目标;是否根据学校的情况制定了重点化的中短期目标,自我评价的项目是否以学校的重点目标为根据
	学校相关人员评价	学校相关人员评价是否根据自我评价的结果进行;用于学校相关人员评价的体制是否适当;学校相关人员评价的结果是否被运用于具体的学校运营改善中
指导	教育课程指导	是否根据学校的精神和教育目标进行了幼儿园的运营;是否设定了基于幼儿园状况的教育目标等;教育课程以学校的教育目标为基础被编制实施,关于其想法是否在教职员工之间被共享;学校活动是否在适当的管理体制下实施
	特别支援教育	特殊支援教育的园内支援体制(园内委员会的设置、特殊支援教育协调人的指定、研修的实施等)是否得到了完善;对于需要特别支援的幼儿,个别的指导计划或个别的教育支援计划是否制定妥当;是否与特殊支援学校的幼儿等进行了适当的交流;关于需要特别支援的幼儿,是否妥善地与家庭以及医疗和福利等相关机构进行了合作
	教职员的培训	是否通过全体教师进行保育研究、持续实施保育研究等,全校致力于指导改善园内研修的课题是否已适当设定和实施;教师是否积极参加园内研修、园外研修;园长等管理人员是否定期进行保育观察,并对教师提出适当的指导建议;是否采取了措施鼓励教职员工取得高级执照和其他资格等

续表

保健安全管理	保健管理	法定的学校保健计划是否制定并得到适当实施；日常的健康观察、预防疾病的措施、健康诊断是否得到了恰当的实施；是否在与家庭和地区保健医疗机构等的合作下进行了保健指导
	安全管理	为了在发生学校事故和可疑人员入侵等紧急事态时能够妥善应对，是否编制了危机管理手册等并得到了活用；法定的学校安全计划和学校防灾计划等有没有制订和实施；是否定期进行了园舍和通园路等的安全检查；是否采取了与家庭、地区相关机构、团体合作，确保幼儿安全的具体措施
与家庭、地区的合作	家长对学校的意见、要求	是否采取措施来掌握家长对学校的满意度和要求；是否妥善应对了监护人提出的具体意见和要求；在对保育等学校进行评价的情况下，是否考虑了进行评价的监护人的匿名性
	提供学校相关信息	是否以简单易懂且适当的分量提供了针对学校的各种信息；是否考虑到了幼儿等个人信息的保护和积极提供信息之间的平衡；主页是否提供园长姓名、学校所在地、联系方式、学级数、幼儿人数、教育课程等基本信息，并定期更新信息
	与家长、地区、社会的合作	家长、地区居民是否积极参与、协助办学；是否积极设置了吸取监护人和当地居民意见的机会，是否掌握了监护人和当地居民提出的具体要求和意见，并做出了恰当的应对；是否活用了当地的自然、文化财产、传统活动等教育资源；是否在充分利用地区的人才等，采取更好地进行保育的措施
	育儿支援	根据地区和监护人的实际情况和要求，幼儿园的育儿支援活动是否得到了适当的实施；教师是否理解了咨询的基础，充分发挥了幼儿园的咨询功能；是否与其他相关机构进行了适当的合作
	托管保育	根据监护人的实际情况和要求，是否恰当地进行了托管保育；园区和教职工的接纳体制是否充分完善；关于托管保育的实施，是否适当考虑了幼儿园的目的、与教育课程的关联、幼儿的负担、与家庭的合作等

（六）中国香港地区学前教育质素保证机制

在学前教育质量保障方面，香港在亚太地区均可算作是“先行者”之一。1997年9月，香港特别行政区教育统筹委员会（以下简称教统会）发表了题为《优质学校教育》的第七号报告书，明确提出“优质学校教育”的概念以及学校教育质量保障的责任框架，建议通过校内质素保证和校外质素保证相结合的方式以提高学校教育质量。2000年9月，教统会向政府提交了《香港教育制度改革建议》，明确提出构建香港学前教育质量保障机制的思路，在此基础上形成了香港学前教育质量保障体系的基本架构和运行机制。

1. 中国香港地区学前教育质素保证的机构

中国香港地区教育部门设质素保证科，下设“质素保证及校本支援”分部，专职负责质素保证及校本支援。“质素保证及校本支援”分部的职责是：进行质素保证，包括向中学及小学推广学校自我评估；为学校提供校本支援服务，包括校本课程发展、幼儿园校本支援及语文教学支援。其中，进行质素保证是该部门的首要职责。

中国香港地区的教育督导工作亦是在教育管理下进行的，其总督学为教育署署长助理，所有督学均属公务员，机构名称为“督导视学处”。下设8个工作小组(原为11个)。全港共有200余督学在各级教育机构工作。其督学的职位亦和其他公务员一样，通过考核录用，只不过强调“必须上专业课四年以上”(因其督学的小组主要依据学科分)。在任职期间，亦可根据工作需要调整工作岗位(一般为晋升为某一机构或某一地区的主管)，其福利待遇与其他公务员一致。另外，香港地区还设有助理督学。

2. 中国香港地区学前教育质素保证的主要内容

质素保证架构由学校自我评估与质素评核组成。所有参加幼稚园教育计划的幼稚园须持续进行自评，并接受质素核评，以促进学校持续发展。在此之前，幼稚园视学组也有运用质素保证视学的模式进行视学。

教育局配合教育发展、社会转变、儿童成长需要，优化了表现指标，作为检视和评估幼稚园表现的参照，以促进学校持续发展。教育局在2014年成立优化表现指标咨询委员会，由幼儿教育专家、前线幼儿教育工作者及业外人士担任委员，以广纳不同持份者的意见和建议，并通过到校访谈、试行计划等方式，收集大专院校、办学团体和幼稚园的意见及经验。此外，教育局亦参考了本地和不同国家的研究结果和经验，并配合幼稚园教育计划，结合推行《幼稚园教育课程指引》(2017)，与业界携手优化表现指标，完善质素保证架构。

香港的幼稚园《表现指标》包括四个主要范畴，十一个范围，显示学校各方面工作的重要部分，引领学校综合检视工作成效。

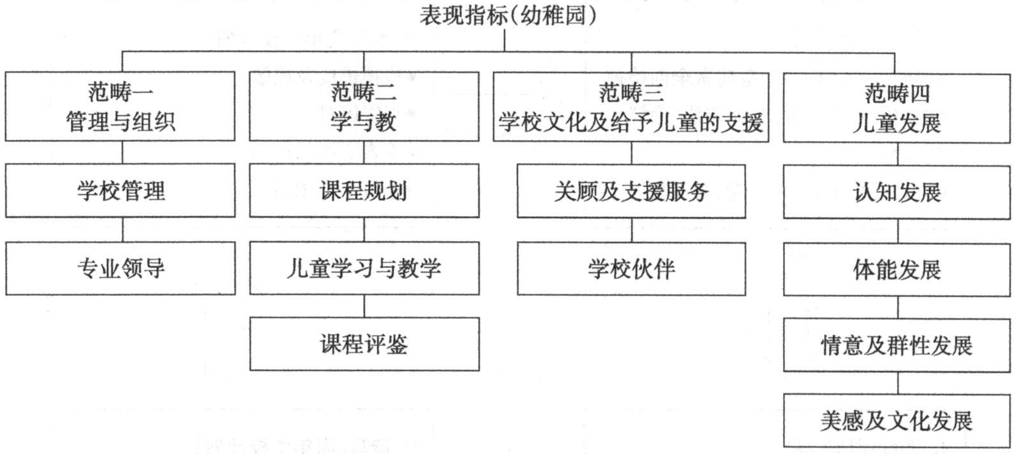

图2-2　香港幼稚园的表现指标

图片来源:香港教育局官网

3. 中国香港地区学前教育质素保证的基本程序

中国香港地区于2000年引入幼稚园质素保证机制,强调学校自我评估(自评)为优化教育工作的核心,辅以校外评核(外评),推动学校持续发展。2007—2008学年,教育局推行学前教育学券计划,参与计划的学校均须接受教育局的质素评核以及每年进行自评工作。质素评核以促进学校持续改善求进为目的,在过去多年,幼稚园已能循序渐进地将自评融入学校的恒常工作,落实“策划—推行—评估”的自评循环理念,整体规划学校发展。自评主要是回应四个基本问题:一是学校现在的表现如何?二是如何得知表现?三是为何会有这样的表现?四是如何跟进有关结果或做进一步的发展?

2017—2018学年,教育局推行幼稚园教育计划,要求学校先进行自评,撰写学校报告,质素评核队伍到校核实学校整体的效能,以评定其是否达到质素评核框架下指定的标准。对于没有参与新计划的学校,教育局也鼓励他们参考教育局网页有关自评的资讯,建立学校自评架构,不断自我完善。教育局积极鼓励学校加强问责和提高管理的透明度,将每年的学校报告上传至学校网页,供公众人士阅览学校的最新发展情况。

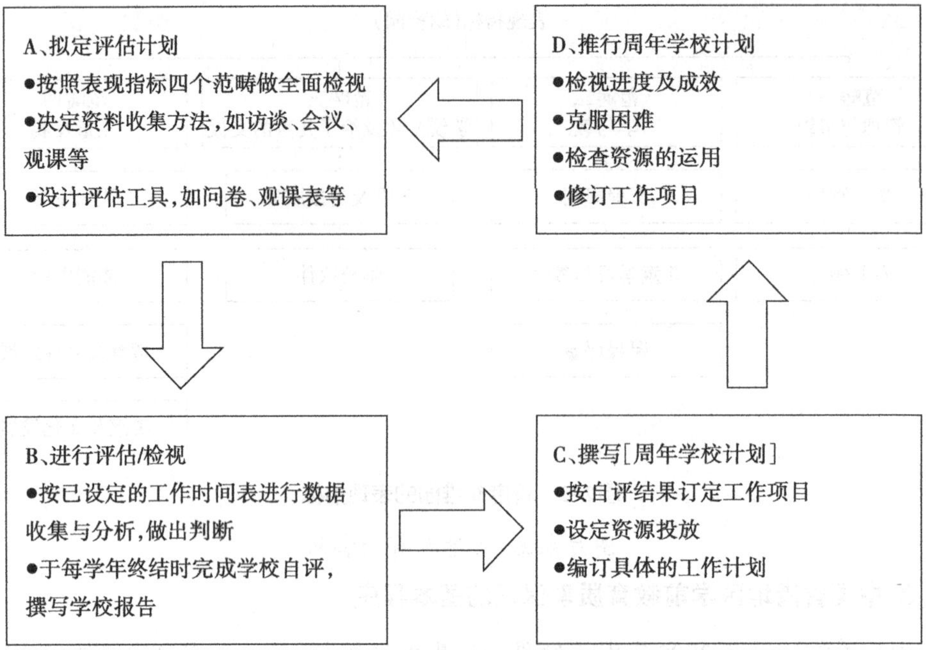

A、拟定评估计划
●按照表现指标四个范畴做全面检视
●决定资料收集方法，如访谈、会议、观课等
●设计评估工具，如问卷、观课表等
D、推行周年学校计划
●检视进度及成效
●克服困难
●检查资源的运用
●修订工作项目
B、进行评估/检视
●按已设定的工作时间表进行数据收集与分析，做出判断
●于每学年终结时完成学校自评，撰写学校报告
C、撰写[周年学校计划]
●按自评结果订定工作项目
●设定资源投放
●编订具体的工作计划

图2-3　学前机构自我评估流程

4.幼稚园质素评核

质素评核即外评，是整个质素保证机制的重要组成部分。香港学前教育质素评核以促进园所持续改善教育质量为目的，坚持校情为本的理念，强调在自评基础上开展质素评核。具体而言，开展质素评核的目的在于：其一，检视园所自评工作的进展，了解学校如何体现自评工作情况推动学校持续发展；其二，核实园所的自评结果；其三，促进幼儿园以实证为基础进行自评，帮助园所客观地评论自身的表现和发展潜力，提供适宜园所的发展方向和专业意见；其四，向全港学校推介提高学前教育质素的成功经验；其五，让政府及公众知悉香港学前教育的现况和质量，具有向政府和公众汇报学校工作的功能。

质素评核共分3个阶段，包括评核前、评核期间和评核后：

(1)评核前

学校将在质素评核前8星期接到电话及信函通知，通知信会夹附一份“质素评核学校备忘”，详述质素评核的程序，请校长将此资料分发给教师阅览。学校须按通知信的指示，通过“质素评核数据系统”提交下列文件及资料：

在接获通知后的2星期内，提交校历表和上课时间表。

在接获通知后的4星期内，提交：

①最近一年的学校报告，当中附有学校周年计划；

②学校基本数据表和教师数据表；

③与学校报告同年度的持份者问卷调查结果：学校以教育局提供的《持份者问卷》收集家长、教师和支持人员（文员及校工）对学校的意见。学校可于“质素评核数据系统”或教育局网页下载上述范本及工具；

④学校课程大纲；

⑤学校平面图，及教师工作小组分工表；

⑥校长联络电话；评核队队长会在评核前以电话联络校长，并商讨评核期间的细节安排，如拟定家长及教师面谈时间等。

（2）评核期间

根据学校的规模，评核队伍一般会到校进行2天半至3天半的评核工作。评核队伍通过观课，审视儿童作品，与校长、教师、家长和儿童面谈，及阅览学校文件，评鉴学校如何落实“策划—推行—评估”的循环，以推动学校持续发展。学校必须因应质素评核而改动儿童的日常活动安排。

（3）评核后

评核队伍会在到校评核的最后一天向校长和教师作口头汇报，并于评核后约2个月时间向学校发出质素评核报告初稿。学校须在收到报告初稿后的4星期内递交回条复函，如有书面回应，也须一并递交，书面回应须由校监签署坐实。评核队伍收到学校书面回复的4星期内，会向学校发出质素评核报告定稿。教育局在向学校发出质素评核报告定稿的同时，会邀请校长和教师填写质素评核后问卷，搜集学校对本次评核的意见。

学校的质素评核结果达到既定标准：

①学校质素评核报告的中文及英文版本将会上传至教育局网页，并与《幼儿园概览》的电子版连接，供公众人士阅览；

②学校符合参加幼儿园教育计划的资格；

学校的质素评核结果未能达到既定标准：

①学校在收到质素评核报告定稿后2个月内可向教育局申请质素评核跟进视学，并同时递交改善计划；

②若学校主动向教育局申请质素评核跟进视学，该校的质素评核报告不会上传至教育局网页和《幼稚园概览》，但学校必须将评核报告和改善计划公开供该校教师和家长参阅。教育局会于质素评核报告定稿发出后约12个月，派出另一支评核队伍到校进行质素评核跟进视学，不论评核结果是否达到既定标准，其评核报告均会上载教育局网页，并链接到《幼儿园概览》的电子版；

③若学校在收到质素评核报告定稿的2个月内不申请质素评核跟进视学，其质素评核报告会上传至教育局网页，并链接到《幼稚园概览》的电子版；

④如学校在质素评核中被评定为未能达到既定标准而又没有申请质素评核跟进视学，或质素评核跟进视学仍未能达到既定标准，教育局会考虑撤销其参加幼稚园教育计划的资格，并终止发放政府资助。

最新发出的质素评核报告，将会一如以往上传至教育局网页及链接到《幼儿园概览》的电子版，并会取代旧有的评核报告。

（七）中国台湾地区幼儿园评鉴

近年来，我国台湾地区逐步形成了具有地区特色的学前教育机构质量评价体系。2012年，台湾地区正式施行《幼儿教育及照顾法》，其中第四十一条明确规定应对教保服务机构办理检查及辅导，并应对幼儿园办理评鉴。依据该项条例，同年，台湾地区配套出台了“幼儿园评鉴办法”并于2019年5月10日进行修正，以期通过合法化与标准化促进幼儿园高质量的运作体系和园务运作的基本制度。[①]

《幼儿教育及照顾法》第四十五条规定，“直辖市、县（市）主管机关应对幼儿园办理检查、辅导及评鉴。幼儿园对前项检查、评鉴不得规避、妨碍或拒绝。”依据该条款第四项制定的《幼儿园评鉴办法》，直辖市、县（市）主管机关对幼儿园办理评鉴工作的类别、项目、指标、对象、人员资格与培训、实施方式、结果公布、申复、申诉及追踪评价等相关事项进行阐述。为完善幼儿园评鉴制度，《幼儿园评鉴办法》明确了“教育部”在幼儿园评鉴上的具体事务：研究及规划幼儿园评价制度；建立幼儿园评价指标；规划幼儿园专

① 姜晓，潘云.我国台湾地区幼儿园基础评鉴实施现状及启示[J].教育观察，2020，9(04)：13-14.

业认证评鉴委员会培训课程，并办理评鉴委员会培训；建制幼儿园专业认证评鉴委员人才库；搜集分析境内外幼儿园相关评鉴资讯；其他与评鉴制度相关之事项。该办法要求直辖市、县(市)主管机关成立评价小组，对幼儿园进行基础评价、专业认证评价和追踪评价，并公布评价报告。对于未通过评价且经改善仍未通过者依照“幼照法”罚则中第五十一条处理。

1.中国台湾地区幼儿园评鉴的类型

中国台湾地区《幼稚园评鉴办法》明确指出，幼儿园评鉴的类别包括基础评鉴、专业认证评鉴、追踪评鉴三类。其中，基础评鉴是指针对设立与营运、总务与财务管理、教保活动课程、人事管理、餐饮与卫生管理、安全管理等类别进行评鉴。专业认证评鉴是指针对园务领导、资源管理、教保活动课程、辅导安全与健康、家庭与社区等类别中，与幼儿园教保专业品质有关的项目进行评鉴追踪。评鉴是指针对基础评鉴未通过的项目，依原评鉴指标办理追踪评鉴。因此，台湾地区幼儿园评鉴实际上包含基础评鉴和专业认证评鉴两类，一个完整的基础评鉴周期是在完成追踪评鉴后。从评鉴实施形式来看，前两项评鉴由相应的评鉴指标予以支持，三项评鉴均以实地走访为主要形式实施。

表2-12　三种评鉴的比较

评鉴类别	评鉴对象	评鉴性质	评鉴类型
基础评鉴	所有公私立幼儿园	强制性	基础性评鉴、保证基本质量的评鉴
专业认证评鉴	通过基础评鉴的幼儿园	自愿性	专业发展性评鉴、优质教育取向评鉴
追踪评鉴	未通过基础评鉴的幼儿园	强制性	补充性评鉴、基础质量评鉴

2.基础教育评鉴

中国台湾地区幼儿园基础评鉴是强制性评鉴，一般以3—5年为一个评鉴周期，由直辖市、县(市)主管机构组织开展，区内公私立幼儿园均应接受基础评鉴。从台湾地区教育主管部门颁布《台湾地区公私立幼稚园评鉴实施要点》到《幼稚园评鉴办法》，台湾地区幼儿园基础评鉴内容指标体系经过多次调整，指标内容从最初的“行政管理”

"环境设备""保教活动"三大类别47个项目,发展到"设立与运营""总务与财务管理""保教活动课程""人事管理""餐饮与卫生管理""安全管理"六大类别、20个项目和46个细项。

从《基础评鉴指标》的构成来看,台湾地区幼儿园评鉴指标包括两大维度、三个层次。《基础评鉴指标》由评鉴指标与指标评鉴方式两个维度构成,指标评鉴方式服务于相应的评鉴指标。评鉴指标包含三个层次:第一层次为"类别";第二层次为"项目","项目"是对类别的细化;第三层次为"细则",是对"项目"的解释说明,也是评鉴的具体指标,如下图2-4:

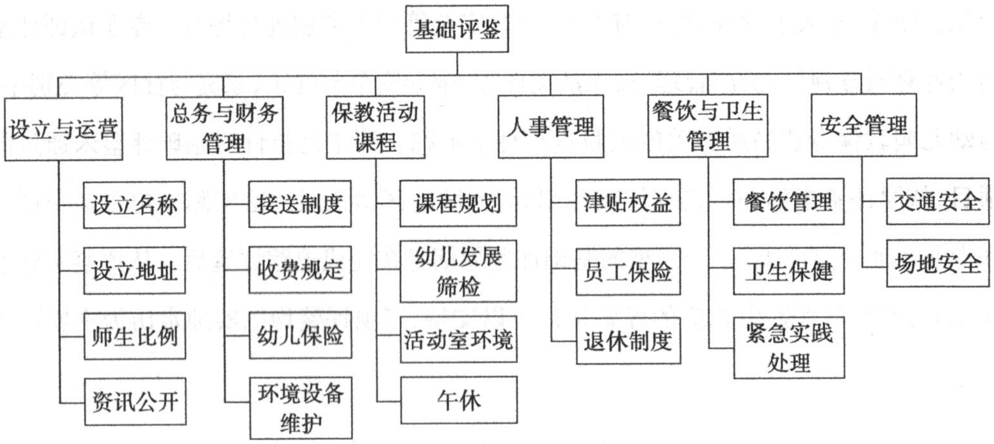

图2-4 台湾基础评鉴指标

根据《幼稚园评鉴办法》,中国台湾地区幼儿园评鉴的程序为:"1.成立评鉴小组,统筹整体评鉴事项,并下设分组。2.临聘符合资格的评鉴委员。3.编订评鉴实施计划,并于小组评鉴之学年年度开始的六个月前公告及通知受评鉴幼儿园;计划内容应包括评鉴对象、程序、期程、评鉴结果处理、申复、申诉、追踪评鉴及其他相关事项。4.办理评鉴说明会,向受评鉴幼儿园详细说明评鉴实施计划、评鉴指标及判定基准。5.办理评鉴讲习会,向评鉴委员说明评鉴实施计划、评鉴指标及判定基准、评鉴委员之任务与角色。6.公告评鉴结果,并将评鉴报告函送受评鉴幼儿园。"通过对台北、新北、台东、新竹、桃园等地幼儿园基础评鉴实践的梳理发现,在《幼稚园评鉴办法》基础上,台湾各地区幼儿园评鉴形成了筹备阶段、自评阶段、基础评鉴访视阶段、评鉴报告完成与申诉阶段、开展追踪评鉴阶段等五个阶段。

本章小结

1. 本章重点介绍了学前教育行政的内容，学前教育管理体制的改革进程和存在的问题以及介绍了国内外学前教育督导制度。

2. 学前教育行政的含义和内容：学前教育行政是指国家对学前教育的管理，其内容包括研究制定学前教育法规、建立并逐步完善学前教育管理体制、确定对学前教育的财政投入政策、制定发展学前教育的计划、培养合格的学前教育师资、加强学前教育的督导和评价六个方面。

3. 我国学前教育管理体制的改革历程和存在的问题：对当前我国学前教育管理体制改革过程及存在的主要问题进行了梳理和分析，发现当前我国学前教育管理体制存在着政府职责定位不明、各层级政府间权责划分不合理、政府各部门间权责划分不明晰、管理机构和人员设置不健全等问题。

4. 探讨国外和国内学前教育督导体制，为我国学前教育质量评价体系的构建和完善提供借鉴：详细阐述了国际、英国、美国、新西兰、日本和中国香港、台湾地区的学前教育督导体制，全面展示了相关国家与地区学前教育督导机构、督导评估内容、实施流程和结果反馈等具体方面。

思考与实训

1. 学前教育行政内容包括哪些？对幼儿园会产生哪些影响？

2. 在学前教育普及发展过程中，要充分发挥政府在学前教育发展“舵手”和“催化剂”的关键作用，然而，我国学前教育体制改革中存在一些问题，成为制约学前教育事业健康发展的障碍。结合实际，说一说影响我国学前教育事业发展的体制因素有哪些？

3. 结合本章内容中国际国内学前教育质量监测情况，谈一谈对我国建立和完善学前教育质量监测系统有何启发。

专题探讨

依据《教育督导条例》和《中共中央、国务院关于学前教育深化改革规范发展的若干意见》，按照教育部《县域学前教育普及普惠督导评估办法》，2020年11月29至12月2日，国家教育督导检查组对成都市青白江区和双流区学前教育普及普惠工作情况进行了实地督导检查。

在实地核查前，国家教育督导检查组严格审核了申报材料；调阅了青白江区58所和双流区145所幼儿园园舍条件和教师队伍的相关数据，包括园舍条件、玩教具、图书、教职工配备和教师待遇保障等；对辖区内人大代表、政协委员、幼儿家长、园长和教职工开展了认可度调查。在实地核查期间，国家教育督导检查组听取了两个区人民政府的工作报告，现场查阅了相关材料，随机抽查公办、民办普惠、城市、乡镇、小区配套园等各类幼儿园15所，核对了有关数据，与近50位老师进行了座谈，并对部分幼儿园进行了暗访，随机采访部分学生家长。

探讨：国家教育督导检查组主要从哪个方面对四川省成都市青白江区、双流区进行了全面督查？这一次督导检查对成都市青白江区和双流区的幼儿园管理会产生哪些影响？

第三章

幼儿园的组织机构与规章制度

学习目标

知识目标：

● 理解组织的含义和要素；

● 掌握幼儿园组织的分类；

● 了解幼儿园规章制度的内容以及设立规章制度的意义。

技能目标：

● 尝试分析幼儿园组织机构中存在的问题；

● 运用幼儿园组织结构的类型，分析幼儿园中出现的小团体现象；

● 运用幼儿园规章制度建设的含义、内容、意义等考察分析一个幼儿园具体的制度设置优缺点。

学习重难点

● 重点：掌握幼儿园组织管理的原则、类型，幼儿园规章制度的内涵、意义、要求等；

● 难点：能够运用幼儿园组织机构、规章制度的相关理论内容，妥善思考自身所在幼儿园存在的问题并提出解决策略。

案例破冰

幼儿园怎么选，公办or民办？

小王家的孩子今年已经三岁，该上幼儿园了。最近他比较苦恼 ，在公办园和民办园之间难以选择。有的同事建议他选公办园，表示公办园教师素质高，专业能力强，师资队伍较稳定，制度规范，管理严格。小王觉得同事的建议很中肯，但是他去咨询公办园的时候发现名额紧张，只能等候通知。

另一个同事则安慰他：“民办园也挺好的，老师态度好、年轻有活力，对小孩照顾也比较仔细，并且课程内容比公办园更丰富，小孩能学到更多东西。现在社会竞争这么激烈，不能让孩子输在起跑线上。”小王一听觉得很有道理，认为民办园也不错，在家附近考察了几所民办幼儿园，条件好、设施新，加上政府的财政补贴，费用和公办园相差无几。

一段时间后，小王收到了公办园入园资格的通知，但是小王却很苦恼，公办园和民办园，他到底该怎么选择呢？

问题：你认为小王应该如何选择？公办园和民办园之间的差异究竟有哪些？

第一节　幼儿园的组织机构

无论公共行政管理还是企业、事业管理，都同组织联系在一起。凡是有管理的地方，必有组织，决不存在没有组织的管理；同样，凡有组织，必定需要管理，也决不存在没有管理的组织。组织是一切管理的载体，管理是组织维持其存在和发展的方式。

一、组织机构的含义和要素

马克斯·韦伯曾提出组织是人类社会活动的一种基本表现形式，每一项社会活动几乎都要以某种组织为载体并通过组织的形式表现出来。因此，幼儿教育活动的开展也必须依赖于基本的幼儿园组织。

人物介绍

马克斯·韦伯

1864年4月21日，马克斯·韦伯生于德国图林根的埃尔富特市，不久举家迁至柏林。青年时代的韦伯结识了当时知识界和政界的许多杰出人士，如狄尔泰、莫姆森、聚贝尔、特赖奇克和卡普等人。1882年，韦伯进入了海德堡大学法律系就读。除了法律学习外，年轻的韦伯也学习了经济学、中世纪历史、神学。此外他还在斯特拉斯堡加入德国国防军服役了一小段时间。

韦伯在1889年完成了他的博士论文《中世纪商业组织的历史》，取得了法律博士学位。两年后，韦伯写下了《罗马的农业历史和其对公共法及私法的重要性》一书，完成了他的教授资格测验(habilitation)，韦伯也因此正式成为大学教授。

1914年，第一次世界大战爆发后，马克斯·韦伯参加军队服役，负责驻在海德堡的几家医院的工作，直到1915年底，其间出版了《世界性宗教的经济伦理》的一部分(《序》和《儒教与道教》)。1916年，他多次去布鲁塞尔、维也纳和布达佩斯执行各种非正式的秘密使命，尽力劝说德国的领导人物避免扩大战争，同时，他也断言德国对全世界政治负有责任，并认为俄国是主要威胁。

1919年,韦伯应聘去慕尼黑大学任教,接替布伦塔诺教授的工作。在1919至1920年间讲授普通经济学史,后成书并于1924年出版。韦伯支持共和国,但并不热情。他参与慕尼黑库尔特·埃斯纳的革命专政,是魏玛宪法起草委员会的成员之一。

1920年6月14日,韦伯在慕尼黑逝世。

资料来源:迪尔克·克斯勒著,郭锋[译].马克斯·韦伯的生平、著述及影响[M].北京:法律出版社,2000.

(一)幼儿园组织机构的含义

1.组织的含义

从词源学上来考证,组织一词来源于希腊文"ORGANONl",意思是"工具""手段",在1873年以前,组织一词被用来说明生物的组合状态。1873年,英国哲学家斯宾塞将组织一词引进社会科学,他在提出"社会有机体"这一概念的同时,将组织看成是已经组合的系统或社会。在西方,人们较多地引用E. 格罗斯与A.埃策尼和E.卡斯特与E. 罗森菠韦克关于组织的定义。E.格罗斯与A.埃策尼关于组织的定义是:组织,是人类为了达到某些共同的目标而特意建构的社会单元,企业公司、军队、学校、教会、监狱等都是组织。那些自然形成的群体,如部落、阶级、宗教团体以及家庭,则不包括在内。现代化组织具有以下特征:(1)在劳动、权力,以及沟通责任上有所分工,分工的方式既不是任意的,也不是传统的,而是围绕某一特定目标加以精心设计的;(2)具备一个以上的权力核心,用以指挥组织成员的行为,以促进组织目标的实现,这些权力核心要不时地考核组织的绩效,必要时调整组织结构增加效率;(3)实行成员的淘汰,对不胜任的成员通过轮训、降职、撤职的方式加以更换。

E.卡斯特与E.罗森茨韦克关于组织的定义是:组织是(1)有目标的,即怀有某种目的的人群;(2)心理系统,即群体中相互作用的人群;(3)技术系统,即运用知识和技能的人群;(4)有结构的活动整体,即在特定关系模式中一起工作的人群。

综合上述两种定义,人类社会中的组织是互动的个人或团体为实现一定的目标,依据一定的职权关系,通过一定的结构所形成的具有明确界线的实体。首先,组织是由互动的个人或团体组成的社会单元;其次,组织与周围社会环境发生相互作用,组织有着明确的边界;第三,组织具有明确的共同目标;最后,组织通过一定的职权关系形成了较稳定的内部结构。

2. 幼儿园组织机构

幼儿园组织机构是指由相互配合的各层级、部门和个人所构成的系统，有确定的领导关系和职权分工，能有效将幼儿园现有的人、财、物、时间组织起来，形成组织结构系统，调动每名教职工的积极性。它既能实现幼儿园的各项工作目标，又能通过一定机制进行内外部协调，有效发挥其管理职能。它包含组织的共同目标、纵向的等级系统、横向的部门班组和明确的活动规则四个要素。

(二)幼儿园组织机构设置的原则

幼儿园组织机构的设置和确立不是随心所欲的，组织机构设置离不开政策法规的指引、幼儿园现实情况需求分析以及科学理论的指导。宏观方面，科学的组织机构设置能够更好地实现幼儿园的工作目标，保证幼儿园的平稳高效运行，担负起应当的社会责任；中观方面，可以帮助组织成员获得更好的专业发展，提升员工的整体素质；微观方面，能为幼儿提供一个更好的发展空间，有利于发挥幼儿园对幼儿的教育促进作用。基于这一认识，为了达到幼儿园组织机构设计的初衷，在着手设置幼儿园组织机构时需遵循以下原则：

1. 按需设岗，因岗选人

幼儿园组织机构的设置首先要坚持以“事”为中心，因“事”设职，因“职”设岗，因“岗”选人，要考虑岗位的特点和需要，先组织后人事。幼儿园管理者要明确并使组织内成员明了和接受组织的总任务和奋斗目标，通常需要将组织的总目标分解为若干具体目标和工作内容，再进行组织与设置，提高组织效能。要具体分析组织应办的“事”是多少，有多少，由此决定组织机构的设置、职务和人员的安排，充分发挥组内每位成员的潜能，保证有能力的人有机会去做他们胜任的工作。

2. 尊重劳动分工，重视部门协作

劳动分工属于自然规律，其目的是用同样的努力创造出更多的效益。幼儿园工作繁多，从管理层到执行层都有需要不同人员承担的责任。劳动分工可以确保不同的工作任务有相应的人承担，形成“事有人做、责有人担”一体化模式，避免相互推诿，提高工作效率。劳动分工，不仅要依据工作内容合理分工，还要注意管理跨度的有效性。管理跨度是指每个管理人员直接指挥和协调的下级人员数量，它应该有一个适宜的限度，若超出管理人员精力范围，也可能会导致效率低下。

譬如一个幼儿园有20个班级，其日常业务管理仅由一位副园长负责，以检查教师教育活动计划这一项工作为例，就要看至少40份教育计划的文本。面对沉重的工作任务，平均到每份教育活动上的时间必然有限，副园长在检查过程中难以做到细致、精确。一方面难以及时发现问题，提供实时指导；另一方面，缺乏有效反馈，教师也会掉以轻心，降低对该项工作的要求，减少投入。一定程度上导致教师自身的专业发展没有进展，工作千篇一律，教师的职业倦怠逐渐滋生，不利于教师的专业成长。

重视劳动分工，但是分工也是有一定限度的，分工只是手段并非最终目的，过度的分工导致职能过分专业化，也会降低幼儿园的运行效率。分工是相对的，分工基础上的相互协作才是绝对的。教师和保育员为了日常教育活动的顺利开展相互配合、取长补短，幼儿园中的其他工作人员也是如此。如，食堂员工在为幼儿提供点心时，也需综合考虑幼儿的身心发展特点及教师的工作安排；此外，在幼儿园工作中他们也会与幼儿接触，在言语表达、仪容仪表上必须符合文明规范，为幼儿做出正面的示范。在幼儿园的一些健康教育活动中，他们甚至要成为活动中的一个重要组成部分，为幼儿展示食物制作、讲解不同食物的营养、提供学习材料和空间等。可见，部门、人员之间的相互协作是基于工作的需求，符合工作内在规律要求，在幼儿园设置、人员配置以及制定幼儿园规章制度时必须有所体现。

3. 权责对等，相对稳定

权利和义务总是相互伴随的，权力是指挥与要求别人服从的权利，义务则是承担相应的责任。没有无权利的义务，也没有无义务的权利。权责对等，才能让不同岗位的人慎重使用手中的权力，谨慎担负自己的责任。权责对等，是岗位对在职人员的自然要求，是提高工作效率的现实需求，不能因人员的变化而有所改变，必须保持稳定性和一贯性。

譬如幼儿园的保健医生负责幼儿的健康问题，责任涉及幼儿的饮食营养、体育锻炼、疾病预防等，要想履行好这些义务，就必须具备相应的权利。从幼儿园食物的采购、食堂卫生的检查、食谱的制定、食物的烹饪到班级卫生的检查指导、每日晨检等，都必须有相应的权利，其他相关人员必须尊重其指导、检查的权利，并严格落实到工作实践中，共同保护和促进幼儿的健康。

4.统一指挥,从容调度

组织是一个动态的系统机构。要想发挥系统的整体作用,必须统筹指挥系统的各个部门协同合作,这就需要一个强有力的指挥中心及领导人,因此,集权化和劳动分工一样是一种必然规律。为了提高组织的协作能力,必须在一定范围内集权。在幼儿园工作中,分层领导是必要的,从高层、中层到基层,分层领导既能最大程度发挥每个人的优势,提高工作效率,又能保证层级间的信息传递通畅,集中一致、服从调度,加强组织的战斗力。

当前我国幼儿园办学主体、办学规模差异较大,管理过程两极化现象比较明显。由于规模大、班级多和教职工队伍庞大,大型公立幼儿园劳动分工明确、层级分明,但协同运转反应较慢,组织效率较低。受规模和经费限制,小型私立幼儿园管理者较少,但缺乏中间层级、权力极度集中,民主性与科学性不足。这两种极端情形的幼儿园都应注意改良组织设置,设置高效的民主管理机构,对内提高幼儿园的活力和自我调节能力,对外提高幼儿园的竞争能力。

拓展阅读

法约尔原则

1.劳动分工,即专业化。

2.权力和责任。

3.纪律。纪律实质上就是与企业以及下属人员之间的协定,无论这些协定是否讨论过,是书面的还是默许的,是几方共同的愿望还是法律和惯例的结果。没有纪律,任何一个组织都不能兴旺发达。

4.统一指挥。

5.统一领导。

6.个人利益服从集体利益。

7.报酬。人员的报酬是其服务的价格,应该合理,并尽量使企业及其所属人员都满意。报酬应当公平,应当奖励有效的努力和激发工作热情,应当不超过合理的限度。

8.集权化。

9.等级系列。

10. 秩序。在组织中建立秩序是为了避免时间和物资的损失，无论物品秩序还是社会秩序都是非常重要的，只有在有秩序的条件下，时间才不会被浪费，对人的组织与选拔才能顺利进行。

11. 公平。公平是由善意和公道产生的，公平并不排斥刚毅，也不排斥严格。做事公平要求有理智、有经验，并有善良的性格，它要求在对待组织成员时，应做到善意和公道相结合。

12. 人员的稳定。一个人要适应其新的职位，并能很好地工作，需要比较长的时间。因此，要培养一名出色的管理人员非常不容易，一般来说，一个繁荣的组织，其人员是稳定的，而运行不好的企业，其人员是经常变换的，因此一个成功的企业应该拥有一支相对稳定的精英管理人员队伍。

13. 首创精神。想出一个计划并保证其能成功地执行是一件快乐的事情，同时这也是人类活动最有力的刺激之一。首创精神是一种力量的源泉，为提倡这一精神，组织甚至可以牺牲部分管理人员的“个人虚荣心。”

14. 集体精神。组织要求成员的真正才干是协调组织内部的各种力量，激发组织成员的工作热情，发挥每个人的才能。

（三）幼儿园组织机构运行的要素

幼儿园组织机构的设置是为了完成幼儿保育教育任务，保证幼儿园正常运行。为了实现幼儿园的正常运行，必须了解以下五个要素。①

1. 计划

在幼儿园组织管理中，计划占据十分重要的地位，任何组织在计划行动时都必须考虑下述依据：组织已有的资源、组织的性质和组织的未来发展趋势。一个好的行动计划应当具有统一性、持续性、灵活性、精确性等特征。统一性要求除了有总计划外，还要制定与其相配套的具体计划；持续性要求计划的指导作用必须是连续不断的；灵活性要求计划能顺应人的认识而及时做出调整；精确性要求计划对该组织各种因素的认识须尽可能是正确的。幼儿园是一个有组织的教育机构，要保证其正常运行，实现教育目标，必须有一定的计划性。教育计划安排、教师培训、资金运筹等，都离不开科学详尽的计划。

① Shafritz E，J·史蒂文·奥特. Classics of organization theory / 5th ed[M]. 北京：中国人民大学出版社，2004：56.

2. 组织

在这里，组织作为管理的一种职能。组织主要是制定并执行行动计划，保证社会组织、物质组织与目标、资源、需要相适应，主要包括：建立一元化的、有能力的坚强领导；做出清楚、明确、准确的决策；有效地配备和安排人员；明确职责，鼓励首创精神；给职工以公平的报酬；对过失加以惩罚；促使人们遵守纪律、保持秩序、听从统一指挥等等。幼儿园运行过程事务繁杂，园长必须统筹安排所有的人力、物力资源，提高组织的运行效率。

3. 协调

协调就是要使组织中的一切工作相互配合，要使组织中的社会机构和物资设备机构两者之间保持一定的比例。一个内部协调的组织必须要有一个明智的、有经验的、积极的领导。召开部门领导会议，组织协调是不可或缺的方法，通常可以通过领导们出席会议来解决共同问题。同时，组织内部的协调工作本身就是一门艺术，领导必须学会这门艺术，采取各种方式理顺内外部关系，使组织能发挥整体效益，达成既定目标。

4. 指挥

统一指挥是幼儿园在管理工作中，要做到只有一个指挥中心，避免多重领导，否则易造成指令混乱，使组织产生内耗。要使组织发挥作用就必须做好指挥工作，幼儿园应建立良好的指挥系统，使组织严密合理，做到指挥路线清晰，联系渠道畅通，既分工负责、分级分层管理，又集中统一指挥，使幼儿园组织成为有凝聚力和战斗力的集体，并通过集体的共同努力，有效实现组织预设的目标。

5. 控制

控制的目的在于指出工作中的错误，以便纠正并避免重犯。组织控制同检查人员工作的好坏有很密切的关系，组织中的物、人、行动都必须得到控制。法约尔认为一个好的检查员应该是有能力且大公无私的人，他们依靠的是正直的思想和独立自主的精神。

幼儿园行政组织机构的核心人物是园长，园长作为幼儿园的行政负责人，是幼儿园最高的行政领导。一方面要给予园长管理园务充分的自主权，以此加强对幼儿园工作的统一领导，提高工作效率。另一方面，也要对园长的权力进行分权，避免个人专断，实行岗位责任制，集权与分权相结合，保证权责的有效统一。

二、幼儿园组织的分类

一个社会组织根据其现实情况可以划分为正式组织和非正式组织。正式组织是为了有效地实现生产目的而将各种成员之间的相互关系安排得合理而有秩序的组织。组织系统表、人员编制、组织规章与行为准则等构成了正式组织赖以存在的主要因素。在正式组织中，每个成员的典型职能关系都能在组织系统表中显示出来。

改革开放以来，幼儿园教育事业迎来了较快的发展。为给家长提供不同的教育选择，除了公立幼儿园，不同层次、规模的民办幼儿园也纷纷出现。由于性质、规模、层次的不同，这些幼儿园在组织结构上也呈现出不同的形态。根据我国幼儿园的现实情况分析，幼儿园组织呈现出明显的多样性，可以归纳为以下几种：

（一）公立幼儿园与民办幼儿园的组织结构存在一定差异

公立幼儿园与民办幼儿园的组织结构存在一定的差异。具体来讲，公立幼儿园大多为政府投资主办，教职工齐全，自上而下的正式行政机构较为完备，并设有党支部、工会等非行政机构，以协助和监督行政工作的开展；民办幼儿园的办园主体通常为企业、出资人和教育集团等，难以严格按照幼儿园的编制标准来配备各层教职工，人手比较欠缺，往往较少设立党支部、工会等非行政机构，决策与管理灵活、方便，但也存在着信息反馈渠道不畅通，群众监督力度不够等问题。

（二）全日制与寄宿制幼儿园的组织机构略有不同

目前市面上的幼儿园，不管是公立还是私立，基本都以全日制为主，但是在中西部农村地区，由于撤点并校、人员分散、学前教育资源匮乏等原因，还大量存在着寄宿制幼儿园。寄宿制幼儿园使农村幼儿能够接受正规的学前教育，为实现教育公平做出了贡献。但由于其寄宿的特点，在组织结构上面和普通全日制幼儿园有所不同，譬如保健医生的数量，安全、后勤配置人员会相应增加，上班制度也和全日制有所不同。

（三）不同规模的幼儿园组织结构也存在差异

根据规模大小，可以将幼儿园分为大、中、小型幼儿园。幼儿园规模划分的标准在不同时期、不同地点会有不同，根据2016年《幼儿园工作规程》，即小班、中班、大班的人数分别以25、30、35为限，幼儿园班级数量不多于5个，则为小型幼儿园，6至11个为中型幼儿园，12个以上为大型幼儿园。寄宿制幼儿园班级数量和各年龄班的人数可酌情递减。

园所规模不同，其实际工作需求存在着差别，这必然会在组织机构的设置上体现出来。在机构设置上，大型幼儿园最为完备，相对而言中、小型幼儿园，随着其规模变小，管理更加集中、难度降低，机构设置也随之简化。

任何组织都能显示出组织成员的职能关系。比如，在一个组织里，存在着不是明文规定，但事实上经常在起着作用的特殊价值标准。男性的工作比女性的工作更受到重视；在上级组织工作的人，其工作更容易得到人们的赏识。通常人们在一起活动，他们就会自发地形成相互间的人际关系，从而形成非正式的组织。

（四）幼儿园的非正式组织

人们之所以形成非正式组织，主要是为了获得生活上的幸福与快乐，并获得社会安全感。在非正式组织中，每个人都有一定的社会地位和社会作用，而且人们的行为都必须遵循一定的团体准则，由于非正式组织中的人都能遵守这些并不是明文规定的准则，因而能保证相互间的稳定性。

在非正式的组织中，人们都有共同的情感和态度，这种团体的共同情感就是一种价值标准。由于大家同属于这一团体，非正式组织的共同价值标准就成为对每个成员加以约束的律条。对于非正式组织来说，其价值标准同正式组织以及技术组织不同，经营性的正式组织和技术组织的价值标准是成本逻辑和效率逻辑。所谓成本逻辑，就是在一切活动中最低限度地支出费用。所谓效率逻辑，即确保每个人有效地进行合作。

非正式组织不仅存在于组织的普通成员中，还存在于上层管理人员中。但对于上层的管理人员来说，成本与效率的逻辑比感情的逻辑更为重要。在梅奥看来，管理者同时承担着两种职能：经济职能和社会职能，前者的目的是有效地创造财富，后者的目的则是要充分认识非合理的感情逻辑在经营性组织的社会结构底层中所起的作用，从而采取有效措施培养好的人际关系，使职工在情感上得到满足。

人的生产能力不仅仅取决于体能和精力，还深受社会因素和心理因素的影响。研究表明，生产效率同组织成员的情绪有十分重要的关联。非经济的奖赏和惩罚是激励组织成员工作的重要因素。组织成员的满足程度越高，情绪就越高，组织的效率也就越高。所谓组织成员的满足程度是指他们对安全感和归属感等社会需要的满足程度。而所有人的安全感总是从成为一个团体成员的保证上得来的。如果丧失了这个前提，就不是任何金钱上的改善和职业上的保证所能抵偿的。

幼儿园教师的工作非常繁杂琐碎，除了需要完成每日的保教任务、案头工作，还需要花大量的时间在家长沟通上。作为管理者，一方面要合理规划安排，尽可能减轻教师的工作负担。另一方面，当一线教师在工作中面临困难时，幼儿园要及时提供帮助和支持，让教师获得归属感和安全感。幼儿园领导更要关注教师的心理情况，重视人文关怀，提高管理能力。

扩展阅读

霍桑效应

社会心理学家所说的“霍桑效应”也就是所谓“被试效应”。是指由于实验对象对其被试者身份的认知及态度而产生的实验偏差。

1924年11月，以哈佛大学心理专家梅奥为首的研究小组进驻西屋（威斯汀豪斯）电气公司的霍桑工厂，霍桑工厂是美国西部电器公司的一家分厂，它的设备先进，福利优越，但是工人依然不满，生产效率低下。他们的初衷是试图通过改善工作条件与环境等外在因素，找到提高劳动生产率的途径。他们选定了继电器车间的六名女工作为观察对象。在七个阶段的试验中，实验者不断改变照明、工资、休息时间、午餐、环境等因素，希望能发现这些因素和生产率的关系——这是传统管理理论所坚持的观点。但是很遗憾，不管外在因素怎么改变，试验组的生产来效率一直未上升。

为了提高工作效率，这个厂请来包括心理学家在内的各种专家，在约两年的时间内找工人谈话两万余人次，耐心听取工人对管理的意见和抱怨，让他们尽情地宣泄出来。结果，霍桑厂的工作效率大大提高。这种奇妙的现象就被称作“霍桑效应”。

历时九年的实验和研究，学者们终于意识到了人不仅仅受到外在因素的刺激，更有自身主观上的激励，被试有了参与，感觉自己被重视，从而诞生了管理行为理论。就霍桑试验本身来看，当这六个女工被抽出来成为一组的时候，她们就意识到了自己是特殊的群体，是试验的对象，是这些专家一直关心的对象，这种受注意的感觉使得她们加倍努力工作，以证明自己是优秀的，是值得关注的。

资料来源：邱化民．管理学以主体性发展的路径探索[M]．北京：知识产权出版社，2017.

第二节 幼儿园的规章制度与建设

规章制度通常是指，一定的社会组织以条文的形式确定下来，用于规范组织各项工作及成员行为的各种规则、章程和制度的总称。制度是组织的基本活动准则，是任何一个组织正常运转的保证。

一、幼儿园规章制度的内涵及意义

（一）幼儿园规章制度的内涵

俗话说“无规矩不成方圆”，为了确保各项工作顺利开展，实现预期教育目标，幼儿园必须根据国家政策、实际情况，严格遵循相关程序，采用明确条文的形式制定出符合需求的规章制度，提高管理效率。从性质上看，它属于内部规则，对全员具有普遍的约束力，对外则不具有效力。从内容上看，规章制度具有明显的针对性和可操作性。规章制度是幼儿园的“法”，通过它的建立和执行，使管理工作程序化、规范化、科学化，保证幼儿园的正常运转。

（二）幼儿园规章制度的意义

幼儿园规章制度的建立，使幼儿园管理常规化、科学化、有利于提高工作效能和建设良好的园风。

1. 规章制度具有明确的导向作用

幼儿园规章制度反映了幼儿园的核心价值观念，良好规章制度的建立有助于维护幼儿园的正常秩序，提高幼儿园的管理效率。因此，幼儿园规章制度具有明显的价值导向功能，即合理的规章制度对幼儿园有关人员的政治方向、价值观念、思想品德、行为规范和生活方式的选择，有着直接的或潜移默化的导向作用。

2. 规章制度具有明显的制约作用

幼儿园的规章制度是幼儿园根据党和国家的教育方针、政策、法律、法规，按照保教规律和本园实际情况，以条文的形式，对保教人员的工作、学习和生活等方面提出的具有强制性和约束力的准则和规范。合理的规章制度可以通过渗透其中的道德要求和教育意志，运用暗示、舆论、从众等特殊机制使幼儿园有关人员产生潜在的心理压力和动力，让他们在自觉感受这种影响的过程中形成规范的行为。只有建立健全的幼儿园规章制度，才能让幼儿园有关人员在行动时"有章可循""有法可依"。同时规章制度对他们的行为有很强的约束力，即规章制度一旦形成，有关人员就必须严格遵守。

3. 规章制度具有显著的协调作用

幼儿园制度是活动的准则，起着协调各方面工作和各类人员行为的作用。调配各方面力量服务于共同的组织目标，既分工负责，又各司其职、协调配合，促进幼儿园保教质量的提高。

4. 健全的规章制度可以保护职工和幼儿的合法权益

完善的规章制度能够有效确保职工的合法权益，幼儿园的规章制度必须体现国家法律法规精神，如对女职工孕期、哺乳期的合法权益予以保护，不得侵犯。此外，作为弱势群体的儿童，也必须得到相应的保护，如膳食管理必须予以重视，从食品采购、存放到烹饪都必须有严格的制度保障，从而保证幼儿的身体健康，避免不良事件发生。

5. 调动和保持教职工的工作积极性

幼儿园规章制度的建立是为了理顺工作关系，它明确规定了什么能做、什么不能做，违背制度者会受到惩戒，相反会受到奖励。制定符合职工和幼儿园双重利益的合理制度，可以在一定制度上调动员工工作的积极性，如在科研创新、环境创设、教学技能方面制定相关的奖惩规章制度，就可以有效地激励员工工作的积极性，实现幼儿园和员工的双赢。

二、幼儿园规章制度的内容

幼儿园的规章制度，涉及幼儿园工作的各个方面，其价值导向必须以具体的内容为载体。作为个体的行动指南，其内容涉及幼儿园的人、事、财、物等，幼儿园应对每个部分都制定出具体的条文。

1. 确定各类人员的岗位职责和行为规范

幼儿园作为一个机构，具有明显的等级序列，不同等级设置不同的岗位，担负不同的责任。幼儿园的正常运行有赖于大家各司其职,分工合作。幼儿园规章制度,必须明确规定各岗位的工作职责,厘清工作内容。此外,作为一个集体组织,幼儿园要结合自己的教育目标和工作内容,制定具体的行为规范供全员遵守,譬如出勤、着装等方面的内容。

为加强学前教育教职工队伍建设,加快构建覆盖城乡、布局合理的学前教育公共服务体系,幼儿园的用人方式有较多变化。如广东地区的幼儿园员工构成中,临时聘用人员的比例较大,为了保障这些员工的合法权益,需要制定相应的制度细则。《广东省幼儿园编制标准(试行)》规定,教职工基本编制数按照当年在园幼儿数的1:10至1:7的比例核定,考虑增编因素,广东规定按不超过5%的原则核增,幼儿园后勤服务人员不占用事业编制,原在编在职后勤服务人员实行实名制,按“老人老办法”管理。

2. 明确各部门的工作职责,细化工作要求

幼儿园的部门较多,行政系列中就包含园长办公室、教研室、保健室、财务室、后勤部门等,后勤部门又可细分为门卫、食堂、保洁等。各部门既要各司其职,又要携手合作。因此,需要根据幼儿园的工作建立起稳定、有效的工作秩序,确保各部门能够正常运转,从而保证全园工作的正常进行。

3. 制定各类活动的行动准则和质量要求

幼儿园中每个部门开展的业务虽有联系,但是各有侧重。因此,各部门的活动都有自己的专业要求。以教研部门为例,它的规章制度主要针对具体的教学活动,涉及制定教育工作计划、建立备课制度以及保教工作常规、教育质量检查、评价等。

4. 制定严格的财务管理制度

任何一个机构,财力、物力资源都是有限的,建立严格的财务管理制度,对于维持机构的正常运转至关重要。幼儿园的开支繁多,财、物支出较大,严格的财务制度可以有力规范经办者及使用者的行为,保证幼儿园有限的资源能最大限度地发挥作用。

5. 对各类活动协调管理的规定

明确各岗位各部门的具体职责,可以保证各司其职,但幼儿园作为一个有机的整体,各岗位成员、各部门在完成自己工作的同时,还需要和其他人员、部门相互协调配合,保证全体人员目标一致,形成合力,提高工作效率。譬如园内领导班子的分工管理职责制度、家长工作制度等等。

三、幼儿园规章制度制定的基本要求

幼儿园规章制度的制定，是一项细致而又十分严肃的工作，应遵循以下基本要求：

1. 目的明确

幼儿园制定各项规章制度，是为达到一定目的，源于现实的需求，解决特定的保教问题。为了幼儿园的正常运行，实现育人目标，只有目的明确，有的放矢，规章制度才能发挥应有的作用，否则只是一纸空文。

2. 有法必依

制定和实施幼儿园规章制度是一项政策性很强的工作。幼儿园制定的规章制度必须符合党和国家的政策法规，做到有法必依。幼儿园女性工作者占据绝大多数，对于女职工的合法权益，尤其是婚育福利，要以国家的相关法规为依据，不要与之相违背。①

3. 科学可行

幼儿园制定的规章制度必须是科学的，能充分体现幼教工作的本质属性，符合教育与管理的客观规律、教师的劳动特点、幼儿发展规律、本园的实际工作情况和工作需要。科学合理的规章制度不仅能引领员工，还能增强制度的权威性，提高管理效能，否则会引起员工的不满和反抗，不利于工作的展开。

4. 周密完备，简明扼要

幼儿园部门较多，事务繁杂，规章制度的建立必须做到周密完善，覆盖到不同部门的具体工作，使每个人在工作时都能做到有章可循，提高工作效率。在保证制度建设完备的同时，内容的表述上要做到准确精练，以便于掌握和记忆。如果内容过于繁杂，会影响职工对其认识和把握，难以起到引领效果。

5. 相对稳定

制度的严肃性和权威性与制度的稳定性息息相关。相对稳定的制度，能够在一定时间内充分发挥作用，规范各类人员的行为，进而帮助教职工形成良好的思想作风和行为习惯，为幼儿园师生创造良好的工作、学习、生活环境。当然，稳定并非固定，随着形势、观念、工作内容的改变，幼儿园规章制度也要与时俱进，不断完善。

---

① 张燕.邢利娅.幼儿园组织与管理[M].北京:北京师范大学出版社,2000:89.

典型案例

青海省委机关幼儿园安全制度

一、幼儿来园和离园必须有教师负责照顾,交接班不能有空档,必须清点幼儿人数。

二、幼儿户外活动要有明确的目的,要注意动静交替;要适合幼儿的年龄特点,时间不宜过长,活动前后一定要清点幼儿人数,确保幼儿的安全。

三、向幼儿进行安全教育,不要打闹乱跑,进园后不得擅自离开幼儿园。增强幼儿自我保护意识,使幼儿知道幼儿园的名称、具体地址、父母姓名等,防止意外事故,提高幼儿自我保护能力。

四、加强每天晨、午检工作,教育幼儿不要带危险品来园,如:别针、纽扣、尖针、玻璃球、小刀、小豆豆等,防止异物落入鼻腔、口腔、耳内。

五、园内各活动室要定期消毒,消毒时防止人员入内。

六、每天下班前要对全园各活动室进行检查。如:教室、厕所等,防止幼儿遗留在室内。

七、园长每天早晚要巡视一遍园所,发现有不安全因素要及时处理,教师在活动中发现不安全因素及时报告。

八、意外事故及时采取相应措施,包括家长工作。事后必须写出事故报告,并根据影响程度、情节轻重给予处理。实行班主任负责制,班主任不在岗时由当班教师具体负责。户外活动和放学老师负责,其他时间由当班老师负责。

九、热水、开水要放在幼儿碰不到的地方,幼儿饭食待温度适宜后再行分发,防止烫伤事故。

十、凡是幼儿经过的地方及活动场地要经常检查,不准乱放杂物,做到道路通畅。

十一、幼儿玩大型玩具要加强监护,随时纠正幼儿的不安全动作,组织活动要有秩序。活动完后,要清点幼儿人数。

十二、幼儿室内外活动时,教育幼儿不大声喧哗,要有秩序、不乱跑乱撞,划定活动范围,所有教师到位。

十三、幼儿各环节的安全防护措施一定要严格执行,针对具体情况对幼儿加强常规教育,不得有半点疏忽。

十四、坚持正面教育,严禁态度粗暴、动作生硬、体罚、变相体罚幼儿,杜绝因上述情况造成事故。

本章小结

马克斯·韦伯曾提出组织是人类社会活动的一种基本表现形式，每一项社会活动几乎都要以某种组织为载体，并通过组织的形式表现出来。因此，幼儿教育活动事业的开展也必须依赖于科学的组织设置。组织机构的设置是幼儿园的首要工作，也是幼儿园正常运转的前提。本单元主要探讨了幼儿园组织机构设置的依据、原则、不同类型，以及为了规范组织成员行为而设置的各种规章制度。

思考与实训

1. 目前幼儿园普遍流行设置家委会，你认为设置这个机构有无必要？家委会的职责是什么？如何引导家委会发挥更为积极的作用？

2. 幼儿园在设置规章制度时，是不是一经设定不能更改？如何确保规章制度设立的科学性？

3. 规章制度约束的群体是全体工作人员，还是仅仅指向普通教职工，园长是否在约束范围内？

专题探讨

在幼儿园工作中，开会是一项频繁举行的活动。作为一种有目的的聚集活动，开会能快速畅通地传达政策、信息，也是普通教职工参与民主管理的一项重要途径。据调查显示，幼儿园教职工需经常参加各项会议。根据本章的内容，你能否尝试制定一个会议制度，进一步规范幼儿园的开会制度，降低普通教职工时间成本的同时，又不妨碍幼儿园的正常工作？

第四章 幼儿园安全工作管理

学习目标

知识目标：

● 了解安全工作在幼儿园工作中的地位及意义；

● 熟悉幼儿园安全工作管理的具体内容；

● 掌握幼儿园安全工作管理的基本原则。

技能目标：

● 运用幼儿园安全管理的具体内容分析教育实践中存在的问题；

● 尝试提出解决幼儿园安全管理问题的策略与思路。

学习重难点

● 重点：能够熟悉安全工作在幼儿园工作中的地位及意义，掌握幼儿园安全工作管理的基本内容，并正确认识幼儿园安全工作管理应遵循的基本原则。

● 难点：运用幼儿园安全管理的具体内容分析教育实践中存在的问题，并提出解决幼儿园安全管理问题的策略与思路。

案例破冰

幼儿园的意外伤害谁来负责？①

某日下午，A幼儿喝完水后，被B幼儿撞倒在地，李老师发现A幼儿爬起来后没有哭闹及异常表现，因此也没有过问此事。后来A幼儿妈妈说孩子胳膊

① 程风春.幼儿园管理的50个典型案例[M].上海：华东师范大学出版社，2011：155-158.

疼，这时教师和家长才发现A幼儿左前臂肘关节处肿胀、压痛、活动受限。到医院就诊显示：左侧尺骨骨折、左侧桡骨可疑骨折。第二天班主任将此事及时上报园长，B幼儿家长了解事件原委后，于当日下午到A幼儿家探望，表达了歉意并愿意承担全部诊疗费用。

一个月后复查时，X光显示：骨痂丰富，轻度成角畸形。于是A幼儿家长提出赔偿要求：共花去医疗费368元，父母误工费、营养费等6450元，因“轻度成角畸形”还需后续治疗，要求一次性赔偿2000元。其幼儿园和B幼儿父母赔偿共计8818元。

B幼儿父母认为，幼儿入园意味着家长已将监护责任托付给幼儿园，家长作为法定监护人不可能直接行使监护人责任，只有幼儿园才能监护孩子，认为家长不应承担任何赔偿责任。

问题：在这件意外事故中到底谁是直接责任方？B幼儿父母是否要承担责任？教师是否应该赔偿？此事件给了我们怎样的启示？本章将帮助学习者熟悉幼儿园安全管理的具体知识，建构开展安全管理的实践能力，并帮助我们解答上述问题。

第一节 幼儿园安全工作概述

安全工作是幼儿园一切工作顺利开展的前提。幼儿园安全工作管理是幼儿园园长率领全体教职员工,为保障幼儿生命安全和身体健康而实施的有目的、有计划的自觉行为。《幼儿园教育指导纲要(试行)》中指出:“幼儿园必须把保护幼儿的生命和促进幼儿的健康放在工作的首位。”抓好幼儿园安全工作管理,是确保在园幼儿生命安全、实现各项教育目标的重要前提。

一、幼儿园安全工作管理的意义

幼儿园教育担负着促进幼儿全面发展的重任。维护幼儿的生命安全是每一位教育工作者的重大责任和义务。幼儿园安全管理是幼儿园管理中的一个重要方面,有着极其重要的意义。

(一)保护幼儿的生命,促进幼儿的健康

幼儿园的服务对象是发展中的、不成熟的个体,他们正处于生长发育的关键时期,适应环境的能力较弱,自我保护能力较差,其个性特点与生活习惯也尚在形成中。这就要求幼儿园必须采取安全措施,建立一套有效的安全管理体系,科学合理地安排幼儿的一日生活。同时,进行安全常规的培养,让幼儿形成良好的安全意识和生活习惯,来保护幼儿的生命、促进幼儿的健康发展。

(二)为教师营造安全的学习和工作环境

完善的幼儿园安全管理体系直接影响园内教师工作的开展与自身的发展。一方面,幼儿园安全管理有利于教师明确其安全职责,自觉贯彻执行各项安全规章制度,不断增强自我防护意识。另一方面,健全幼儿园安全管理体系,科学规划安全工作,加强幼儿园安全监察,可以减少幼儿园安全事故的发生,为教师营造安全的工作环境,使教师全身心投入于教育教学工作之中。

（三）确保幼儿园保教工作的有序开展

安全的环境是工作能够高效顺利开展的保证。幼儿园是集体保教机构，保证幼儿的人身安全和心理安全是前提，幼儿园内如缺乏良好的安全管理体系，会使教职员工时刻担心意外情况的发生，从而使工作出现混乱且效率低下的情况。

因此，幼儿园必须创设安全的环境，建立一套完善的安全管理体系，采取必要的安全管理措施，使在集体生活的幼儿尽量避免意外事故的发生，保证全体幼儿的生命安全，确保幼儿园保教工作在正常有序的条件下进行。

二、幼儿园安全工作管理的原则

幼儿园安全工作管理原则指为实现园所的管理目标，正确处理安全工作管理过程中一系列矛盾的行动准则，是对幼儿园安全管理系统提出的基本要求，具体包括：

（一）民主管理、以人为本

幼儿园安全管理强调以人为本。在管理实践中，一方面，要把保障幼儿和教职人员健康和生命安全作为首要任务，减少意外事故及其造成的人员伤亡和危害；另一方面，在组织形式上要为全体教职人员参与安全管理创造积极的条件，实行民主管理，建立群众监督的安全管理体系，定期召开安全工作会议，对安全工作进行计划、监督、布置、总结和调整。

（二）预防为主，防患于未然

《中小学幼儿园安全管理办法》第三条制定了“积极预防、依法管理、社会参与、各负其责”的安全管理方针。第四条提出“健全学校安全预警机制，制定突发事件应急预案，完善事故预防措施，及时排除安全隐患，不断提高学校安全工作管理水平”。

幼儿园安全工作管理应做到提高预测性，排除事故隐患。具体指幼儿园要积极主动地去发现可能存在的安全隐患，加强防范意识。要注意对幼儿进行简单的安全教育，提高幼儿的安全意识，如教育幼儿不要攀爬危险的地方，不能触碰电源插座和电线，不能随意玩弄火柴和打火机，不能将钱币、玻璃球等小东西含在嘴里等。

政策文本4-1

中小学幼儿园安全管理办法(节选)

第三条 学校安全管理遵循积极预防、依法管理、社会参与、各负其责的方针。

第四条 健全学校安全预警机制,制定突发事件应急预案,完善事故预防措施,及时排除安全隐患,不断提高学校安全工作管理水平。

(完整资源请查看:中华人民共和国教育部)

(三)组织有序,和谐自然

自然和谐的氛围,能够使幼儿在园内各项活动中自发成长。保教人员应根据幼儿身心发展特点,为幼儿创造和谐自然的生活条件,建立适宜的生活制度和常规,使各项活动循序渐进地开展。可参照《中小学幼儿园应急疏散演练指南》,落实各项安全演练工作,提升幼儿园应急疏散演练的组织和管理水平,将安全预防与组织有序结合,共创双层保护壁垒,维护好幼儿的安全与健康。

(四)制度与教育并重

幼儿园安全管理应遵循制度与教育并重的原则。首先,要重视安全制度的建设,包括园内安全制度、接送安全制度、食品安全制度、器械安全制度等,方方面面都要制定科学合理、切实可行的制度并坚决执行。其次,要重视对教职员工和幼儿的安全教育,带领教职工主动学习安全制度,掌握注意事项,使他们对安全管理要求有清晰的认识。

第二节 幼儿园安全工作管理的内容及方法

幼儿园安全工作是涉及全园各个部门的工作，如门卫、活动场所的设备安全，教师组织幼儿活动的安全等。全园各部门要高度重视幼儿的安全，加强有关制度的建立和落实，重视各种活动中的安全保护问题，并加强对幼儿的安全教育，提高幼儿自我保护意识，防止意外事故发生。

一、完善制度，明确职责

幼儿园安全管理制度是指幼儿园制定的规范、监督、调控幼儿园安全工作的规章①，是幼儿园所有工作顺利进行的保证，它关系着园内幼儿和教职员工的生命安全、身心健康，具有指引、规范及教育的意义。

典型案例

紫外线照射风波②

某大班幼儿到餐厅(地下一层)参加“烤饼”的教学活动。由于光线较弱，李老师去开灯。因紫外线灯开关与日光灯开关紧挨着，李老师误开了紫外线灯，直到活动结束时才发现，致使全班幼儿被紫外线灯照射了二十多分钟。

第二天，距紫外线灯较近的几名幼儿的脸和脖子出现脱皮现象，但并不严重，很多家长并未在意。但就在当天，当地的报纸恰巧转载了《新京报》的一篇报道：某大学研究生在毕业聚餐时被饭店紫外线消毒灯照射了2～3小时，出现严重脱皮症状，医生称不排除将来患皮肤癌的可能。这一报道引起了家长恐慌，家长们纷纷来到幼儿园交涉。迫于压力，园方组织该班所有儿童到当地正规医院检查，重点检查了皮肤和眼睛。结果表明，所有儿童视力正常，眼睛无灼伤，皮肤脱皮现象两三天就会恢复，不会有后遗症。医生还为每个幼儿写了诊治记录，阐明问题并不严重。但家长们仍有担心，普遍表示出对幼儿园的不满。

---

① 蔡连玉.幼儿园经营与管理[M].上海:华东师范大学出版社,2013:75.

② 程风春.幼儿园管理的50个典型案例[M].上海:华东师范大学出版社,2011:159-160.

后来，园长向众家长道歉，但家长们情绪非常激动，根本听不进去，园长开始逃避，后来家长直接找到园上级主管部门，要求主持公道。事情闹大后，幼儿园迫于各方面压力，只得请卫生防疫站、疾控中心等专业人员以及医生组成专家团，召开家长说明会，详细介绍了紫外线灯的原理，以消除家长的担忧。但仍有部分家长不依不饶，多次到幼儿园交涉，要求赔偿，要求幼儿园写保证书等。最后李老师受罚外调，园上级领导与家长进行多次协调后才平息此事。

思考题：

1.你觉得这则安全事故的主要负责人是谁？并说明理由。

2.结合案例谈谈，你觉得该幼儿园的处理方式合适吗？

3.如果你是这则案例中的李老师或园长，将如何处理或应对呢？

案例分析

这是一起典型的幼儿园安全事故。在本案例中，由于李老师的粗心导致该班幼儿暴露在紫外线灯下20多分钟。一是在开灯时，李老师没有注意区分紫外线灯和日光灯的开关；二是在整个活动中，李老师并未发现灯光颜色的异样，从而对幼儿造成了伤害。同时，因该园对事故的处理方式不当又给家长留下了不好的印象，导致家长直接告到上级部门，对幼儿园的声誉及工作造成了不良影响。

按照幼儿园的规章制度，李老师是本次安全事故的第一责任人。这件事故在一定程度上也反映出该幼儿园管理不善，由于紫外线灯开关的布置不合理，从而出现安全隐患。

幼儿园的安全工作必须面面俱到、细致入微，具备一环扣一环的安全工作网，每一项安全工作都有其相应的工作制度，使各责任人“有章可循，有法可依”，如《保健卫生安全制度》《交接班制度》《幼儿接送制度》《幼儿晨、午检制度》《园舍安全制度》《消防安全制度》《饮食卫生安全制度》《幼儿园校车安全制度》等。

为确保幼儿园安全工作管理制度更好地服务于幼儿园安全工作，第一，幼儿园必须建立一套符合本园实际情况的安全管理制度，明确规定各个岗位安全工作的内容，以及执行中应注意的事项；第二，应对这些制度广为宣传，使制度广为人知，并对其进行定期的检查与督促；第三，当在实践中发现安全问题时，应及时向有关部门汇报，并且认真分析发现的问题，以便采取有效的措施加以应对；第四，必须对幼儿园安全管理制度的合理性进行检验，如发现制度与园所安全管理实践有冲突，则必须及时地进行修订，使制度能够更好地指导实践；第五，对幼儿园发生的安全事故，需要相关责任人进行安全事故登记（表4-1）。

表4-1　幼儿园安全事故登记表

姓名	性别	年龄	班级
事故发生日期：　年　月　日		事故发生时间：	
事故经过情况：		经验教训：	
事故原因分析：		教师处理情况：	
家长对事故的反映情况：			

记载人：　　　　　　年　　月　　日

在安全管理中，实行“层层把关，防范第一，定人定岗”的安全工作管理模式，按照“谁主管，谁负责，谁在岗，谁负责”的原则，将各项安全管理工作细化分解，具体责任到人。如以班级为单位划分安全责任区和安全责任人，并每天填写班级隐患排查记录；园长定期或不定期召开安全工作会议，对安全工作进行计划、布置、总结和记录；保教人员做好安全工作的资料积累和归档工作；教职工积极配合派出所、街道、城管等有关部门对幼儿园周边环境集体整治，发现隐患，专人负责，定期整改等。

二、创设安全的幼儿园环境

《幼儿园管理条例》第十九条规定：“幼儿园应当建立安全防护制度，严禁在幼儿园内设置威胁幼儿安全的危险建筑物和设施，严禁使用有毒、有害物质制作教具、玩具。”

此外,《城市幼儿园建筑面积定额(试行)》《托儿所、幼儿园建筑设计规范》《托儿所、幼儿园卫生保健制度》等文件也确定了有关环境的安全标准。幼儿园要为幼儿准备温暖、舒适、安全的学习和生活环境,确保幼儿健康成长。

(一)幼儿园的物质条件应符合幼儿年龄特点,符合国家确定的安全标准①

1. 幼儿园的园舍、设施设备应是安全的

(1)幼儿园园舍基地应选择地势平坦、场地干燥坚实,易于排水的地段。幼儿园的建筑楼层不宜过高,最好不超过四层。为便于幼儿上下楼和保证幼儿安全,楼梯每一踏步不宜高于12厘米,踏步的深度约26厘米,楼梯的坡度不宜大于30度。楼房的楼梯应有扶手、平台应有护栏。楼梯栏杆高度不得低于120厘米,每个栏杆的间距不得大于11厘米。

(2)幼儿园设施设备应安全、无毒、无放射源、无气味。在材料的性质、款式、大小等方面适合幼儿的生理特点,边角需做成圆角,无锐利的棱角。

活动室内的家具要牢固,无尖角和裂缝,宜摆放在角落或靠墙的位置,数量以满足日常生活和幼儿活动的需要为宜。门上不宜加弹簧,以免碰伤。

(3)桌椅要安全、坚固适合就座幼儿的身材。幼儿的床不宜太高,一般为30—40厘米。儿童用床四周应有栏杆,必须坚固结实。床与床之间应留有过道,以便教师能够照顾到每个幼儿。

(4)幼儿园应按消防部门的要求配备足够的消防设施,有足够的走火通道。电灯及电源插座应安装在幼儿接触不到的地方,严禁幼儿自行开关电灯、电扇、电视机等。如有电线老化的现象,要及时处理,避免幼儿触电或发生其他伤害。热水瓶、火柴、刀、图钉等应放在幼儿拿不到的地方。全体教职工在每学期的开学初,应对教室里的每个角落进行全面检查,彻底排除不安全因素。同时幼儿园应制定《园舍及幼儿园设施设备安全事故应急预案》(小资料4-1)。

---

① 秦明华,张欣.幼儿园组织与管理[M].上海:复旦大学出版社,2005:124-126.

小资料4-1

《园舍及幼儿园设施设备安全事故应急预案》(节选)

一、应急职能小组

二、应急处置流程

1. 第一发现人立即报告园领导,有关人员迅速到达现场。

2. 稳定现场秩序,组织幼儿疏散撤离。

3. 组织有救援能力的教职工迅速有序开展自救,根据情况拔打120。

4. 向上级部门报告。

…………

三、日常预防措施

1. 加强教师、幼儿对幼儿园设施设备安全使用的学习,掌握正确的使用方法。

2. 定期开展设施设备安全隐患排查与整治。

完整资料来源:百度文库

2. 玩教具及生活用具的配备及管理

(1)玩教具的安全

儿童离不开游戏,游戏离不开玩教具。玩教具对儿童的全面发展有着积极的促进意义。玩教具的购置、使用及保管应注意以下几个方面。

①结实耐用。幼儿园的玩教具使用人数较多,容易破损的玩教具不仅造成经济损失,且会影响幼儿的活动,甚至对幼儿的肌肤造成潜在的危险。

②安全可靠。禁止使用对幼儿身体容易产生危害的玩教具。如布制玩具的填充物应选用无毒、质软的材料;玩具的表面要光滑,以防刺伤幼儿;玩教具体积不能过小,以防幼儿误吞;玩具的大小,轻重应适合幼儿使用等。

③不含有毒物质。禁止选用有毒材料制作的玩教具,如含有未充分缩合的酚和醛的酚醛塑料;加入有毒增塑剂的聚氯乙烯塑料;含有铅、汞、砷及其他有毒物质的颜料等,都必须在安全指标内,一般还应在有色颜料的上层涂抹2—3层透明胶,以形成牢固的保护薄膜。

④及时维修和保管。定期消毒,对残旧的玩教具要及时修理或丢弃。对大型户外玩具要经常检查、清洁,如沙池要定期清理,避免某些尖锐物体刺伤幼儿。

(2)生活用具的安全

第一,着装的安全

①幼儿着装安全是指服装扣子、带子等不会导致意外事故。幼儿服装要具备舒适、方便和安全的功能。女幼儿避免穿太长的裙子,以免影响活动,且易绊倒,发生意外。《婴幼儿及儿童纺织产品安全技术规范》明确规定,婴幼儿及7岁以下儿童服装头部和颈部不应有任何绳带。中央电视台《是真的吗》节目曾揭露儿童穿连帽衫玩耍的危害,并邀请清华大学力学实验教学中心蒋小林老师做模拟实验。最终实验结果显示,以体重为10公斤幼儿穿连帽衫从滑梯上滑下来为例,若连帽衫一端的绳子被卡住,那么绳子将瞬间受到约70公斤的力,是孩子体重的5—6倍,若孩子并非自己滑下,而是被身后的小朋友推下,那么绳子将瞬间受到约140公斤的力,是孩子体重的10多倍,这么大的力,易导致生命危险。

不要穿紧身衣、牛仔裤等。紧身的衣服会紧紧压迫住幼儿的腹部,不仅会造成呼吸困难,还会让腹部的器官受到挤压。小孩子的内脏正处于健全功能的关键期,外部的束缚会影响其生长发育。孩子在幼儿园活动量大,排汗多,紧身衣贴在身上不容易散热,可能会使孩子产生痱子、湿疹等皮肤病。

不要穿过大的衣物或鞋子。过大的衣服容易让幼儿迈不开腿,活动时可能会被绊倒,不方便幼儿四肢的活动。过大的鞋子可能会让幼儿在跑步时摔倒,另外,带跟的鞋子也可能会让幼儿崴到脚。

②教师不能穿太短、太窄、太长的裙子,以及太高的高跟鞋,以免当幼儿发生意外时,影响教师及时进行救助。幼儿教师在一日生活中都要组织户外活动,因此其着装必须便于开展户外活动。而且在幼儿活动中经常会发生一些预料不到的事情,如当孩子有危险动作时,教师需要在第一时间眼疾手快地做出反应。服装上的不便,会让教师反应滞后。因而幼儿教师在岗位上应穿休闲运动装和平跟鞋。

第二,文具的安全[①]

幼儿使用的画笔、铅笔、蜡笔及绘画颜料等,不能含有毒物质。笔杆上所涂颜料应不易脱落,不溶于水和唾液,如透明胶漆膜。

① 秦明华,张欣.幼儿园组织与管理[M].上海:复旦大学出版社,2005:126.

表4-2 可迁移元素的限量

产品名称	元素的最大限量							
	锑 Sb	砷 As	钡 Ba	镉 Cd	铬 Cr	铅 Pb	汞 Hg	硒 Se
油画棒,蜡笔、水彩画颜料、橡皮擦、修正液、修正带、修正贴、修正笔;水彩笔、自来水笔、油墨圆珠笔,中性墨水圆珠笔、水性墨水圆珠笔、记号笔、白板笔,荧光笔、铅笔、油墨/墨水、铅芯;可触及的学生用品的印、刷、涂部分。	60	25	1000	75	60	90	60	500
彩泥	10	10	350	15	25	25	10	50

第三,药品、有毒物品要妥善保管

①药品的保管

建立严格的药品保管制度。药品应放置在固定位置,内服药、外用药严格分开,并贴上标签,专人保管,置于幼儿接触不到的位置。

②安全用药

给幼儿服药前,要仔细核对姓名、药名、剂量等,切勿拿错药或服过量。确保幼儿按时吃药,并做好交接班记录。同时,应熟悉《幼儿园用药安全指导》(小资料4-2)

小资料4-2

《幼儿园用药安全指导》(节选)

1. 严格把握用药时间
2. 严格把控药量
3. 吃止痛药要留心
4. 服糖浆类药物的注意事项
5. 服抗组织胺类药物的注意事项

6. 耐心对待服药幼儿

详细内容请查看:儿童早教网

③消毒剂和杀虫剂

妥善保管消毒剂和杀虫剂等有毒物品。不得让幼儿使用或帮老师拿消毒剂和杀虫剂。不要用带有其他口服药品的空瓶去装有毒药品。不要让幼儿接触有毒药品和盛有有毒物品的容器,以免发生意外。

此外,幼儿园玩教具、生活用具等必须按时消毒并记录(表4-3),并确保存档。管理者应将其档案分类保管和存放。

表4-3 幼儿园班级消毒登记册

班级:

年　　月　　日

消毒物品	消毒方法	消毒时间	保育员签字
椅子课桌	84消毒液擦拭		
玩具橱、书橱	84消毒液擦拭		
门、门把手	84消毒液擦拭		
厕所、室内地面	84消毒液喷洒、擦拭		
水杯	消毒柜消毒		
塑料玩具	84消毒液浸泡		
木制玩具	84消毒液擦拭		
图书	照射		
被褥	清洗照射		
毛巾	照射、热水烫洗		

(二)创设良好的精神环境

除了创建安全的物质环境以外,幼儿园还应当重视心理环境的创设。《幼儿园教育指导纲要(试行)》指出:“教师的态度和管理方式应有助于形成安全、温馨的心理环境,言行举止应成为幼儿学习的良好榜样,教师应以关怀、接纳、尊重的态度与幼儿交往。”教职人员要根据幼儿的情绪和行为表现反思、调整和改进精神环境。

1.重点关注和谐的班级氛围和互帮互助的家园关系

在班级中营造温暖的、积极的、支持的环境,使幼儿情绪安定、心情愉快。让幼儿感到“老师像妈妈”“幼儿园就是另一个家”,减少分离焦虑,使幼儿产生心理安全感。

2.建立平等的师幼关系

教师应对幼儿多支持、多接纳、多表扬、多鼓励、多关注、多信任,例如以亲切、平等、尊重的态度积极主动地与幼儿交往;多给他们自由,多让他们自主地形成融洽、和谐、健康的人际关系等。积极健康的师幼关系也是幼儿获得心理安全和心理自由的重要保障。

3.帮助幼儿形成良好的同伴关系

良好的同伴关系能够为幼儿提供交往、合作、分享的机会,具有促进幼儿社会性发展的作用。教师应该做到:一是为幼儿同伴交往与合作创造条件;二是指导、帮助幼儿用适当的方式与同伴交往,重点指导幼儿形成合理的人际交往方式;三是引导幼儿学会倾听并尊重同伴意见;四是鼓励幼儿关心、帮助同伴。

幼儿的安全极易受到意外事故的影响,减少意外事故的发生是保证幼儿安全的重要举措。诱发意外事故的原因往往分为主观和客观两个方面。幼儿园环境的设置不当,将会成为诱发意外事故的客观因素,一定要避免环境中的不安全因素,消除安全隐患可能给幼儿带来的意外。

三、开展师幼安全教育,提高全员安全意识

教师是幼儿园安全工作的主体,开展教师安全教育培训能促使幼儿园安全管理的常规化和标准化。幼儿作为教师安全管理的主要参与者,对其进行适当的安全教育,教会他们自我保护的技能和方法,有利于提高安全意识,增强自我保护的能力。

(一)对教职工开展幼儿安全知识教育

1.教师应了解幼儿安全教育的目标,同时制定相应的计划

首先,对幼儿进行安全教育,要了解安全教育的总目标,做到方向明确,措施得力。幼儿发展领域目标中的关于自我保健的总目标是:形成初步的自我保护意识,积累安全与健康的必需常识,初步了解运动、卫生、安全与自身的关系。在此基础上了解《3—

6岁儿童学习与发展指南》中幼儿安全知识和自我保护能力的年龄目标(见表4-4)。

表4-4　目标3:具备基本的安全知识和自我保护能力[①]

3—4岁	4—5岁	5—6岁
1.不跟陌生人走,不吃陌生人给的东西。 2.在提醒下能注意安全,不做危险的事。 3.在公共场所走失时,能向警察或有关人员说出自己和家长的名字、电话号码等简单信息。	1.知道在公共场合不远离成人的视线单独活动。 2.认识常见的安全标志,能遵守安全规则。 3.运动时能主动躲避危险。 4.知道简单的求助方式。	1.未经大人允许不给陌生人开门。 2.能自觉遵守基本的安全规则和交通规则。 3.运动时注意安全,不给他人造成危险。 4.知道一些基本的防灾知识。

其次,在安全教育目标的指引下,制定具体的安全教育活动计划。使幼儿园的安全教育工作有目的、有计划地进行,贯穿于幼儿园整个教育教学活动的始终,使幼儿园的安全管理工作按部就班地进行。

2.组织教职员工的安全培训与考核

对幼儿园教职员工进行相关安全知识和技能方面的培训是提高其安全素养的有效途径。

教职员工安全培训的方式,从组织主体看,包括幼儿园自己组织的培训和政府相关部门组织的安全培训以及教职员工自主开展的学习等;从模式上看,有专家讲座、经验交流、操作练习、日常工作会议等;从形式上看,分为集体培训、小组培训和个别培训。安全培训的内容包括幼儿园安全管理制度、各项安全任务执行程序和标准、幼儿常见疾病的预防、常见护理技术和急救术、安全应急演练等。

安全考核能有效保证安全职责落实到位。考核重点是教职员工对安全知识、安全技能的掌握情况,安全意识的高低,日常工作中安全行为习惯是否良好,以及安全事故发生的频率高低等。在考核方式上,应以过程性考核为主,结果性考核为辅,以日常工作中的安全意识为考核重点,且在安全考核中将制度要求与实际情况相结合。安全考核的目的是不断提高教职员工的安全意识和安全能力,保证自身和幼儿的安全。

① 中华人民共和国教育部.3—6岁儿童学习与发展指南[M].北京:首都师范大学出版社.2012:14.

（二）加强对幼儿的安全教育

1.安全教育的内容

幼儿身体的各个器官、系统尚处于不断发育的过程中，其机体组织比较柔嫩，发育不够完善，机体易受损伤，易感染各种疾病。同时，幼儿的认知水平较低，缺乏自我保护意识。因此，对幼儿进行初步的安全知识教育和安全自救技能培养极为重要。

（1）交通安全教育

对幼儿进行交通安全教育不容忽视，其教育内容主要包括：

①了解交通规则。如“红灯停，绿灯行”，行人走人行道，上街走路靠右行，不在马路上踢足球、玩滑板车和轮滑、奔跑、做游戏，不横穿马路等（图4-1）；

②认识交通标识。如红绿灯、人行横道线等，并且知道这些交通标识的意义和作用。过马路要走斑马线，听从交警指挥（图4-1）；

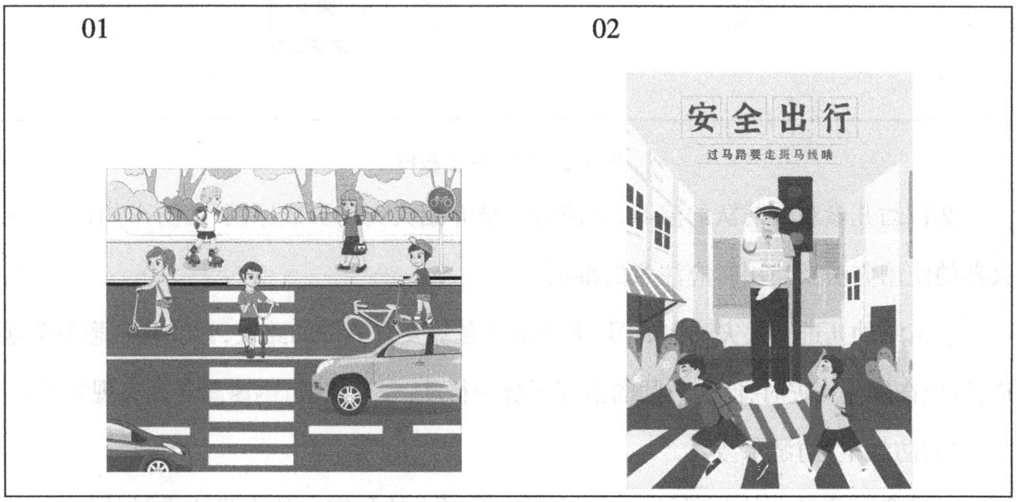

图4-1　幼儿安全出行

③养成遵守交通规则的良好习惯，教育幼儿从小要有交通安全意识；

④在乘车时，要注意指导幼儿掌握乘车规则，如头、手不能伸出窗外，不能在车内打闹、跑动，车停稳后按顺序上下车，不相互推挤；

⑤教育幼儿注意幼儿园内的交通安全，如上、下楼梯要靠右走，不推挤。除特殊活动外，园内不允许奔跑，尤其不能猛跑猛停，推挤碰撞等。

（2）消防安全教育

幼儿知识经验不足，常常意识不到火灾存在的潜在危险。因此，应让他们知道在什么情况下将会发生什么危险，怎样做能避免火灾的发生或者减少危险的程度。同时，还要教给他们预防意外事故发生的应急措施，主要包括：

①让幼儿掌握简单的自救技能。如教育幼儿一旦发生火灾要马上逃离火灾现场，并及时告诉附近的成人；当自己被烟雾包围时，要用防烟口罩或干、湿毛巾捂住口鼻，并立即趴在地上，在烟雾下面匍匐前进，并掌握基本的消防安全知识(图4-2)；

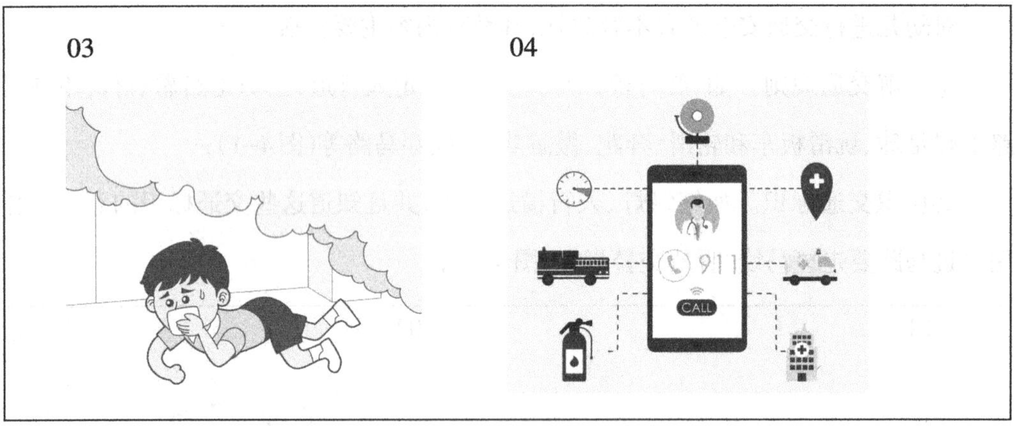

图4-2 消防安全教育

②带幼儿参观消防队的演习，请消防队员介绍火灾的形成原因、消防车的作用、灭火器的使用方法及使用时应注意的事项；

③组织幼儿进行火灾疏散演习，事先确定各班安全疏散的路线，让幼儿熟悉各个通道，以便在发生火灾时，能在教师的指挥下统一行动，安全疏散，迅速离开火灾现场等。

(3)防触电、防溺水教育

通过多种途径向幼儿展示水、电的用途及对人的危害。认识身边常见的标志，如禁烟、禁火等，懂得水、电的危险。

对幼儿进行防触电教育：

①要告诉幼儿不能随便玩电器，不拉电线，不用剪刀剪电线，不用小刀刻画电线，不将手、铁丝等插到电源插座里(图4-3)；

②要告诉幼儿，一旦发生触电事故，不能用手去拉触电的孩子，而应及时切断电源，或者用干燥的竹竿等不导电的物品挑开电线等。

图4-3　幼儿防触电安全

对幼儿进行防溺水教育：

①要告诉幼儿不能私自到河边玩耍；

②不能将脸闷入水中；

③不能私自到河里游泳；

④当同伴失足落水时，要及时就近叫成人来抢救。

(4)幼儿玩具安全教育

游戏是孩子的天性，玩具是孩子的最爱。幼儿玩不同的玩具，应有不同的安全要求。

①玩大型玩具滑梯时，要告诉幼儿不拥挤，前面的幼儿还没滑到底及离开时，后面的幼儿不能往下滑；

②玩秋千架时，要注意坐稳，双手拉紧两边的秋千绳(图4-4)；

③玩跷跷板时，除了要坐稳，还要双手抓紧扶手(图4-4)；

图4-4　正确抓握秋千和跷跷板

④玩中型玩具游戏棍时，不得用棍去打其他幼儿的身体，特别是头部。玩小型玩具玻璃球时，不能将它放入口、耳、鼻中，以免造成伤害等。

幼儿园要重视和加强对幼儿的安全防护教育，让幼儿在长期潜移默化的教育氛围中增强安全意识，掌握安全知识，学会自我保护，使安全管理工作既达到保证幼儿安全的目的，又能提高幼儿安全防护的能力。

2.安全教育的方法①

对幼儿进行安全教育，必须根据幼儿的身心发展水平和特点进行。在教育方法上，教师可采取示范与讲解相结合，以及游戏的方式，注意正面引导和随机教育，把安全教育落到实处。下面介绍几种常见的安全教育方法。

(1)环境教育法——通过浅显易懂的环境创设让幼儿感受安全教育的知识

环境创设是幼儿园最直观的教育方法。让幼儿在环境中潜移默化地受到熏陶、感受安全教育。幼儿园可以通过有趣的图片、漫画、标志符号、照片、宣传画等布置安全宣传栏或墙饰。在活动室周围和楼梯、过道两旁贴上安全标记图，用来提示幼儿，如小心触电、当心危险、上下楼梯按指示箭头行走、不推挤以免碰撞等。还可以利用大量的废旧物和玩具等物资，创设“警察岗亭”“公共汽车”“救护中心”“消防大队”等区角，让幼儿在角色游戏中掌握交通安全规则、火灾或生病急救的报警电话和抢救方法等。

(2)活动体验法——通过丰富多彩的主题活动让幼儿掌握安全防护的技能

活动是幼儿园教育的主要渠道，通过开展一系列安全主题活动，让幼儿亲身经历体验整个过程，增强安全意识，提高自我保护能力。例如，开展“发生火灾怎么办?”的主题活动，通过观看录像、图片等，使幼儿初步感知火对人们的帮助和害处，通过模拟逃生的游戏，使幼儿了解安全自救逃生的常识，增强自我保护意识。

(3)趣味游戏法——通过生动有趣的游戏强化幼儿安全自救的技能技巧

游戏是幼儿园的主要活动，是幼儿园最有效的教育方式。要充分利用游戏活动，将自我保护的内容融入游戏之中，让幼儿在轻松、愉快的气氛中，得到安全自救技能的训练。例如，通过“这是谁的号码?”“关键时刻呼叫谁”等主题活动，让幼儿在游戏中练习拨打电话，巩固他们对“110”“119”“120”等特殊电话号码的认识。

---

① 秦明华，张欣.幼儿园组织与管理[M].上海:复旦大学出版社，2005:132-134.

(4)日常渗透法——将安全教育渗透于一日生活的各个环节

幼儿一日生活的各个环节都是安全教育的最好时机,如晨检、午餐、散步、盥洗、户外活动、自由活动等。幼儿教师、保育员、保健员、厨师等都应成为安全教育员,时时抓住机会对幼儿进行安全教育。例如晨检时,保健员要注意检查幼儿口袋是否装带尖锐的器具或小珠子等入园,以防自由活动或午睡时戳伤或塞进耳、鼻、口等;午餐时,保育员要提醒幼儿餐前洗手,以防病从口入等。

(5)家园互动法——家园密切配合进一步深化幼儿的自我保护教育

重视家园合作,统整各方资源,形成教育合力,加强对幼儿的安全教育。例如,家长应尽量让幼儿做力所能及的事情,培养幼儿的自理能力,使幼儿学会照顾自己的基本生活,如天气冷了会自己加衣服、饭前能自觉洗手、身体不舒服时知道主动寻找帮助等。同时,教师要充分利用家长这一教育资源,根据他们不同的工作岗位,丰富安全教育的内容和形式。

幼儿园的安全教育是个长期而复杂的过程,除了以上介绍的几种方法之外,教师可以在教育教学活动中积累经验,从中找到行之有效的方法,从而更有效地促进幼儿园安全工作管理的顺利进行,保证幼儿在园安全。

本章小结

结合幼儿园管理的特点,本章重点介绍了安全工作管理在幼儿园工作中的地位和意义、幼儿园安全工作管理的内容及原则等。核心内容总结如下:

1.幼儿园安全工作管理的意义:幼儿园安全工作管理有利于保护幼儿的生命、促进幼儿的健康,为教师营造安全的学习和工作环境,并确保幼儿园保教工作的有序开展。

2.幼儿园安全工作管理的原则:幼儿园安全工作管理应遵循民主管理、以人为本,预防为主、防患于未然,组织有序、和谐自然,制度与教育并重的原则。

3.幼儿园安全工作管理的内容及方法:讨论幼儿园安全管理制度、幼儿园环境及师生安全教育的内容,并结合实际案例,分析幼儿园安全管理存在的问题及实施建议等。

思考与实训

1.分析幼儿园中可能出现的突发事件类型,讨论应急对策。

2. 请课外查找教育部颁发的《中小学幼儿园应急疏散演练指南》，学习该指南的内容，讨论幼儿园应该怎样贯彻落实其要求。

3. 结合实际，说一说幼儿园安全工作管理中应注意避免什么问题？

4. 结合下面的案例，试分析造成事故的原因及幼儿园安全工作管理的重要性。

某班幼儿在午睡前，先进去的几名幼儿在过道玩，有一名幼儿不小心被撞到地上，其他幼儿赶紧告诉老师。教师立即检查，该幼儿没有外伤。到起床时，下午班的教师发现该幼儿抬不起胳膊，翻开衣服发现右肩处红肿，教师立马将幼儿送进医务室。保健大夫检查后，建议马上到附近医院拍片检查。经检查，该幼儿锁骨骨折，医生作了处理。教师将幼儿领回幼儿园并通知其父母。母亲来园后，询问情况，将幼儿领回。第二天，家长找到幼儿园，提出让幼儿住院的要求。

专题探讨

幼儿园安全事故较为普遍，除轻微的皮外伤、幼儿疾病、幼儿之间矛盾等引起未造成严重后果的小事故外，恶性事故也屡屡出现：2004年8月北大医院幼儿园16名幼儿被歹徒砍伤；2006年5月河南某幼儿园纵火烧死幼儿10人，烧伤6人；2007年11月潮安县某幼儿园一名幼儿在游戏中受伤，造成重度颅脑外伤，出现颅内血肿、脑疝症状；2019年济南某幼儿园46名幼儿感染志贺氏菌、海南4岁男童被遗忘校车内死亡；2020年湖南益阳4岁幼童在幼儿园趴睡死亡；2021年5月陕西西安某幼儿园6岁幼童遭老师捶打，孩子皮下软组织损伤，并出现严重的心理疾病……这些重大事故引起了全社会的极大关注，一度成为社会焦点。

探讨：这些安全事故为幼儿园安全工作管理会带来什么样的挑战？你如何看待这些现象？试讨论幼儿园安全事故发生的原因、社会影响及管理对策。

第五章

幼儿园保教工作管理

学习目标

知识目标：

- 熟悉幼儿园保教结合的概念、特点与意义；
- 了解幼儿园保教管理工作的内容与方法；
- 正确认识幼儿园教学、课程及教科研管理中存在的问题。

技能目标：

- 运用幼儿园保教管理的基本原理分析教育实践中存在的问题；
- 尝试提出解决幼儿园教育管理问题的策略与思路；
- 形成从事幼儿园保教管理的实施能力与素养。

学习重难点

- 重点：掌握幼儿园保教管理、班级保教活动、课程管理及教科研活动管理的内容，能正确认识和理解幼儿园保教管理工作中存在的问题。
- 难点：能够运用幼儿园保教管理的基本原理分析学前教育实践中存在的问题，并根据问题提出解决对策。

案例破冰

幼儿教师该不该参与课程的管理？

王老师，活泼大方，深得家长和小朋友的喜爱，敢于向园长转达家长意见，为幼儿园工作献计献策，深得教职工的认可。可是，最近她工作无精打采，也不参加幼儿园组织的任何活动，甚至见到园长，扭身就走。这究竟是为什么呢？原来是在开展“幼儿园课程体系建构”的论坛活动中，教师们不赞同园长的课程建设方案，王老师正想要表达自己的见解，被园长强制制止了。王老师很气愤与园长吵了起来，觉得园长不民主，不注重幼儿园课程建设和管理的多元主体性，开始冷对抗园长的指令，此事对幼儿园的保教活动正常进行也产生了影响。

问题：你认为该园长的做法科学吗？如果你是王老师，面对园长的固执己见，你会怎么做？如果你是园长，你如何对幼儿园课程的建构与实施进行管理？你是否赞成全体教师参与幼儿园课程的建设呢？本章将帮助学习者熟悉幼儿园保教管理的基础知识，提高保教管理的实践能力，并为我们解答上述问题。

第一节 幼儿园保教工作的地位和作用

保教工作是落实幼儿园目标任务的重要载体。遵循保教相结合的原则，就是遵循幼儿身心发展规律的要求，体现着幼儿园管理工作的特点和要求。分析各年龄班保教管理工作的特点，制定科学的、合理的、程序化的保教常规，规范保教工作的实施，既有利于保教工作的整体管理，更有利于保教质量发展。

一、保教结合的含义

古时保教是指遵守教化。《国语·越语下》"事无闲，时无反，则抚民保教以须之。"韦昭注："保，守也。"当前是指在托幼园所、社会福利机构及其他保育机构中，对婴幼儿进行保健、养育和教育。当前世界主要国家的早期教育多注重保教结合，例如，2021年3月英国早期教育阶段项目提供的全面、灵活的早期保教框架（小资料5-1），2014年欧盟的早期教育计划有专门针对幼儿教育和照料（ECEC）质量的评估（小资料5-2）。

"保"，指保护幼儿的健康，包括身体、心理及社会适应等。身体方面包括照料幼儿的生活，供给幼儿生长发育的必要营养，预防疾病和事故，增进幼儿体质，使他们拥有健康的体魄；心理方面注重幼儿健康、积极的情感培育；社会适应方面指培养幼儿探索环境、适应社会的能力，使幼儿不仅有与他人交往的勇气，还要掌握与他人交往的技巧等。

"教"，指教育教学，是有目的、有计划、有系统地实施影响幼儿身心发展的活动。例如，合理安排幼儿的生活、锻炼，培养幼儿良好的生活卫生习惯；丰富幼儿的知识经验，发展智力、语言能力；提高幼儿的社会适应性，培养积极情感和个性品德。

保教结合，意味着保育与教育相互结合、包含、渗透，构成充分的有机联系，即教中有保，教育中有着保育的内容，保育活动渗透着教育内容，教育活动中蕴含保育要素（表5-1）。

表5-1 幼儿园保教融合

活动名称	保育目标	教育目标
小小眼睛	培养幼儿良好的用眼卫生习惯,让幼儿学会爱护眼睛	指导幼儿认识眼睛的重要作用和掌握保护眼睛的方法
鼻子的故事	注意养成保护鼻子的良好习惯	引导幼儿认识鼻子的形状、构造和功能
好吃的蔬菜	培养幼儿良好的饮食态度,养成不挑食、不偏食的习惯,逐渐喜欢吃各种蔬菜	引导幼儿分辨各种蔬菜的色香味、了解蔬菜的营养、知道蔬菜的名称和外形特征

二、保教结合的价值和意义

幼儿园保教结合,保教一体化实施旨在培养全面、整体、可持续发展的"完整儿童"。保教结合是幼儿园发展的指引方向和总体规划。

(一)确保幼儿全面、和谐发展

幼儿发展具有整体性,这具有两层含义。第一,从宏观上说,个体的身心发展具有整体性特征。幼儿不是一个"单面人",是有着多层次生命需要的完整统一体,是全面和谐发展的"完整儿童"。例如,幼儿的智力发展是全脑功能状态的体现,不是单纯通过认知活动、智力训练就可以提高,兴趣和情感也是重要影响因素。第二,从微观上说,幼儿的心理过程是整体发展的。幼儿的知情意是整体发展、相互联系的。例如,幼儿的认知方式,带着一种原始性的整体心智系统,以整体感知的方式去建构和联系外界。幼儿园保教结合,保教一体化实施有利于充分利用保教资源,为幼儿均衡发展"保驾护航",促进幼儿全面发展。

(二)关联式促进幼儿的可持续发展

幼儿的发展是一个交织着质变与量变的持续变化过程。首先,幼儿发展是对已有发展特点的继承与延续。例如,幼儿思维处于前运算阶段,既有婴幼儿感知运动思维的"影子",也有逐渐成熟、趋近下一阶段的思维发展特点。其次,幼儿发展不是脱节的，任何一个阶段的发展都有独特意义。幼儿的每一次成长、质变的转折点，都是长期发展、积累量变的结果。幼儿园保教结合是"关联式"促进幼儿可持续发展的有效途径，可以关联幼儿园、家庭、社会等影响要素。制定相互联系的保教目标，也应关联幼儿的过去、当下和未来，制定连续性的保教目标。这既着眼幼儿未来的发展，也立足于已有的经验和特点、注重当下的生活和体验，即承前启后，又有一定的梯度，有利于引导幼儿获得更高水平的发展。

（三）满足幼儿个性发展的需要

在保教活动中，幼儿不仅是保教的对象，更是保教的主体，是通过自身参与、自主建构，将保教内容转化为内在经验，促进自身的发展。幼儿主体性的特点包括：第一，幼儿有内在学习动机、与生俱来的探究欲望；第二，亲身体验、直接感知的学习方式。如：吃饭时，桌上撒了汤，小虎先用手点了点，再用手在桌上画。弄来弄去还嫌不够，点了点汤汁在衣服上画，看到衣服上留下的印记，小虎很开心，准备再往其他小朋友脸上点。对于孩子而言，这是自主探索、感知体验的过程，也正是学习的过程；第三，每个幼儿的发展都是不平衡的，亦有自己的发展速率。保教人员应接纳幼儿多样化的探索，设定适当"粗放"的保教目标，给幼儿自主探索的空间，优化幼儿园保教，满足幼儿个性发展。

小资料5-1

英国的早期基础阶段计划，旨在为所有0—5岁儿童学习和发展的各个领域提供支持，以便他们能获得更好的发展，并规定所有早教机构都必须遵守EYFS（Early Years Foundation Stage）计划。EYFS是一个全面、灵活的保教框架，以确保实践工作者能制定适合每位儿童的发展计划。EYFS的基本原则：只有具备高质量的照料、发展和学习，三者共同作用才能为儿童发展提供最大、最有利的影响；孩子从出生起就是有能力的学习者，他们与其他儿童和成年人的关系发展的重要性……（完整资源见课程资源包）

小资料5-2

欧盟委员会在Proposal for Key Principles of a Quality Framework for Early Childhood Education and Care中指出：高质量的幼儿教育和照料(ECEC)是所有儿童终身学习、融入社会、个人发展和后来就业能力的重要基础。优质和可利用的ECEC系统对于增强所有个人的成功生活能力同样重要。为幼儿提供高质量、负担得起的幼儿教育和照料应重点突出五个领域的原则，包括：获得服务、劳动力、课程、评价和监测。(完整资料见课程资料包)

三、幼儿园保教工作的地位

(一)保教工作是幼儿园全部工作的中心

幼儿园以保教工作为中心，这是由幼儿园的性质和任务决定的，突出了学前教育管理的特点和规律。从性质和任务来说，幼儿园工作是一个完整的统一体，包括卫生保健工作、总务后勤工作、师资队伍建设等，这些工作都服务于保教工作，如做好卫生保健工作，是为了更好地保育幼儿，确保幼儿的健康成长。从教育时间来看，保教工作贯穿幼儿园工作的始终，如渗透于集中教育活动、一日生活活动、区域活动、亲子活动等；从工作内容来看，幼儿园的所有工作离不开保育和教育，他们是所有工作实施的出发点和落脚点。

(二)科学保教是优质学前教育的核心

科学保教是提高学前教育质量的前提和基础。《幼儿园工作规程》对幼儿园性质做了明确规定："幼儿园是对3周岁以上学龄前幼儿实施保育和教育的机构，幼儿园教育是基础教育的重要组成部分，是学校教育制度的基础阶段。"作为社会公共教育机构，担任着为幼儿和家长服务的双重任务。保育和教育好幼儿是基础、是主导，也是幼儿园全部工作的重心。科学保教是实现为家长服务的目的，是促进幼儿全面发展的重要保障，也是优质学前教育的核心。幼儿园不仅应重视学前教育的社会福利性、公益性和服务性等，同时也应该加强对保教工作科学性的重视。

四、幼儿园保教工作管理的作用

《幼儿园工作规程》规定幼儿园的任务是：贯彻国家的教育方针，按照保育和教育相结合的原则，遵循幼儿身心发展特点和规律，实施德、智、体、美全面发展的教育，促进幼儿身心和谐发展。三个核心词是：保育、教育、发展，从儿童发展的远景看，三者应是"一体式"的融合状态，即保中有教，寓教于保（表5-2），促进发展。如主题教育活动"我会漱口"，该内容体现"寓教育于一日生活之中"，使幼儿生活"教育化"，既属于保育范畴，帮助幼儿养成良好的漱口习惯，保护幼儿的牙齿健康，也蕴涵有教育的意义，让幼儿知道保护牙齿的重要性，同时，也有利于实现幼儿身心健康发展的终极目标。

表5-2　幼儿园保教工作的融合

事项	保育工作	教育工作
接待幼儿	向家长了解幼儿情况，对幼儿昨晚今晨的健康情况做到心中有数	教育幼儿有礼貌，使用礼貌用语
喝水	照顾幼儿每日喝足够量的水，提醒幼儿知道渴了会接水喝	教育幼儿接水时，要互相谦让，不浪费水
进餐	餐前餐后不做剧烈活动，不催促，让幼儿细嚼慢咽，饭后漱口	注意力要集中，定时定量，不浪费粮食，桌面整洁

首先，强化园长保教管理的意识。园长通过保教工作管理，能够对保教结合有更深层次的认识，有利于为幼儿园制定科学的保教制度，积极调整管理方式，并提出科学的保教建议。

其次，有利于保教人员科学保教。通过具体的教育教学活动发现保教工作存在的问题，进行归类、分析和探究，将问题进行提炼、追根溯源。这有助于保教人员吸取教训，积累经验，科学保教。

最后，有利于提高学前教育质量。幼儿园保教管理的过程是科学制定计划、有效落实计划并积极总结的过程。计划是行动的纲领，园长可提前制定保教工作计划，包括保教工作目标、内容及人员分配等。计划制定的目的在于执行，执行中应注意对保教工作的检查与指导、教师教研工作的培训、保教管理工作的评价等，这是提高学前教育质量的关键。总结是保教管理工作的最后一个环节，既是对上一阶段工作的整理与评析，也可以为下一段工作做好铺垫和提供依据，这是优化学前教育质量的桥梁。

第二节 幼儿园保教结合原则的实施

“科学保教”是发展优质学前教育的迫切需求，提升保教工作的专业化水平是幼儿园质量提升、事业可持续发展的重要保证。幼儿园保教一体化的提出，符合幼儿身心发展规律，既延续了我国幼儿园保教关系的内在发展趋势，也反映了时代挑战和国际潮流等外在影响。

一、坚持保教结合原则的必要性

（一）坚持保教结合，是幼儿身心发展的需要

幼儿是不成熟的个体。不成熟包括两个方面：第一，生理的不成熟。3—6岁儿童骨骼处于发育中，骨骼易受损、变形；肌肉力量弱，耐久性差，易疲劳；膀胱小，排尿频繁等。第二，心理的不成熟。有与生俱来的好奇心和探究欲望，但缺乏稳定的个性和自我控制能力，习惯和行为易受外界环境的影响，表现出泛灵论、自我中心的特点。因此，幼儿园保教不能仅理解为对幼儿身体的照顾和知识技能的传递，还应包括对幼儿心理、社会适应、个性品质的培养与指导。保教一体化目标的实施，应以幼儿“身心健康”为基础，以“一致性”为要求，培养幼儿生活自理能力，通过家园合作，予以正确、适宜且一致的引导和帮助。

（二）保教一体化是科学保教的价值诉求

20世纪，随着社会和医学的进步，人们对健康的认识进入了新阶段，突破了“无病、四肢健全”的狭隘健康观，对健康的解释从“生物医学模式”扩展到“生物-心理-社会医学模式”，形成了以“躯体健康、心理健康、社会适应”为内核的健康观，这三位一体的健康观对幼儿园保育和教育内容提出了新的价值诉求，促使“三教轮保”模式在幼儿园推行，这有利于保教一体化原则在幼儿园的落实。

政策解读5-1

《幼儿园教育指导纲要(试行)》(2001年)提出“幼儿园教育应尊重幼儿的人格和权利,尊重幼儿身心发展的规律和学习特点,以游戏为基本活动,保教并重,关注个别差异,促进每个幼儿富有个性的发展。”《国务院关于当前发展学前教育的若干意见》(国发〔2010〕41号)提出幼儿园应“坚持科学保教,促进幼儿身心健康发展。”《幼儿园教师专业标准(试行)》(2012年)在“专业理念与师德”中指出“注重保教结合,培育幼儿良好的意志品质,帮助幼儿养成良好的行为习惯。”《3—6岁儿童学习与发展指南》(2012年)指出:“帮助幼儿园教师和家长了解3—6岁幼儿学习与发展的基本规律和特点,建立对幼儿发展的合理期望,实施科学的保育和教育,让幼儿度过快乐而有意义的童年。”《幼儿园工作规程》(2016年)第四十一条规定:“幼儿园教师应参加业务学习和保育教育研究活动,定期总结评估保教工作实效,接受园长的指导和检查。”《国家中长期教育改革和发展规划纲要(2010—2020年)》提出幼儿园应“遵循幼儿身心发展规律,坚持科学保教方法,保障幼儿快乐健康成长。”从已有政策来看,遵循幼儿身心发展规律,加强对幼儿园保教工作的指导,坚持保教一体化原则,是落实幼儿园任务的重要载体。

二、保教结合原则的实施

在幼儿园保教工作中,保与教是在同一过程中实现的,不是分别孤立进行的,幼儿一日活动中的每个环节都渗透着保育与教育,它们相互联系、相互渗透,共同促进幼儿的发展。

(一)科学制定保教工作计划

保教主任直接领导和管理各班级的保教工作,依据保教长远规划制定学期或学年保教计划。幼儿园保教工作计划包括对上学期保教工作的分析(幼儿和教师的发展、保教工作的实施、家园共育、教科研情况等)和对本学期的保教工作计划(保教目标和重点任务的确定、逐月工作安排等),需制定近期目标和重点任务,提出与全园各项工作目标相一致,并具有操作性的保教目标。同时,应对保教工作任务进行分解,划分到各部门或具体负责人,在时间上做出较为详细的安排,使保教工作变得更加科学和切实可行。

(二)创造良好的、和谐的保教环境

《幼儿园教育指导纲要(试行)》中明确指出:“环境是重要的教育资源,应通过创设并有效地利用环境促进幼儿的发展。”环境是幼儿的第三位老师,是实施保教结合,促进幼儿发展的必要条件和基础。[①]一方面,幼儿园的园舍设施、教具玩具、生活用具的建设或配备,必须符合安全、卫生的标准,适宜于幼儿的年龄特征,能够满足保育和教育的需求。另一方面,创设良好的精神环境和人际心理环境,如创造宽松愉快的幼儿园环境、尊重和关爱幼儿等,这是促进幼儿身心健康发展的重要途径。

(三)科学设计幼儿园保教活动

科学合理的保教活动设计是促进幼儿及教师专业发展的重要保障。从目前来看,幼儿园保教活动的设计日趋合理和科学,但仍存在保教内容陈旧且缺乏针对性,保育活动的无目的性,以教育为主,保育为辅等问题。首先,应强化科学保教的意识。规范开展一日保教活动,立足幼儿发展需要,依照不同阶段幼儿的发展状况开展幼儿的一日活动,持续反思保教工作是否尚存瑕疵。其次,落实幼儿园保教工作。园长应积极履行保教职责,按时制定保教活动计划,教师应认真组织保教活动,将保育工作与教育工作有效融合,在确保幼儿健康成长的同时,能够促进幼儿体、智、德、美等全面发展。

---

① 董旭花,韩冰川.自主游戏——成就幼儿快乐而有意义的童年[M].北京:中国轻工业出版社,2021:21

第三节　幼儿园保教工作的内容与程序

幼儿园保教管理是通过园长或业务园长、保教主任、教研组(年级组)、班级来运转,共同制定保教工作计划、建立保教工作管理制度,并对幼儿园保教工作进行总结,其中管理者起主导作用,被管理者处于主体地位,二者双向共振,形成合力。

一、幼儿园保教工作的内容

(一)制定保教工作计划

计划是行动的纲领,对幼儿园保教工作的实施具有指导作用,制定符合本园的保教工作计划,是有效开展幼儿园保教工作的前提。

首先,制定全园保教工作规划。幼儿园保教工作,由园长或业务园长承担保教高层的管理,负责制定本园的保教工作目标和计划,建立适合本园的保教组织机构和规章制度,合理调配幼儿园保教人员,制定幼儿园保教工作流程,并对幼儿园保教工作进行检查、评估和总结等。

其次,制定班级保教工作计划。班级是幼儿园保教管理的基层组织机构,一般由三名保教人员组成。设班长一名,主要负责班级保教管理工作,实现班级保教目标,完成保教任务。[①]根据幼儿园保教工作的内容和要求,班级保教工作计划应对幼儿身心发展特点、家庭情况、本班幼儿教师进行系统分析,制定符合教师自身优势、有利于促进幼儿全面发展的保教工作计划。

(二)建立保教工作管理制度

幼儿园保教工作管理制度的建立应体现《幼儿园工作规程》《幼儿园教育指导纲要(试行)》《3—6岁儿童学习与发展指南》等国家法规文件,贯彻全园计划的精神和要求。包括备课制度、教研活动制度、常规管理制度、幼儿园招生制度、课程建设与实施

① 秦旭芳,向海英.学前教育管理学[M].长沙:湖南大学出版社,2015:94.

制度等。完善的制度可以保障幼儿园保教工作的正常运行,有助于明确保教管理的任务和职责。形成良好的工作程序实现科学管理。

典型案例

青海省委机关幼儿园保教常规工作检查制度

1.检查人员:由园长、副园长、保教主任和其他值班人员承担。

2.检查时间:固定检查和随机抽查相结合。

3.检查形式:了解性检查、检查性检查、跟踪性检查、对比性检查。

4.检查内容:

(1)教师到岗时间;

(2)教师是否按环节内容及要求进行活动;

(3)教师课前准备情况;

(4)教师与幼儿活动情况;

(5)幼儿活动常规情况。

5.检查处理:

(1)检查情况由检查人员及时记录,并纳入每月量化考核中;

(2)检查时发现的个案问题,由值班行政领导负责与有关教师及时谈话,使其及时改正;

(3)对检查时发现的普遍性问题,要利用保教会议通报,防微杜渐。

6.幼儿园备课制度:

(1)根据幼儿教育大纲与幼儿园各科教学计划,结合本班幼儿的实际情况,选择适当的教学方法。

(2)认真钻研教材,根据教材内容,精心设计活动程序,做到动静交替、室内外活动交替,使体智德美诸方面的教育相互渗透,有机结合。

(3)根据教材内容,认真做好活动准备,制作出直观的便于操作的教具。

(4)教学活动面向全体,注重个别差异,增强教育的针对性。能根据幼儿的兴趣和偶发事件及时调整活动方案。

(5)教师须提前一周备好教育活动设计方案,书写要做到规范工整,内容详细,有效果记录及分析。随时接受教务处的审查。

(6)实行集体备课和团队磨课,共同分析教材重难点、相互交流教学经验,不迟到、早退。

（三）幼儿园保教工作的实施

首先，对班级保教工作进行检查与指导。业务园长应深入班级开展保教实践，指导和帮助教师实施保教工作，端正教育思想、改进教育方法、发现并解决教育问题。有目的、有计划地指导保教人员开展保育和教育工作，提高园所保教质量。

其次，开展幼儿园教研活动。幼儿园教研工作，是以教师为研究主体，通过同伴互动、专业引领、实践反思等途径，以解决幼儿园保教工作中的突出问题、促进教师专业成长、幼儿健康发展、提高园所保教质量为目的的工作。第一，应该成立教研组，明确教研组工作职责；第二，建立园本教研制度，包括时间保障制度、教研资料管理制度、教研活动制度等；第三，实施园本教研活动，包括专题教研、日常教研、园本培训等。

最后，对保教工作和幼儿发展进行评价。评价内容应基于业务园长对园所保教工作现状的分析，并与园所保教工作的重点任务相结合。同时，业务园长要组织保教人员共同制定切实可行的评价标准，注重过程性评价而非结果性评价，要将自评与他评相结合而非管理者的单一评价。对幼儿发展的评价，包括全体幼儿发展的群体性评价，以及针对幼儿个体发展的评价。幼儿园要确定评价方案，包括评价实施的时间、采用的标准与工具、评价对象的选取等，并对评价人员进行培训，明确评价目的与标准、工具的使用、评价资料的统计与分析，以保证评价结果的科学性。

（四）总结幼儿园保教工作

总结是保教管理工作的最后一个环节，起着承上启下的桥梁作用，既是对上一阶段工作的整理，也为下一段工作做了铺垫。每学期应进行一次较全面的总结工作，分析园所保教工作中的优势与问题，以明确下一步工作的方向与重点任务。业务园长指导各部门针对计划落实情况撰写工作总结，并在年级、班级工作总结的基础上，形成保教工作总结，内容包括成绩与问题、努力方向等。此外，要指导各部门、各班级教师做好专题总结、优秀案例整理等工作，完成业务归档。

二、幼儿园保教工作的程序

（一）幼儿园的保教工作目标

幼儿园的主要任务是贯彻保育和教育相结合的原则，创设与幼儿发展相适应的和谐环境，对幼儿实施体、智、德、美诸方面全面发展的教育。保教工作目标是促进幼儿身心正常发育和机能的协调发展，增强体质，培养良好的生活、卫生习惯和参加体育活动的兴趣；发展幼儿的智力，培养正确运用感官和运用语言交往的基本能力，增进对环境的认识，培养初步的动手能力；萌发幼儿爱祖国、爱家乡、爱集体、爱劳动、爱科学的情感，培养诚实、自信、好问、友爱、勇敢、爱护公物、克服困难、讲礼貌、守纪律的良好品德和行为习惯，培养幼儿初步感受美和表现美的情趣和能力。

（二）幼儿园保教工作实施的要求

幼儿园必须按照《3—6岁儿童学习与发展指南》《幼儿园教育指导纲要（试行）》《幼儿园工作规程》实施保教工作。在制定园务工作计划、保教工作计划、周计划及组织各项集体活动中，必须紧握“规程”“纲要”“指南”，坚持依法办园，科学保教，因材施教，做到保中有教，教中有保。过去的保育侧重于保护幼儿机体健康和身体发展，往往是为了保育而保育，缺乏教育性，幼儿常处于被动接受、消极防范保护的状态。现代的保育工作被赋予了积极的含义，如强调保护和增进幼儿的健康，注重激发幼儿的积极自主性，增强幼儿生活能力与自我保护能力，培养活动兴趣，树立安全意识等等。

（三）幼儿园保教工作的常规流程

幼儿园保育管理是顺利进行教育管理的基础，没有良好的保育管理，幼儿就无法适应教育活动。为此，幼儿园根据幼儿一日生活常规要求，结合幼儿园具体情况，制订幼儿园保教工作的管理程序，保教人员可以依据标准操作，节省时间，形成模式，落实保教工作任务，促进幼儿全面发展，有效提高保教常规管理质量。同时，完善的保教工作程序有利于培养幼儿良好的常规意识，使得教师将更多的时间投入到活动的充分准备上，因人而异、因材施教，促进每个孩子在原有水平上不断提升，促进教师个人专业发展。

1. 幼儿园保教工作的常规流程

幼儿园保教工作的常规流程包括：入园及晨检、早操、集中教学活动、早操、区域活动、午餐、饭后散步、午睡、自由活动、集中教学活动、离园活动。

2.实施意见

(1)入园准备

保育员应提前做好室内卫生、消毒、供水等各项准备工作,打开寝室、活动室门窗,使其通风、换气、采光;对每位幼儿进行晨检,并做好记录;妥善保管幼儿的各种物品;热情接待幼儿并与家长简短交谈,了解幼儿在家情况。

(2)早操

教师、保育员应同时出操,教师负责组织、领操,保育员协助教师观察幼儿的做操情况;保教人员着装要整齐,领操员精神要饱满;早操时间由幼儿园统一规定,可由幼儿园统一组织,也可分班进行;雨天在室内组织实施。

(3)盥洗

帮助幼儿养成饭前便后洗手的习惯;检查幼儿是否按正确方法洗手、洗脸;教会幼儿正确使用手巾擦汗、擦鼻涕和使用卫生纸的方法;帮助幼儿养成每天梳理头发,每周定时剪指甲的习惯;对幼儿用品定时消毒并按时更换;允许幼儿随时如厕、饮水;保持卫生间洁净无味、无污垢、地面干燥。

(4)进餐

保育员配合主班教师为幼儿创设良好的就餐环境,保持餐桌干净;组织幼儿有序入座就餐、文明进餐;向幼儿介绍食谱;按幼儿进食量为每位幼儿盛饭、添饭;餐间进行爱惜粮食、不挑食和简单营养学方面的知识教育;督促幼儿擦净嘴巴、手及养成餐后漱口的习惯;做好餐后整理和清洗消毒工作,严格执行餐具消毒制度。

(5)教学活动

保育员应树立为教学服务的思想,在主班教师的指导下完成相关教学任务的配合工作;在教学活动后组织幼儿如厕、盥洗、饮水等;每堂教学活动时间由幼儿园统一制定安排。

(6)户外集体活动

保证幼儿每天不少于两小时的户外集体活动时间,其中一小时户外体育活动;根据季节、天气变化、幼儿兴趣和需要,及时调整和安排;做好场地、活动器械、幼儿着装等安全检查;幼儿活动始终在教师观察视线范围以内;适时为幼儿增减衣服和提供活动后的饮水；户外集体活动时间及每天各班活动时间由幼儿园统一制定安排。

(7)午睡及起床

指导和帮助幼儿学会正确穿脱衣服，整理自己的衣物、鞋袜、被褥；指导幼儿遵守午睡常规；起床后开窗通风保持室内空气清新；引导幼儿有序洗漱、饮水、如厕等；幼儿午睡时保育员必须在寝室值守，加强巡视，做好观察与午检记录，严禁脱岗。

(8)离园准备及离园

保育员配合教师做好幼儿的离园仪表检查和安全教育；提醒幼儿检查自己的衣物，并予以适当的整理和提示；教育幼儿不跟陌生人离园；坚持安全接送制度，认真履行幼儿交接手续，防止错接或漏接；热情主动地向家长介绍幼儿在园情况、反馈幼儿在园的表现；每班保育员有序将幼儿护送到园里规定的接送警戒线处。

第四节 班级保教活动的组织与管理

班级是幼儿园的基层组织，是实施幼儿园保教任务的基本单位。班级作为幼儿具体的生活场所，对幼儿的发展有直接影响。教师与保育员是幼儿园班级管理的主要承担者，肩负着对幼儿教育和保育的双重任务。

一、幼儿园班级的缘起

古罗马教育家、演说家昆体良最早提出分班教学的设想，他认为，个别教育是必需的，但还有更多的学科必须由一个教师同时对很多学生进行教学，同一时间许多人听同一个讲解，不仅可能，而且必要。[①]在17世纪，捷克教育家夸美纽斯在《大教学论》中提出“班级授课制”理论，被誉为“班级授课制”的真正奠基者。基于儿童年龄和学业将学校划分为四级：“婴儿期、儿童期、少年期和青年期，每期六年，每期有一种专设的学校：婴儿期（母育学校）、儿童期（国语学校）、少年期（拉丁语学校或文科学习）、青年期（大学）。每个家庭有一所母育学校，每个村庄有一所国语学校，每座城市有一所文科中学，每个王国或每个省有一所大学。”并在《泛智学校》中写道：“分班制度通过把学生按年龄和成绩分成班组，在学校中建立人员制度。教师应当占据适当的位置，使他能够看到所有人，并能被所有人看到。”[②]

夸美纽斯编订了《母育学校》和《世界图解》两本教材，详细列举了儿童“百科全书”式的学习科目。母育学校虽不是现代意义上的幼儿教育机构，但《母育学校》一书勾画了幼儿教育机构的雏形，成为福禄培尔创建幼儿园的主要依据。此外，他编写的《世界图解》，被称为是“世界上第一部图文并茂、生动有趣的儿童教材”，描绘了一个“看得见的世界”，试图为儿童展示一幅关于世界作为一个有意义的整体图画，一切呈现的图像和概念都不是介绍事物目前的状态，而是要说明它们之间的联系——一个主题式的关

---

① 金含芬.学校教育管理系统分析[M].西安：陕西人民出版社，1993：300-301.
② 夸美纽斯.大教学论[M].任钟印译.北京：人民教育出版社，2006，234-235.

系世界，这也可以说是当今幼儿园主题教学的雏形。①随着幼儿园的诞生，主要由女性担任的“游戏指导员”亦改成“幼儿园教师”，幼儿园里儿童的活动以“游戏小组”或班级的形式组织，幼儿园班级为此诞生。随后，福禄倍尔幼儿园如雨后春笋般建立起来，而原有的“幼儿学校”和“看护学校”则按福禄倍尔体系进行了改组，幼儿园按照年龄进行分班活动的模式亦流传至今②。

人物介绍

夸美纽斯

捷克教育家。1592年3月28日生于尼夫尼茨城的一个磨坊主家庭。10岁时，父母先后病故。夸美纽斯受摩拉维亚兄弟会资助，接受了较好的教育，并在大学时代钻研了古代思想家的著作和人文主义者的思想。1614年，大学毕业，任普热罗夫拉丁文学校校长，开始教学改革。1616年，被推选为兄弟会牧师，并编写了《简易语法规律》。1618年，转赴富尔内克，任牧师兼摩拉维亚兄弟会学校校长。1628年，因避天主教的迫害，夸美纽斯与3万兄弟会员一起离开祖国。在长期流亡国外的时间里，他进行了广泛的教育活动，主办各种类型的学校，为捷克的独立而积聚力量。起初，他侨居波兰的黎撒(现名莱什诺)，主持兄弟会学校，研究改革经院主义教育。当时欧洲正处于资产阶级革命前的酝酿时期，各国思想界都在思索教育改革的道路，他受英国、瑞典、匈牙利、荷兰等国的邀请，为这些国家拟订教育改革方案，并发表了不少教育论著。1650年，被推选为摩拉维亚兄弟会的主教。1654年，重返黎撒。两年后，又移居荷兰的阿姆斯特丹，直至1670年11月15日逝世。

资料来源：刘明翰，刘丹忱，刘苏华．文艺复兴时代的教育思想家[M]．济南：山东教育出版社，2006.

① [德]武尔夫．教育人类学[M]．张志坤，译．北京：教育科学出版社，2009：15.
② 陶金玲．幼儿园班级管理[M]．南京：南京大学出版社，2019：48.

二、班级保教工作的特征

（一）班级保教工作的整体性

从保教目标看，旨在促进幼儿体、智、德、美的全面发展；从保教内容看，包括晨检、盥洗、午睡、游戏组织、户外活动、教学活动等，涵盖幼儿园工作的方方面面；从保教对象看，教师的保教工作应面向全体幼儿，在针对每位幼儿细心指导的同时，需要关注整个班级的保教质量，能处理好统一和多样的关系。

（二）班级保教工作的针对性

班级保教工作具有更直接的针对性。保教人员可以根据国家的教育方针、教育目标、幼儿园教育任务和工作目标，以及本班幼儿的身心发展特点，将目标具体化，从而关注每位幼儿的进步与发展。

典型案例

亮亮的变化[①]

李老师班上有个小男孩叫亮亮，性格比较内向，不善于和他人交往。亮亮的父母认为不能让孩子养成乱花钱的习惯，因此常常拒绝亮亮提出的买玩具、学具等要求。亮亮看到别人有好玩的东西，渴望自己也能拥有，于是常有拿别人东西的行为。李老师多次跟亮亮妈妈提出这一问题，她却不以为然地说："小孩子哪有不犯错误的，没啥大惊小怪的，再说这些东西也不值钱，明天我买来赔给人家就是了。"

李老师分析了家长和孩子的行为后，向专家请教了处理的方法，然后给亮亮妈妈打电话，先表扬亮亮是个懂事的孩子，平时在幼儿园很愿意帮助别人，自理能力强等等，亮亮妈妈生硬的态度有了一些缓和。李老师又给亮亮妈妈分析他这个年龄的孩子都有强烈的占有欲，对自己没有玩过的东西充满好奇，很想马上获得。作为家长，既不能对孩子的这种行为过度反应，也不能姑息放任，一旦孩子养成习惯，就会形成自动化，很难改掉。亮亮妈妈意识到问题的严重，便主动向老师请教如何改正。李老师给亮亮妈妈提出了一些建议。

① 程风春.幼儿园管理的50个典型案例[M].上海：华东师范大学出版社，2011：116-117.

我的爱对你说——走进大一班第二天①

早上接园时，朱老师一看到璇璇就对她说："早晨好，小姑娘！"她又瞪了朱老师一眼，没有任何回答，走进了教室。旁边的小朋友看到了，对她说："你不说老师早晨好，没有礼貌。"上计算课时，朱老师不时地用余光关注璇璇，发现她也被课堂上的游戏牵动着，但似乎不愿意表露出来，只要与朱老师目光相对，她就立刻低下头。分组游戏时小朋友都争先恐后地举手，朱老师第一个就叫璇璇，她想站起来又有些犹豫，思考几秒钟后她慢慢地走了过来。璇璇的计算基础很扎实，每一道题都能答对，朱老师与全班小朋友一起为她鼓掌表示祝贺和鼓励，两天来灿烂的微笑第一次在她脸上绽放出来，并主动向老师打招呼。

思考题：

1. 如果你是两则案例中的老师，面对不同行为表现的幼儿，你如何处理或应对呢？

2. 结合案例谈谈，如何采用有针对性的教育帮助幼儿成长？

案例分析

案例一中，教师对亮亮的行为进行了分析，认识到亮亮拿别人东西的行为是由于平时对物品的要求在家里得不到满足而导致。但教师一开始的处理方式仅仅是向家长说明亮亮的行为，并没有提出解决问题的有效方案和途径，结果导致家长最初的误解和不配合。教师改变与家长的沟通方式后，家长的态度发生了转变，认识到孩子这一问题的严重性，并主动向老师请教如何改掉孩子的习惯。

案例二中，新来的朱老师没有排斥璇璇，而是在积极处理好全班正常教学的同时，关注璇璇的不适应表现，并采取积极的态度，在课堂中鼓励璇璇，使她放下戒备心。案例中两名教师根据幼儿的不同行为表现，采取了具有针对性的教育策略，达到了理想的教育效果。

（三）班级保教工作的可控性

教师不仅仅是教育者，同时也是幼儿园保育工作的组织者、引导者和管理者，具有较强的主导性。教师应以国家教育方针为导向，依据幼儿园任务和发展目标积极主动地设计和组织好各类活动，有效促进幼儿的全面发展。例如，在幼儿园环境创设时，不仅需要注意创设与教育相适宜的班级环境、关注幼儿的兴趣需要、及时更换环境布置，同时，应引起家长对家庭环境创设的重视，主动进行家庭教育指导工作，在发挥主导作

① 程风春．幼儿园管理的50个典型案例[M]．上海：华东师范大学出版社，2011：110.

用的同时注意充分调动幼儿参与环境创设的积极性与主动性，提供充足的活动材料，充分体现幼儿的主体地位。

三、班级保教工作的内容

班级保教工作内容涉及幼儿在园的一切活动，主要包括以下五方面：

(1)保教结合，全面安排幼儿的生活和活动；

(2)在观察了解幼儿的基础上制定保教工作目标和计划，组织多种形式的活动；

(3)创造良好的、有利于幼儿身心发展的环境；

(4)做好班级的卫生、安全工作；

(5)与家长积极联系配合，一同教育幼儿，促进幼儿发展。

四、各年龄班保教工作的组织与管理

(一)小班(3—4岁)的保教管理

1.幼儿的年龄特征

第一，3—4岁儿童的行为受情绪支配作用大。情绪具有不稳定性，易冲动。但与2岁儿童相比，已产生调节情绪的意识，但尚不能真正控制情绪；对父母和老师有很强的依恋性，尤其需要得到亲近的人的微笑、拥抱、拍拍、摸摸等肌肤相亲的爱抚动作。第二，情感的敏锐性增强，逐渐能站在他人立场感受情境，理解他人的感情，是典型的泛灵时期，能做出安慰、关心和帮助等关切他人的行为。第三，小班幼儿以无意注意、无意识记忆为主，有意注意正在逐步增加，依靠行动进行思维，无目的的想象，好夸大想象。

2.保教管理的任务与要求

(1)帮助幼儿适应新生活

幼儿第一次离开熟悉的生活环境和亲近的人，也是第一次真正步入社会，融入集体，接受正规的教育，易产生分离焦虑。保教人员应做好入园前的家访、家长会、参观幼儿园等工作，积极联系家长，让孩子愿意和教师、小朋友来往，喜欢上幼儿园。

(2)建立良好的常规

小班幼儿是常规教育的关键期,包括来园活动常规、盥洗活动常规、进餐活动常规、教育活动常规、散步活动常规、睡眠活动常规、离园活动常规等。好的常规可以帮助幼儿有规律地进行一日活动,既可以促进幼儿身体健康,又能让幼儿积极参加活动,有利于幼儿养成良好的生活和行为习惯。

(二)中班(4—5岁)的保教管理

1.幼儿的年龄特征

第一,中班幼儿规则意识开始萌发;喜欢和同伴一起玩耍,会与同伴分享快乐;开始有嫉妒心,能感受到强烈的愤怒与挫折,有时会喜欢炫耀自己的东西。第二,动作发展更加完善,体力明显增强,精力充沛,身体更加结实;可以步行一定的路程,可以自如地跑、跳、攀登,而且可以单足站立,会抛接球等。第三,有意义性行为开始发展,集中精力的时间从15分钟延长至25分钟左右;他们能接受成人的指令,完成一些力所能及的任务,此时幼儿已出现了最初的责任感。

2.保教管理的任务与要求

(1)幼儿亲社会行为的发展

"亲社会行为"是指对他人有利、有益的行为,它是一种积极良好的社会行为,包括合作、分享、谦让、助人、抚慰等。儿童很早就表现出亲社会行为,并且在3岁以后表现得更加丰富多样。中班保教管理人员必须充分理解掌握幼儿的身心特点,掌握科学的教育观与儿童观,创设良好的教育环境,给予幼儿宽松的、友好的氛围,建立平等的师生关系,引导幼儿积极与同伴交往,教给幼儿必要的社会交往技能,帮助他们建立"亲社会行为"。

(2)幼儿规则意识的建立

保教管理人员应依据幼儿的年龄特点,制定合理的班级规则,对幼儿的行为进行外部约束,使之趋于规范。包括幼儿行为规范、值日生制度、活动区规则等。这不仅有利于班级教育目标的实现,同时,在统一的规则制约下,有助于班级保教人员使用一致的、连贯的教育途径或方式。班级需要好的常规来促进幼儿的全面发展,并协助班集体共同发展。

（三）大班（5—6岁）的保教管理

1.幼儿的年龄特征

第一，情感的稳定性和有意性增长。5—6岁儿童的情感虽然仍会因外界事物的影响而发生变化，但他们开始能有意识地控制自己情感，如摔痛了能忍着不哭。第二，自理能力和劳动能力明显提高。能用筷子吃饭、夹菜，也能不影响别人安静地入睡；喜欢参与成人的劳动，如扫地、擦桌子、整理自己的用品，在劳动中表现出责任感。第三，合作意识逐渐增强。他们会选择自己喜欢的玩伴，逐渐明白公平的原则和需要服从集体约定的意见，也能向其他伙伴介绍、解释游戏规则。

2.保教管理的任务与要求

大班幼儿应增加幼小衔接教育。关注幼儿独立性、动手操作能力的培养，注重幼儿自我管理、自己的事情自己做、自己照顾自己等能力的提升；培养幼儿遵守规则、完成任务的意识，养成按规则进行活动、专注做事的习惯；带领幼儿参观小学，帮助幼儿了解、熟悉小学的学习环境、学习活动，熟悉小学生的作息制度。掌握正确的握笔姿势、坐姿，训练简单的书写技能等。

第五节 幼儿园课程管理

幼儿园课程是幼儿园进行各种活动的总和，是有目的、有计划、有组织的学习经验，是由教育目标、教育内容、教育组织和教育评价组成的系统工程。①课程管理是学前教育管理的重要内容，《基础教育课程改革纲要（试行）》规定：为保障和促进课程对不同地区、学校、学生的适应性，实行国家、地方和学校三级课程管理。

一、幼儿园课程管理的内涵和意义

（一）幼儿园课程管理的内涵

幼儿园课程管理的两个层面：一是学前教育行政的课程管理，是指政府课程管理，宏观调控是课程管理的主要职责，包括课程立法、课程标准的制定、课程政策的颁布、教科书的审定等。二是学前教育机构的课程管理，是幼儿园内部管理者对幼儿园课程的管理，幼儿园园长、各级管理者和幼儿园教师承担主要责任，包括对教材的选择与使用、幼儿园课程体系的建构、园本课程的开发、课程的实施与评价等。

幼儿园课程管理的两个层次：一是园级层面的课程管理，是幼儿园作为一个组织，总体上对课程进行管理。包括课程的理念、课程的架构、园本课程的开发、课程的监督与评价等。二是班级层面的课程管理，是某一班级作为课程管理的主体，由本班教师担任课程管理的主要职责，包括对课程的计划、课程资源的管理、一日课程活动的管理、教师自己的课程实施管理等。②

幼儿园课程管理是政府及包括教师在内的所有幼儿教育工作者的共同责任，要切实强化管理意识，不断完善幼儿园课程管理的全方位课程体系建设，努力争取课程管理的最佳效果，为课程实施服务，为幼儿发展服务。

① 肖玉.幼儿园管理[M].北京：人民邮电出版社，2017：122-130.

② 秦旭芳，向海英.学前教育管理学[M].长沙：湖南大学出版社，2015：105-107.

(二)幼儿园课程管理的意义

课程管理是决定课程成效的重要因素①,在课程评价中起着承上启下的作用,是确保幼儿园教育目标实现的重要途径,决定着课程实施的成败。同时,也是促使幼儿全面发展、促进教师专业成长的最佳载体和幼儿园发展的重要内驱力。幼儿园需要通过管理凝聚积极的课程愿景,坚持以儿童为本建构课程体系,通过科学化、规范化的课程管理实现幼儿、教师、幼儿园等多重主体的共同发展。

二、幼儿园课程管理的内容

(一)构建“以人为本”的幼儿园课程体系

“以人为本”的课程体系是维持幼儿园可持续发展的灵魂,不仅为教师的成长与成功搭建了平台,也为幼儿一生的可持续发展奠定了基础。对教师而言,“以人为本”体现了尊重教师对课程的管理权与发言权;对幼儿而言,体现了尊重儿童的人格与法律地位,课程本质是为幼儿的成长服务;对家长而言,“以人为本”体现了尊重家长对幼儿园课程的知情权。

典型案例

全员参与　以人为本

A园是市级示范幼儿园,随着学前教育改革深化,“以人为本”的课程理念日益深入人心。幼儿园如何形成与完善课程体系,促进全体教职工参与幼儿园课程管理成为发展的新问题,园长也在思索如何改善、优化课程管理方式。为实现幼儿、教师的共同成长和幼儿园的持续性发展,A园意识到要构建幼儿园课程体系,应建立在教师对幼儿园课程实施现状了解的基础上,更应建立在教师深刻认识“以人为本”的课程体系对幼儿发展重要性的基础上,为此幼儿园开展了一系列的活动。

幼儿园建立由园长任组长、业务园长任副组长、骨干教师任组员的幼儿园课程建构小组,全员通过网上搜索、查阅书籍、专家咨询等多种途径,收集国内

① 虞永平.在课程管理实践中提升幼儿园课程建设的质量——厦门市思明区幼儿园课程建设的启示[J].学前教育研究,2005(10):24-27.

外优秀幼儿园课程体系建构的基本内容，同时利用调查问卷、座谈会等方式，调查家长对幼儿园课程建构的新需求，为课程设计提供相关依据。并开展各类座谈会及访谈活动，以“我理想中的幼儿园课程”为主题进行教师随笔征集。在总结分析资料的基础上，提炼出幼儿园课程建构的框架和基本内容。幼儿园把确定的课程体系建构规划通过网络公示、信息发布、小组成员宣讲等方式告知教职员工，开展各种活动以获得教职员工的认同与支持。

活动1：开展“幼儿园课程体系建构”论坛活动。

活动2：举行幼儿园课程体系建设推介活动。

活动3：组织“园的愿景、我的课程观”座谈会。

思考题

1. 你如何理解“以人为本”的幼儿园课程体系？

2. 你是否赞成全体教职工参与幼儿园课程的管理，使教职工成为幼儿园课程选择、建构与实施的真正主人？

3. 对该幼儿园课程体系的建构，你有什么看法？

案例分析

A园推行“以人为本”的幼儿园课程体系，最大限度地调动了每位教职工的主动性和创造性，推动了幼儿园课程管理的全面展开。“以人为本”不仅为教师的成长、成功搭建了平台，也为孩子的发展提供了机会。课程管理小组涵盖幼儿园的各类人员，包括管理者、教学一线的教师与生活教师、教学辅助者，通过充分交流与沟通，形成共同的幼儿园课程观。课程的建构坚持领导与群众相结合的原则，收集了家长对幼儿园课程建构的需求，充分考虑管理者和群众双方的意见，上下结合，做到共同认可，达到了课程为幼儿服务的最终目标。

（二）幼儿园课程方案的编制与管理

1. 幼儿园课程方案编制的内涵

幼儿园课程方案是指幼儿园按照教育目标与幼儿发展特点和需要，根据本园实际情况和课程资源条件，对本园的课程内容、课程方法、课程编排等方面的改革进行梳理，在此基础上形成一套包括教育思想、课程标准、课程实施等要素的课程方案。幼儿园课程方案的编制不仅仅是对课程内容的简单编排，还要将课程进行园本化、系统化、结构化和文本化创作。幼儿园要以课程理念为指导，以幼儿园成员为主体，以幼儿园的课程实践为基础，以幼儿园课程资源为载体，以幼儿园的课程管理为保障，完成课程管理的过程。

幼儿园课程方案的编制管理是指幼儿园根据课程目标、课程理念等对本园课程进行选择、策划、重组和创新，并在此基础上进行课程策划与课程设计的管理过程。

2.幼儿园课程方案编制的原则与内容

(1)幼儿园课程方案编制的原则

第一，以掌握幼儿园课程内涵为前提。明确幼儿园课程内涵是编制适宜性幼儿园课程方案的前提。只有树立科学的课程观，才能编制出更加合理的幼儿园课程方案。张雪门认为："生活就是教育，五六岁的孩子们在幼稚园生活的实践，就是行为课程。"张宗麟指出："幼稚园课程者，由广义的说之，乃幼稚生在幼稚园一切之活动也。"它包括"一切教材、科目、幼稚生之活动"。幼儿园课程是实现幼儿园教育目的的手段，是帮助幼儿获得有益学习经验，促进身心全面和谐发展的总和。①

第二，以遵循学前教育法律、法规、政策为依据。幼儿园课程目标和内容要体现国家《3—6岁儿童学习与发展指南》和《幼儿园教育指导纲要(试行)》精神，并与本园的发展方向相一致；课程的设置与结构要清晰、合理，能体现学前教育启蒙性与整体性的特点；课程的编排和设计应与"指南"中五大领域内容相吻合，注重综合性、趣味性与活动性，符合幼儿发展的需要，能培养幼儿学习的兴趣和增加幼儿参与活动的经验；课程评价和幼儿发展情况要定期化、常态化；课程评价标准应与"指南"目标相呼应。

第三，以幼儿园的现实条件和发展需要为基础。幼儿园课程方案的编制要依据幼儿园的发展与现实情况。地理环境、师资水平、资源条件等方面的差异使每个幼儿园具有不同的办学条件与教育基础，各幼儿园应分析和总结本园的优势与劣势，充分利用当地资源，对本园课程文化和特色进行梳理，在此基础上进行课程的编制。

(2)幼儿园课程方案编制的内容

幼儿园课程方案编制内容包括幼儿园课程编制方案(正本)和幼儿园课程执行计划(副本)，二者既有联系又是相对独立的组成部分。幼儿园课程编制方案包括编制背景、主体内容以及实施与管理三个部分，是从宏观视角对幼儿园的课程理念、办园特色、课程目标、课程结构与设置、课程内容、课程实施建议等内容进行系统的描述。其中，课程结构与设置指幼儿园应为幼儿提供哪些活动，如何协调这些活动之间的比例；

① 王春燕.幼儿园课程概论[M].北京：高等教育出版社，2012：5.

课程内容是指具有全面性和启蒙性的幼儿园教育内容，分为健康、语言、社会、科学、艺术等五个领域。各领域内容之间相互渗透，从不同角度促进幼儿情感、态度、能力、知识、技能等方面的发展。幼儿园课程执行计划是幼儿园课程的执行方案或工作计划，以确保幼儿园课程方案的有效实施。

3.幼儿园课程方案编制的管理策略

第一，确定幼儿园课程方案的编制目标。将幼儿园课程文本化，以增强幼儿园课程的系统性、适宜性和可操作性，是形成适合幼儿园自身课程方案的前提。

第二，明确管理者在方案编制中的角色定位。幼儿园要成立课程管理领导小组，分工合作承担课程方案的决策与规划、研究与设计、修订与完善等职责。管理者承担着决策者、引领者、组织者等角色，其任务是为员工提供参与编制课程方案的平台，引导员工参与课程研究的实践工作，协调各方面关系，为员工解决实际困难，调动员工的工作积极性，激发创造性。

第三，建立课程方案编制的管理制度。应以民主为原则，建立课程管理制度，使课程管理常规化。在实施中不断调整管理制度，注重课程的修改、整合与拓展，创造性地实施课程；逐步建构体现本园特色的园本化课程实施体系，既能全面地促进幼儿的发展，又能体现办园特色。

三、幼儿园园本课程的开发与管理

园本课程开发是指幼儿园通过挖掘和利用园内外课程资源形成本园课程设计并不断改进的过程，是幼儿园自主开发的“以园为本”的课程，实质是资源的挖掘与利用。教师应从本地、本园的实际情况出发，结合本班幼儿的实际情况，制定切实可行的工作计划并灵活地执行。

（一）园本课程开发的管理

1.健全园本课程开发的组织机构

园本课程开发是由众多参与人员共同决策完成，课程方案的形成是组织中成员集体智慧的结晶，幼儿园的管理者、课程专家、幼儿教师、家长和社区等形成了园本课程开发的多元主体。[①]首先,应成立课程开发领导小组。包括园长、教师、课程专家及幼儿家长代表等,有助于宏观上把握幼儿园课程开发的方向。其次,成立课程开发工作小组。主要负责园本课程的开发,根据小组人员特长有针对性地分配工作,并加强与家长、社区及社会力量的联系,联合多人智慧,促进幼儿园课程的多元化与本土化。最后,制定课程开发与经费支持计划。课程开发要有计划、有条理地进行,可以先选取一个或几个幼儿园进行试点,选择部分教师参加,等试点获取一定经验和成果后,再进行全面推行。同时要加强对图书室、活动室及专用教室等设施设备等的建设和经费的安排。

2.全面实施课程开发的技术培训

园本课程开发的前提是拥有一支高素质的师资队伍,课程开发技术是制约园本课程开发的重要因素。幼儿园应根据各自情况对教师进行相关的技术培训。园方可发掘各方力量,整合资源。如教育行政部门、幼儿园和社区,甚至家长都可以成为发起者和组织者,使园本课程开发的各方面主体掌握课程开发技术。要注意每个个体各自的工作角度和素质差异,通过园本课程开发组织机构来协调,使时间、人力和物力得以保证。

3.探索园本课程开发的评价机制

园本课程的开发需要幼儿园自身科学的管理机制,具体来说是自觉自律的自我评价机制。幼儿园应不断反思课程制定与实施中遇到的问题,进行自我批评、自我改进、自我激励,来确保园本课程的顺利进行。园本课程开发应建立以幼儿园内部评价为主体、结合社会评价的评价机制。在评价主体、评价对象、具体项目操作、修改完善方面确定相应的标准,从而规范课程开发行为,防止随意调整课程内容,让无意义的园本课程增加幼儿学习负担,偏离园本课程应有之义。

(二)园本课程开发应注意的问题

首先,遵循党和国家的教育方针及幼儿园教育目标。重视观察幼儿的兴趣点,预设与生成新的课程内容,并在时间上合理分配。其次,充分利用幼儿园、家庭、社区等各种有教育价值的资源,吸引教师、家长和相关利益主体主动参与。最后,根据幼儿园

① 秦明华,张欣.幼儿园组织与管理[M].上海:复旦大学出版社,2005.84.

实际情况和发展特色，开展适宜于本园幼儿和教师，且易于贯彻实施的园本课程。

（三）园本课程开发的案例呈现

回归自然，回归生活，是幼儿园教育的应然选择。教育只有依托自然，并朝向自然，才能远离功利教育的浮躁和喧杂，保持教育的本真。园本课程建设的宗旨是为幼儿创设不同的教育环境。以下将通过三则案例分析不同类型的园本课程。

典型案例

主题统整形式的园本课程

A幼儿园是一所省级示范公办园，非常重视园本课程的建设，一直在探索适宜的课程模式。走进幼儿园观察不论是环境还是教育、游戏活动等，处处都能看到园本课程的痕迹。通过与园长访谈了解到，目前幼儿园还未提炼出自己的课程理念，但其教育实践也借鉴一定的教育理论，有瑞吉欧的方案教学及建构主义的课程思想。

A幼儿园能够根据幼儿的差异和兴趣爱好生成课程内容，但在观察的过程中存在着问题。比如，中班某周进行了三次阅读活动，老师没能在主题下很好地把握五大领域内容的平衡和融合。由于生成教育内容对教师能力水平的要求比较高，幼儿园目前的师资水平还不能很好地胜任，教师的反思较少，因此容易造成主题确定的随意和内容的零散。

学科拼盘形式的园本课程

Z幼儿园是一所企业办园性质的中大型幼儿园，园所硬件设施条件良好。目前还没有专职负责教学的园长或保教主任，教师队伍比较年轻。幼儿园的园本课程方案内容都是关于集中教学活动的，大部分时间用于集中教育活动时间，可以简单表述为：主题教育活动（两套教材的主题活动同时进行）、阅读、音乐素养、数学、美术、体能训练、科学、外教英语、TPR英语等。Z幼儿园所谓的“园本课程”就是以上内容的拼盘，访谈中老师说因为课程内容过多，主题开展不深入，幼儿园没有明确的课程理念及总的课程目标来整合所有课程方案的内容，因此幼儿园为了迎合家长的需要设置了各类课程，课程内容之间却缺乏联系和融合。

“特色”形式的园本课程

Y幼儿园是一所以著名教育体系——瑞吉欧教育命名的私立幼儿园，Y园园长明确地表述说，幼儿园的课程体系包含三部分，即基础课程、特色课程和园本课程。其中，基础课程是指五大领域的教学活动，特色课程有外教英语、经典成语、感统训练和跆拳道，园本课程是指思维游戏、专业舞蹈、专业美术和英语。Y幼儿园的课程体系未形成总的课程目标、学期目标和月目标等，各级课程目标基本属于空缺状态。

思考题：

1.如何理解三种形式的园本课程？讨论相同点和不同点。

2.分析三所幼儿园园本课程存在的问题？

3.对园本课程的建设，你有什么看法？

（四）园本课程开发的建议

1.正确理解“园本课程”的内涵，树立正确的课程观

正确理解“园本课程”的含义和实质，形成正确的课程观念是园本课程开发的前提和基础。园本课程建设的关键在于科学教育理念的形成和践行，有了科学的观念，就有可能避免课程建设中反科学的问题和现象，也有可能更有效地利用幼儿园和教师的各种内在、外在资源，优化课程结构，增进课程的实施成效。

2.明确办园思想和课程理念，逐渐完善课程体系

幼儿园需要明确自己的办园思想和课程理念，在此指导下制定能够体现这种思想和理念的课程目标体系、选择和组织课程内容、创设环境、充分利用各种课程资源等。这样，课程结构的各要素之间才能在理念的指导下彼此联系和支撑，课程内容和课程资源才能够融合形成合力。

3.充分挖掘和利用各种课程资源

园本课程的形成建立在对内盘点自身资源、对外挖掘各种可利用资源的基础上。不论是班级幼儿的一日生活，还是教师、家长群体及社区等各类组织，都应成为园本课程资源覆盖的范围。

第六节 幼儿园教研活动的组织与管理

幼儿园教研活动是包括教师在内的广大幼教工作者为改革和发展幼儿教育工作，以幼儿教育科学理论为指导，采取观察、调查、实验、行动研究等一系列科学的方法和手段，针对保育、教育过程中的某些理论和实践问题，揭示普遍规律，探求新观念、新理论、新方法的一种实践活动。幼儿园教研活动既是提高幼儿园保教质量的关键，也是促进保教人员专业发展的重要途径。

一、幼儿园教研活动管理的意义

幼儿园教研工作是以保教实践为基础，以保教人员为主体，有目的、有计划地运用教育规律与教育原则，采用科学的方法，解决保教工作中的实际问题，提高保教工作质量的研究活动。主要包括发现问题、提出解决方案、方案实施、得出结论、运用结论几个部分，既是幼儿园工作的一项常规性活动，它的成效直接关系到幼儿园的保教质量，有利于促进教育理论转向教育实践，也是教师不断学习、不断研究、不断提高自身素质和教学水平的过程，是提高教师专业水平的主要途径。

二、幼儿园教研活动的主要形式

（一）分科教研

主要指打乱班组形式，按照教师承担的学科或领域划分教研组，如语言领域教研组、社会领域教研组、科学领域教研组、健康领域教研组等。这类教研组可以使教师对某个学科、某一领域进行深入研讨学习。

（二）年级教研（备课组）

年级教研是指按幼儿年龄班组为单位划分教研组，如小班教研组、中班教研组、大班教研组等。这类教研组的保教工作内容大同小异，可以依据不同年龄班幼儿的身心发展特征,从教育目标制定、主题活动选择、环境创设、教育资源挖掘和共享等方面展开共同研讨。

(三)全园教研

全园教研是指教研人员针对某些特殊的、有意义的话题,因共同感兴趣而组成的教研组。参与人员会一同确定教研目标、选择教研主题、讨论教研内容等,发挥各园的优势,集中各园的研究风格,激发各园的竞争意识,便于课题的深入研究。

三、幼儿园教研管理的实施措施

(一)提升教研人员的教研意识

教师具有参与教研的主体意识,是实现教职工教研工作自我管理的重要因素。幼儿园应该营造宽松、浓厚的教研氛围,建立教研培训制度、教研计划制度和教研奖励机制等,鼓励教师间的交流与合作,引导教师积极主动地参与教研活动,不断提高自身素质和专业水平,来确保幼儿园保教工作的高效运转。

(二)规范幼儿园教研活动制度

幼儿园应成立专门的教研领导小组,主要由园长、保教主任、教研组长以及骨干教师组成。教研领导小组应制定相应的责任制度,各成员有明确的分工,对教研工作进行规范管理。包括学习制度、教研奖励制度、教研管理制度、教研汇报与交流制度等。

第一,学习制度:结合研究主题与内容,制定教育理论、教育实践、教育政策的学习制度。

第二,教研计划的制定与执行制度:幼儿园应有目的、有计划地制定学期或学年教研活动规划。

第三,教研成果的交流、汇报制度:幼儿园定期组织教研活动的交流、汇报活动。

第四,教研成果评奖制度:每年一次的交流、汇报中,幼儿园对优秀成果的老师或教研组给予必要的奖励。

典型案例

青海省委机关幼儿园教研制度

教研工作是教师提高专业素养的重要途径之一，是教师业务水平的主要标志，它的直接目的是推动和促进保教质量的提高，为教师增加后劲。

一、教研组是保教室领导下的研究保教工作的业务机构。根据我园实际和特点，在专业教研员的具体规划下分设传统文化、环境创设、艺术教育、户外体能、家长工作等教研组。订立教研计划，按照计划定期开展教学研究活动。幼儿园行政领导分管教研组，专业教研员具体指导教研组教研教学工作。

二、教师应积极参加所属教研组的活动，不断提高自己的业务水平。要根据实际情况确定教改专题，积极进行探索实践，每学期都应写一份教学专题总结或论文。

三、教研组长要有计划地在本组内开展相互听课、评课等研讨活动。带领本组教师不断学习、不断提高组织教学能力。教研活动中做好书面记录，记录要规范化，以备归档。

四、教研员有计划地安排各个教研组每学期按照团体带教的方式安排二分之一以上的教师承担教学公开课。执教者要认真备课，听课人应专心听课并按照评分标准客观公正地评定。教研组应及时组织评议。评议包括定性评议和定量评定。其结论和资料应上交保教处存入个人档案，以备评优晋级所用。

五、积极参加各级教育领导部门组织的各种教研活动。

六、定期进行业务学习，经常开展学术研究讲座，定期组织教师学习培训。

七、教师要加强保教业务切磋，相互间主动听课。每学期教师听课达10课时以上，组长15课时以上，保教主任和教研员30课时以上。听课应有记录、有分析，课后要认真交流意见。

八、教师应准时参加教研活动，无特殊情况不得请假。在活动时，教师应积极发表自己的见解，努力形成探究、团结的教研气氛。

九、学期结束时，教研组要把本学期在活动中产生的各种资料交业务园长，教研员带领各个教研组及时总结在教学活动中的点滴经验。

十、每学期期末，对各班进行教育质量检查和班级工作评估，开展评选优秀班级活动。

十一、对省级、市级、国家级刊物上发表或参加市级以上交流的经验论文、实验报告等，给予奖励制度。

十二、每学期末进行一次专题经验交流总结，进行表彰奖励，教研成绩由教研组长考核，并记入教师全面考核档案。

青海省委机关幼儿园教师备课常规及检查制度

备课是上好课的基础和保证，是加强教学计划性、预见性，充分发挥教师主导作用的重要一环。备课应认真做好钻研教材、了解幼儿、选择教法等工作。

一、教师必须有充分的准备。生活活动、教育活动、户外活动，参观活动等都要认真备课，坚决杜绝上课不备课的不良做法，更不能教后补课。

二、教案的书写要按照国家语言文字推广的格式，做到齐全规范。在教案的封面上要写清楚年度、学期、科目、年级、姓名；在教案内，字迹工整，大小适宜，密度合适，案面清洁，格式规范。

三、备课要坚持“十字诀”：阅读(通览教材，掌握体系和内容)，深究(深入研究课程目标，钻研教材，把握作者意图和教材内在联系)、定点(确定重点和难点)理路(理清思路，拟出教路，安排学路)，选法(从教材、教师、幼儿实际出发，选择有效的教法，指导学法，组织教学结构)。

四、坚持个人钻研和集体交流的备课制度，以个人备课为主。新教师和年轻教师要写详案，有经验的教师和教龄在15年以上的教师可以写简案，但纲目过程要齐全。

五、搞好主题备课，分析幼儿的发展需要和兴趣特点，结合大纲选择主题，确定主题教学目标，预设活动内容，并做好课时的具体划分。

六、写好课时教案。要在备教材、备教法、备幼儿、备环境创设的基础上，明确课时教学目标，精心设计教学过程，写出教案。教案要有教学目标、教学重点难点、突出重点难点的方法、教学过程等内容，要求书写规范认真，同时做好教学反思和教育笔记。

七、教案要完整清晰，有纲有目，有头有尾。坚持备课时认真撰写教案，分清课时，标明教学过程。

八、正确对待教学参考资料和他人经验。一是要先“钻”后“参”，不能以“参”代“钻”；二是对他人经验或优秀教案应采取联系实际、分析研究、消化吸收的态度，不可照搬照抄。对自己过去的同课教案，可以作为参考，要结合不同的班级实际及教改要求，做到“教老课，有新意”，切不可“陈案再现”。

九、教研负责人要定期查阅教师备课情况，并给予指导，做出分析、总结。

（三）开展以案例分析为载体的教研活动

案例分析是幼儿园中普遍采用的一种教研方式。它将教学中具有典型性、真实性、普遍性的活动案例以文字和图像的形式呈现出来，并让教研人员自己查阅资料，研究和分析问题，进行前期准备，然后由教研人员进行团体讨论。在讨论过程中，教研组织者应根据教师的需要和关注点，适时给予相应的理论支持和实践互动，引导、鼓励和支持教师对问题做更深入的思考。这种研讨方式主要针对教育教学实践中的具体问题，将日常教学与行动研究有机结合，有助于教师带着研究的意识去开展教育教学工作，并能促使教师将在团体讨论中获得的新教育理念更好地落实到日常教育教学实践中。

（四）形成立体交叉型教研模式

不同的教研模式在研讨目的、主题、内容等方面存在较大差异，但在教研功能、教研途径、教研价值等方面是相互补充的，能够全面促进幼儿园教研水平的提高。如全园性的集体教研活动，由主管业务的副园长组织，主要针对教学实践中的共性问题。年级组教研活动，由年级组长或骨干教师组织，以年级组为单位，针对年级组教师在日常教学中出现的问题，或年级组的研究课题，或年级组开展的特色活动等展开的教研活动。小组教研活动，是根据教师自己的兴趣和需要进行学习或相互交流。各种教研模式应相互结合，利用各自的优势，形成多层面、多形式的立体交叉型教研模式，尊重教师的教研兴趣，满足不同教师的需求，提升幼儿园的教研水平。

本章小结

结合幼儿身心发展特点，本章重点介绍了幼儿园保教工作的地位和作用，内容和程序，幼儿园班级保教工作、幼儿园课程及教研活动的组织与管理等内容。核心内容总结如下：

1.保教工作的地位和作用：保教工作是幼儿园全部工作的中心、是优质学前教育的核心；幼儿园保教工作管理有利于强化园长保教管理的意识、提升学前教育质量。

2.保教结合原则的实施：讨论保教结合的必要性，并提出保教结合的实施措施。

3.保教工作的内容与程序：幼儿园保教工作内容包括制定保教工作计划、建立保教工作管理制度等；幼儿园保教工作程序包括确定保教工作目标和实施要求、掌握保教工作的常规流程和实施意见等。

4. 班级保教活动组织与管理：对班级保教工作的特征(整体性、教育性、可控性、开放性)进行描述；并对不同年龄班幼儿身心发展特点、保教管理的任务和要求做了分析。

5. 幼儿园课程管理：讨论幼儿园课程管理的意义和内容，并结合实际案例，分析园本课程开发与管理存在的问题、技术培训及开发建议等。

6. 幼儿园教研活动的组织与管理：分析幼儿园教研活动管理的内涵与意义、讨论三种幼儿园教研模式、并提出幼儿园教研管理的措施。

思考与实训

1. 结合本章案例中的实际问题，尝试谈一谈保教工作管理在幼儿园中具有怎样的地位和价值?

2. 结合实际，谈一谈幼儿园保教管理中应注意避免什么问题?

3. 运用幼儿园保教管理的基本原理分析教育实践中存在的问题，尝试提出解决幼儿园保教管理问题的具体策略与思路。

专题探讨

目前，我国的幼儿教育服务着世界上庞大的学龄前人口。2020年，全国学前三年的毛入园率已达到了85.2%。到2025年，预计全国学前三年毛入园率将达到90%以上，并且要进一步提高普惠性幼儿园覆盖率。2017年以来，教育部对课后延时服务工作做了部署，各地也采取了有效措施，这项工作取得了积极进展。截至2021年5月底，全国共有10.2万所义务教育学校开展了课后延时服务，有6500万学生参加了课后延时服务，幼儿园的课后延时服务同样取得了进展。毛入园率的迅速提高和课后延时服务使新的矛盾也随之而来，如教育管理混乱的问题、入园难和入园贵的问题、延时服务收费的问题等。

探讨：全国毛入园率的迅速提高对保教管理工作会带来什么样的机遇和挑战? 你如何看待幼儿园的延时服务? 这一服务对幼儿园管理会产生哪些影响?

第六章

幼儿园总务管理

学习目标

知识目标：

● 熟悉幼儿园总务管理的基本特点和要求，掌握幼儿园膳食管理、财务与设施管理、档案管理以及其他事务管理的基本内容及要求。

技能目标：

● 能够根据幼儿园总务管理的特点，幼儿园膳食管理、财务与设施管理、档案管理以及其他事务管理的基本内容及要求，制定具体的管理标准及制度；

● 树立为幼儿服务的意识。

学习重难点

●重点：掌握幼儿园膳食管理、财务与设施管理、档案管理以及其他事务管理的基本内容及要求。

●难点：能够根据幼儿园总务管理的特点，幼儿园膳食管理、财务与设施管理、档案管理以及其他事务管理的基本内容及要求，制定具体的管理标准及制度。

案例破冰

公共材料应该如何取用与归还？

某幼儿园行政园长在周例会中说道："幼儿园需要进行各种环境创设活动，为给各位教师提供便利，后勤部门为大家购置了各种手工材料，比如各种型号、类型、颜色的剪刀、卡纸、皱纹纸、彩笔、胶水和辅具等。但是，我发现这些材料消耗太快，每次采购回来最多进行了两三次环创，东西丢的丢、坏的坏。然后，大家又向我抱怨幼儿园材料根本不能满足需求。你们在取材的时候抱着一种什么心态呢？纸、笔这些消耗品快速用完也可理解，像剪刀、小刀这些为什么也用着用着就没有了？我们一直强调使用材料的时候要登记，从哪里拿要还到哪里去！今天我们就这个公共材料使用与取放的问题来个讨论，一起想想该如何解决这个问题。”

问题：你是如何看待这位园长提出的问题的？如果你是该园教师，你会提出哪些建议？针对幼儿园的资产管理，你是如何看待的？是否赞成全体教师参与幼儿园公共资产的管理呢？

第一节 幼儿园总务管理概述

幼儿园总务管理是幼儿园的基础保障，内容涉及广泛，包括财务管理、资产管理、人事管理、档案管理、膳食管理等，为幼儿园各项活动，尤其是保教活动的顺利开展提供各方面的支持与保障。

一、幼儿园总务管理的作用

保教工作是幼儿园的工作重心，而总务管理则处于边缘地带。“重保教轻总务”现象使得幼儿园各项工作开展过程中矛盾、问题频繁发生。正确认识幼儿园总务管理工作的作用与价值，有利于纠正:“重保教轻总务”的现象，使得幼儿园工作者尊重总务管理人员，遵守各项规定、秩序，支持总务管理工作，从而使得幼儿园各项工作顺利展开。

(一)统筹全局，协调各方

幼儿园总务管理负责协调各个部门、组织、各类人员的不同工作内容。做好总务管理工作，可以合理地组织和充分地利用幼儿园的各种资源，优质高效地实现预定的组织目标。一方面，对于人力、物力、财力、时间、空间等资源管理要有全局观，即有明确的目标与规划，协调各方，合力发挥价值。另一方面，在幼儿园拥有的多种资源中，人是最积极、最活跃的因素，加强人力资源管理，调动好人员的工作积极性与参与性，能有效发挥各类人员的潜能。

(二)服务保教工作，提供物资保障

幼儿园是对3岁以上学龄前幼儿实施保育和教育的机构。《幼儿园工作规程》指出，“幼儿园的任务是:贯彻国家的教育方针，按照保育与教育相结合的原则，遵循幼儿身心发展特点和规律，实施德、智、体、美等方面全面发展的教育，促进幼儿身心和谐发展。”可见，保教活动是幼儿园的中心任务，幼儿园其他各项活动都指向保教活动，促使其为幼儿提供良好优质的活动。

幼儿园总务管理为幼儿园各项工作服务，做好总务管理工作是保障幼儿园开展各

种活动的前提条件。首先,总务管理能为幼儿园提供各种物资保障,如幼儿园的园舍、户外活动场地、图书资料、电教设备、玩教具、各种办公用品、食堂用品、水电等的供应与投入养护等。只有这些物资供应充足、及时到位,才能让教师集中精力安心搞好教学,幼儿园各项活动尤其是保教活动才能正常进行。其次,总务管理能为幼儿园保教工作人员提供工作与生活保障,总务管理根据园所发展情况明确保教工作人员的工作职责、人事归属,合理安排休假,并根据具体情况提供一定的生活帮助。最后,总务管理能够提供财务保障,财务管理是幼儿园管理的重点,合理有效地支配和调度幼儿园资金,秉持"物尽其用、勤俭节约"的原则,能为幼儿园保教活动的开展提供资金保障,提高教育质量。

(三)维护秩序,推进发展

没有规矩不成方圆,任何一个机构都要遵守一定的规章制度才能有序运行。幼儿园总务管理会对每个岗位的具体职责进行清晰的界定,实行岗位责任制,责任到人,奖罚分明。只有责任到人,幼儿园管理和运行才能既有效率,又有针对性,才能使得事事有人做,事事有人负责。既能规范与约束工作人员,履行各自职责,又能激发个人的工作动力。对工作人员实行岗位责任制的同时,幼儿园的物质资料、空间资源、财务等,也应建立相应规章制度与管理体系,使其取之有度、用之有节,真正将这些资源的价值利用在恰当之处。

二、幼儿园总务管理的特点

幼儿园教育是基础教育的重要组成部分,是学校教育制度的基础阶段。与中小学等其他教育阶段相比,幼儿园教育的启蒙性更明显,这决定了幼儿园总务管理工作的服务性、全面性等特点更为突出。

(一)服务性

总务管理工作以服务为目的,服务性是总务管理工作的首要特点,这一特点体现在以下几个方面:第一,为全园各部门的工作提供后勤服务,提供各种物质资料、维护和维修等服务内容,尤其要为保教工作顺利开展提供相应服务。第二,为幼儿在园获得良好发展提供服务。幼儿的身心发展总体表现为各方面发展不成熟,正处于发展过程中,且幼儿之间存在个体差异性,幼儿园总务部门会针对幼儿的发展特点和差异性需求,提供相应的服务满足他们的需要。如为幼儿提供安全、舒适、有趣的生活环境与游戏场地,符合相应年龄段的游戏材料,营养丰富的膳食等。第三,为幼儿家长提供服务。幼儿园除了为幼儿提供保育与教育活动外,为家长提供便利、为家庭教育提供帮助也是幼儿园的职责所在。因此,幼儿园总务部门也会根据家长的合理需求提供相应服务,如适当调整幼儿入园、离园时间,开办寒暑假托管服务、家长学校等。第四,为全体教职工提供服务。幼儿是幼儿园的教育对象,而教职工则是幼儿园的支撑框架,总务部门为教职工在工作和生活上提供服务,帮助其全身心地投入工作之中。

(二)先行性

幼儿园在开展各项活动之前首先要具备一定的物质基础,而总务部门恰好承担该项任务,这也就强调了总务工作的先行性。总务管理工作的先行性主要体现在:第一,在新建幼儿园之初、每学期开学之前,做好各项准备工作。若是新建幼儿园,总务部门要提前对园所需要的各种设备、材料等进行规划并投放;若是开学,总务部门则必须为各部门、各班级备好必需的生活学习用品、教学设备和日常消耗品。第二,学期中必须做好维护工作,对现有物资、设备进行检查、维修,对于消耗品要定期清点、核算,及时补充供应。第三,对常规性工作中所需物资、材料做到心中有数,提前进行物资采购、储备,及时补充。

(三)广泛性

幼儿园总务管理工作涉及内容广泛、种类多、事务繁杂,既要处理“人”事,也要处理“物”事,例如人事管理、教学设备管理、财务管理、安全管理、食堂管理等。总务管理部门会在全面了解各方面需要的基础上妥善地处理人与人、物与物、部门与部门、部门与总体之间的关系,全面协调、综合考虑,保障幼儿园各项工作有序开展。

(四)开放性

总务管理不仅对幼儿园内部服务,还要与社会各个领域保持联系,这是因为幼儿园作为社会机构中的一员,其发展方向、教育内容、教育理念等都要根据社会发展的需要不断调整。总务管理要密切联系外界,秉持开放的态度,联系幼儿园内部发展与社会外部发展,促进幼儿园的时代发展。

三、幼儿园总务管理的基本要求

幼儿园总务管理既要符合幼儿园保教工作的一般特点与要求,遵循幼儿的身心发展规律,又要符合一般事务管理的基本要求,促进幼儿园整体管理的有效实施。为使总务管理工作能够发挥最大功效,应当遵循如下要求:

(一)统一目标,合力发展

总务管理是幼儿园管理系统中的一个组成部分,虽然其内容涉及广泛,但其核心是为幼儿园保教活动提供服务。因此,为了能够更好地促进幼儿园发展,总务管理应与各组织、部门协同,将幼儿园管理目标,尤其是幼儿园保教质量的提升作为出发点和归宿,通力合作,共同向目标迈进。

(二)规范制度,科学管理

健全和完善的总务管理制度是做好各项工作的有力保障。总务管理部门要从园情出发,对工作基本程序、任务内容与规范、人员的要求等内容标准化、规范化,使得总务管理工作有制可依,避免出现面对问题、任务时推脱、逃避的现象,使幼儿园的总务管理朝着更加科学、更加人性、更加完善的目标迈进。

(三)勤俭办园,物尽其用

办好一所学校所需要的费用是非常庞大的,尤其是幼儿园,除了其他类别教育机构需要的场地、基础的教学设备外,还需要大量的游戏材料和手工材料(园所内部和班级内部还要进行环境创设)。因此,总务管理工作要加强对物资、财务等方面的管理,合理编制预算,理性购置和改善幼儿园物质资料,使有限的经费使用效能最大化。物资管理要做到物尽其用、循环可持续利用,防止浪费。

(四)完善计划,避免盲目

为提高工作效率,总务管理要在开展活动前制定详细的工作计划,对全园总务工作进行统一部署、规划,合理安排时间、分配物资,有目标、有计划、有步骤、有方法地施行。

典型案例

幼儿园的一次搬迁

A幼儿园是一个花园式小区的配套幼儿园，园内环境优美、安全，空间场地与运动设施完善。在这里，孩子既可以享受良好的教育资源与优质的教师队伍，也能方便附近居民接送。因此，该幼儿园深受附近居民的欢迎。然而，由于当地区域要整合教育资源，教育局对该园有了新的部署和安排，要求该园统一搬迁至新的园舍，并于9月1日开学。园长接到通知告知全园后，教职工和家长都表示不愿意搬迁，教职工舍不得几年工作中对园舍的环境创设，舍不得这里良好的园所环境。家长则担心幼儿不能适应新的环境，害怕新建园所在装修中质量不达标对幼儿造成健康隐患，同时也担心搬至新园增加距离给自己和孩子带来不便等。总之，在接到幼儿园搬迁通知之后，幼儿园里的各种议论声不断。

针对当前情况，园长和总务管理部门都表示理解，并积极采取各种措施帮助此次活动顺利完成。具体的操作如下：

第一，园长坚定信心，保证搬进新场地不会降低原有办园条件，努力提供一个更新、更好的园舍和活动环境，保障幼儿的生活、学习和游戏需要。第二，总务管理部门先行行动，提前进入新园，对园舍的环境进行布置、规划，购置各种物质资料、教学设备，同时对新园舍装修工作进行监督、检测，保证新环境安全、环保，保障幼儿的身体健康。第三，齐心协力宣传、讲解。园领导坚定目标、统一思想后，对本园教职工进行思想工作，帮助大家正确看待本次搬迁活动，并就新园舍的环境规划、教育部署等问题进行了深入交流、讨论，合力发展幼儿园，并呼吁教职工正确开导家长。第四，召开家长会，听取家长意见和担忧，对家长的共同需求进行践行和满足。

思考题：

1. 请你根据该园在接到搬迁幼儿园通知后园长和总务管理部门所采取的措施谈一谈你的看法。

2. 对于幼儿园总务管理工作，需要注意哪些方面？你还有哪些建议？

案例分析：

原幼儿园发展已经相对比较成熟，拥有良好的硬件设施、园所环境，优质、成熟的教师队伍，家长的支持和幼儿的适应。然而突然的搬迁对于园所发展来说是一个非常大的挑战，这不仅仅是位置的平移，而是相当于全部归零，重新开始。这对于幼儿园总负责人——园长来说，如何消化这一消息，又如何安抚园所工作人员，如何安抚家长及幼儿是一件很有难度的事。但从该园的园长和总务管理部门的行为来看，是非常理性、科学的。首先是自我消化这一既定事实，抱定一个统一的目标，然后再联合各部门协同商量；其次为解决教职工和家长的担忧，也为给幼儿园营造良好的生活、游戏环境，总务管理部门及时行动，对其所需的园舍、户外场地的规划、建设、装修，教学设备、户外器械、游戏材料的购置等早做安排，保障9月1日新园能够顺利接收幼儿，为幼儿提供健康、完善的环境，也缓解家长的后顾之忧。同时，总务管理部门邀请教职工提前入新园进行开学准备，如进行班级环境创设、园内环创、后勤食堂的准备等等，并对工作人员给予相应物质或经济奖励；邀请质检部门对幼儿园装修情况进行检测，并且邀请家长进园参观、提出建议等等。

总的来说，该幼儿园已经基本上达到了各部门统一目标、合力共进、协同合作、各司其职等要求。

第二节 幼儿园膳食管理

幼儿园膳食管理与营养供应是后勤工作的重要内容,包括营养食谱的制定、食品的采购与制作、餐点的供应等,以保证为幼儿提供健康、卫生、营养丰富的饮食,促进幼儿健康成长。

一、建立膳食管理组织

幼儿园应当成立膳食管理委员会,建立人员管理制度,明确各自职责。膳食管理委员会由园长、保健员或医务人员、财会人员、家委会代表、炊事人员、保教人员等组成;每月至少有一次例行会议,讨论幼儿营养需求、膳食计划与食品购买等内容。此外,膳食管理委员应明确安排:第一,值日人员负责监督食堂工作人员规范操作情况,要求食堂所有工作人员必须持有效健康证上岗,如发现人员身体不适或生病,必须停止工作接受治疗,恢复健康后方可上岗。第二,对食品采购的监督管理。值日人员监督食品原料及辅料的采购,确保食品原料及辅料新鲜,进货渠道规范,无过期、变质食品进入食堂并做好索证工作。第三,对食品清洗的监督管理。督促食堂工作人员按规范进行原料的拣择、清洗,做到干净无异物,并按规定进行切配。第四,对食堂烹饪的监督管理。监督食堂工作人员按规范对食品进行烹饪,确保饭菜烧制时间到位、味道可口,监督食堂原则上必须将当天所采购的原料全部供应给幼儿。第五,对食堂卫生的监督管理。值日人员须督促食堂工作人员认真清洗餐具,做到无残留、无油渍,并按规范做好餐具的消毒工作,每天下班前认真做好食堂内外清洁卫生,做到无杂物、无污迹、无异味。

典型案例

青海省委机关幼儿园伙食管理委员会工作制度

伙食管理委员会是在幼儿园总务处的支持和关心下,在园行政直接领导下的一个组织机构。本会主要以维护广大幼儿利益为目的，加强食堂的民主监督管理，携手共建文明食堂。

一、组织结构

伙食管理委员会设主任、副主任各一名和委员若干。主任由幼儿园后勤副园长担任，副主任由一名熟悉幼儿园膳食情况的家长担任；委员由幼儿园班级部分班主任及部分家长构成。

二、基本职责

1. 主任职责：负责伙食管理委员会的全面工作，主持召开会议，及时向有关主管部门汇报工作情况，经常和上级保持联系并自觉接受上级的指导和帮助。

2. 副主任的职责：协助主任做好各项工作，主任不在时，受主任之托，行使主任职权，完成主任交办的各项任务。

3. 委员的职责：

(1)遵守园规、园纪，对工作尽职尽责，全心全意为幼儿服务。

(2)注意工作态度和方法，及时发现问题，积极寻找解决办法。

(3)委员有义务了解就餐秩序，制止不文明的就餐行为。

(4)委员应不怕吃苦不断地磨炼自己，以积极的态度创造性地开展工作。

(5)委员间应相互团结、密切合作，充分发挥集体智慧，同时应树立全局观念，有紧迫感、使命感、责任感。

二、制定严格的膳食管理制度

科学、严格的膳食管理制度是幼儿园膳食工作正常运转的保证，这也明确了膳食部门人员的各项职责。要搞好幼儿膳食，必须重视建立与执行膳食管理制度。

第一，食堂专人负责幼儿的伙食工作。膳食委员会定期召开会议，研讨幼儿食谱和营养需求等问题。

第二，有条件的幼儿园可以聘请专业的营养师，科学制定幼儿每周食谱。食谱应该根据幼儿的身心发展需求、季节变化、时令果蔬供应及市场状况制定。

第三，幼儿园严格执行48小时留样制度，每日餐食由专人负责留样工作，以备不时之需。

第四，根据幼儿园每日出勤用餐人数供应食物，努力做到每天按人按量供应主食和点心，避免大量剩余的浪费情况。

第五，幼儿园伙食收费情况要公正公开、接受监督，且伙食费必须全部用于幼儿伙食支出，不得挪用于其他用途，更不能克扣幼儿伙食。

第六，幼儿用餐与教师用餐分开。一般幼儿先用餐，用时在30—45分钟，幼儿用餐结束后教师有秩序地用餐。

三、明确幼儿园膳食管理的卫生要求

食品卫生安全是幼儿园膳食管理工作的重要内容，幼儿园必须保证为幼儿提供新鲜、卫生的食物。为此，幼儿园膳食管理应该在食品选购、贮存、加工、烹调制备等各环节中加强卫生管理，同时也要对保教人员与炊事人员加强卫生监督，确保幼儿获得健康营养的饮食。

（一）食品选购

幼儿园选购食品，根据幼儿的需要，除了要营养丰富、保证热能又容易被消化吸收外，还必须确保卫生和新鲜，避免受污染。食品选购应注意以下方面：

1. 制定严格采购制度，并认真执行

食品采购活动是幼儿园膳食管理中的一个重要环节，必须有计划、有制度，并严格执行。第一，园内食品的采购、协调由幼儿园后勤部门负责，食品必须由经幼儿园考察并签有协议的合格供应商提供，未与本园签协议的票据一律不得报销。第二，食品、采购采用公开、公平原则确定合格供应商，供给食品必须新鲜、无变质、无污染。第三，保管员是食品的第一验收责任人，所有食品由保管员先行验收，不得以任何理由加工未经保管员验收的食物，凡是保管员未验收而他人擅自加工产生的票据，由违章者付款，财务不得报销。第四，炊事员必须在保管员验收后方可进行捡菜、洗菜，不得将劣质菜混入优质菜中，对于采购的霉烂、变质、过期的食品，炊事员有责任提出异议并及时报告。

2. 细心挑选食品，保证卫生安全

采购食品时，采购人员要对质量严格把关。第一，检查食品的生产许可证和保质期是否合格。对于幼儿食用的点心、调味品、乳制品等食品，采购人员一定要仔细检查生产日期、保质期等内容。第二，筛除细菌污染、腐烂变质的食物。每日购置的蔬菜、

水果如果有腐烂、霉变、变质的情况，要立即清除。第三，剔除天然有毒食物。有的食物在发芽、变色的情况下，就会产生天然毒素，食后引起中毒。例如：发绿发芽的马铃薯中龙葵素含量非常高，若食用的话会引发中毒。第四，购买时令果蔬，减少农药、化肥等化学残留成分的摄入。遵循季节变化自然生长的食物在营养方面最适宜幼儿身心发展，而反季节食物虽然能满足人们更多的饮食需求，但是大量使用的化肥、农药、激素的残留会对人们的身体产生一定危害，尤其是身心尚未发展完善的幼儿，影响更为明显。

小资料6-1

发芽的马铃薯

马铃薯是世界上重要的粮食之一。马铃薯中含有一种叫龙葵素的毒素，它集中分布在1.5mm的外层(包括土豆皮)，其中发芽、发绿的马铃薯中含量尤高，发芽的马铃薯，所含的龙葵素比原先的马铃薯增加了50倍。而这种龙葵素不怕热，即使高温煮熟、油炸也难以消除，因此，食用发芽的马铃薯会严重危及我们的身体健康。中毒表现为：轻者肚子不适或恶心、呕吐、腹泻；中等地出现幻觉，局部麻痹或抽筋；严重的会昏迷甚至死亡。

预防措施：不食用发芽或发绿的马铃薯；马铃薯食用时尽量削皮。

未熟的四季豆

四季豆又叫刀豆、菜豆角等，内含豆素、皂素等有毒物质。皂素对消化道黏膜有强烈刺激和溶血作用，但这些有毒物质在100℃以上高温下即被破坏。吃了未熟透的四季豆可导致中毒，一般食用后1—5小时即发生头晕、恶心、呕吐、腹痛、腹泻，重者导致脱水、酸中毒，症状持续一般不超过5小时。中毒者一般体温正常，部分病人还伴有胸闷、心慌出汗、手脚发冷、上肢麻木等症状。

预防措施：四季豆要彻底煮熟，吃时无生硬感和苦味；不吃贮存过久的四季豆，也不吃霉烂及有病虫害的四季豆。

(二)食品贮存

幼儿园后勤部门采购大量食品后，需要做好贮存工作，防止腐败变质，延长食用期限。一般食品储存的方式主要有以下几种：

1.真空密封保存

真空密封保存方法是使食品在真空的状态下,不与空气中的微生物接触,进行密封保存食品的一种方法,如罐装制品、真空包装制品等。此方法适用于多种食品的保存。

2.腌渍酱泡储存法

此种方法一般是将盐、糖、醋、酱和五香料,按照一定的比例方法加入食品内,抑制微生物的生长,达到长期保存食品的目的。但通过腌、渍、酱、泡等处理后的食品,一般营养价值会降低,因为食品中一部分维生素、无机盐被破坏和流失,特别是动物性食品的纤维肌会变硬,不易被人体消化吸收,幼儿园膳食中应尽量少提供这类食品。

3.低温储存法

低温储存法是储存烹饪食品常用的方法,其主要原理是通过低温有效地抑制微生物的生长和繁殖,降低酶的活性,减弱食物内的化学反应,较好地保持食品原有的风味和营养价值。

低温储存按其温度的不同可分为冷藏法和冷冻法,冷藏的温度是在冰点以上。采用冷藏的食品主要有蔬菜、鲜肉、鲜鱼、水果、奶制品以及熟制品和半成品等食品。冷冻法是将食品在低于冰点的环境中冻结,适用于储存动物性食品等。冷冻法可以使食品保存较长的时间而不变质。但是长时间存放,食品的水分减少,营养价值降低,吃起来口感也不好。另外,两种以上食品存放在同一个冷冻箱内时,要用无毒害的食品袋密封隔开,预防气味相互污染,同时也可减少水分的流失。

4.通风、避光、干燥处贮存食品

粮食豆类食品要放在阴凉、通风处储存,并注意虫鼠、霉变;蔬菜适宜放在低温、通风处储存,但不宜过久存放,绿叶蔬菜和浆果类蔬菜水果不耐储存,应趁其新鲜时食用;表皮较厚的根茎类蔬菜水果能存放稍长时间,如南瓜、洋葱、萝卜等。

(三)加工与烹调制备

食物加工与烹调制备时要尽可能地保持食物富含的营养价值,使幼儿能从食物摄取中得到较多的营养素。在摘拣、洗刷、烧煮等过程中,增加食物的色香味,提升幼儿的食欲和营养吸收。

1.尽量不破坏食物中的营养物质

受外力因素的影响，食物在加工与烹调时会在一定程度上造成食物中的营养素流失。因此，在加工与烹调时要尽量保留更多营养物质。

（1）洗：蔬菜整颗洗涤，选去黄叶、烂叶，再分瓣洗涤，最后用清水冲洗。这样能减少表面微生物，除去寄生虫卵、残留农药。

（2）切：根据幼儿消化机能尚未发育健全的特点，制作菜肴时原料要切得细、碎，但又易造成原料与空气的接触机会和接触面增多，导致营养素的氧化、流失，所以具体操作时应尽量做到现切现烹，以减少营养素的损失。

（3）配：既要讲究配色、香、味、形，也要注意营养，注重荤素搭配，粗细搭配（如炒肉加土豆、胡萝卜、豆腐、蔬菜、青菜心等），这样可利用蛋白质的互补作用，提高其营养价值。

（4）烫：根据菜肴的属性，原料常需要焯水处理。蔬菜在沸水中翻个身就捞起，既能保持鲜艳的色泽，又不影响口味。例如，菠菜食用前需要焯水，因为菠菜含草酸多，吃起来有点发涩，草酸可与食物中的钙结合形成草酸钙，阻碍人体对钙的吸收。将菠菜焯水1—2分钟，让草酸溶解在开水中，焯水后菠菜中80%的草酸便可被除去。

（5）烹：减少营养素流失的烹调，原则是旺火急烧，即火大油旺急炒时，加热时间不宜过长，以免水溶性蛋白质流失。如蛋、鸡、鸭、猪血中均含丰富的水溶性蛋白质，在加热过程中这些水溶性蛋白质会逐渐凝固，加热时间越长，凝固得越硬，影响口感及营养的利用。

（6）调：烹调时加盐不宜过早，过早会使渗透压加大，使水溶性营养素物质氧化或流失，而煮豆、炒肉时加盐太早，会使原料中的蛋白质凝固过早，不能溶于汤中，影响汤汁的浓度。因此，食盐在菜肴起锅时放入最好。

2.避免有毒有害物质产生

食物的烹煮过程、搭配食用时如有不当，可能会导致食物中毒现象，为避免这种情况的发生，炊事人员应当有一定的知识储备。例如，在熬煮豆浆时，里面所含有的皂素会使豆浆产生大量泡沫，使人误以为已经煮熟，然而此时并未煮熟。营养师建议，出现冒泡时还要再多煮5～10分钟，黄豆才算彻底熟透。如果豆浆未煮熟就饮用，会导致幼儿蛋白质代谢障碍，并引起中毒症状。

典型案例

幼儿园食物中毒事件

2018年1月22日中午1点左右，河北省某县民办幼儿园误用亚硝酸盐，导致该园部分幼儿出现食源性疾病。经调查，事件是由于1月20日该幼儿园负责人白某用自行购买的2两亚硝酸盐(当地村民过年传统方法烹烧猪肉常用的材料，民间俗称火硝)，在幼儿园食堂加工春节自用肉食后，将剩余的不足1两亚硝酸盐留在幼儿园食堂厨房。因亚硝酸盐与食盐相似，22日中午，该园炊事员徐某在烹制大锅菜过程中，误将亚硝酸盐当作食盐放入炖菜中，导致食源性疾病事件发生。

截至22日24时，已有35名幼儿离院回家，59名仍在留院观察，13名症状较明显的患儿腹痛、呕吐等症状基本消除。根据省儿童医院专家意见，所有留观患儿到23日中午如无不适即可出院。

事发后，相关部门查封了涉事幼儿园，对幼儿入园问题进行了妥善处置，并对幼儿园负责人白某和炊事员徐某等相关人员开展深入调查；县市场监管局对现场和可疑问题食品及用具进行查封，并委托第三方对相关样品进行应急抽检；县纪委对相关责任部门和责任人启动问责程序；有关执法部门立案调查。同时，在全县中小学校、幼儿园及所有食品加工销售场所开展安全大检查。

思考问题：

(1)该幼儿园食物中毒事件产生的主要原因是什么？

(2)如果你是该幼儿园园长，你将如何处理该事件？你会采取哪些措施来避免今后再出现这类食品安全事件的发生？

(四)食堂及炊事人员的卫生

幼儿园膳食卫生管理除了要加强食品各环节的卫生管理外，与食堂直接相关工作人员的卫生工作也是重要的管理内容。对食堂卫生和炊事人员的卫生也必须做出明确要求。

1.食堂卫生

幼儿园食堂要接受当地卫生主管部门的卫生监督，申请《卫生许可证》。

(1)食堂应有合乎卫生要求的工作面积。

(2)布局和工艺流程合理，生熟食分开处理。

(3)食堂应配有排烟、排气、防尘、防蝇、防鼠、防蟑螂设备。

(4)食堂应提供清洁水源和排污设施,杜绝明沟和积水,墙壁、地板要防水防潮,易清洗。

(5)食堂要配有消毒设备,餐具要及时清洗消毒,消毒后放在干净容器或碗柜内备用。

(6)食堂还应有垃圾和污物处理设施,及时处理废物,防止细菌、蚊虫滋生。

2.炊事人员卫生

炊事人员入职前必须做好严格体检,接受卫生知识培训,凭卫生防疫部门办理的合格证上岗。进入岗位后,每年进行1次体检,如发现传染病(如皮肤病、肝炎)要立即调离炊事员岗位,痊愈经体检合格后方可回到原岗位。

炊事人员工作时必须穿工作服、戴工作帽和口罩;同时要注意个人清洁卫生,勤洗手、勤换衣服,制备食品前、便后等要及时洗手;做菜、分菜时不直接用厨具取食尝味,也不对着食物讲话、打喷嚏或咳嗽;不得直接用手拿食物。

第三节 幼儿园财务与设施管理

一、幼儿园财务管理

(一)幼儿园财务管理的含义及意义

幼儿园财务管理深受幼儿园发展的影响。要想理解幼儿园财务管理的内涵,需要先了解财务管理及教育财务管理的含义。

1.财务管理

财务管理是基于企业再生产过程中客观存在的财务活动和财务关系而产生的,是组织企业财务活动、处理财务关系的一项经济管理工作,是企业管理的重要组成部分。[①]王雯认为财务管理是指利用资金、成本、收入等价值指标,来组织企业中价值的形成、实现和分配,并处理这种价值运动的经济关系。财务管理区别于其他管理的特点在于,它是一种价值管理,是对企业再生产过程中的价值运动所进行的管理。具体来说是对资金的管理,即对资金的筹集、使用、回收、分配以及由此发生的各种经济关系的管理。[②]

2.教育财务管理

教育财务管理:"在理念上与一般经济管理中的财务管理是一致的。是教育事业单位对财务活动进行组织、指导、控制、分析和监督的系统管理工作,是教育事业单位管理工作的一个极为重要的方面,也是国家财政工作的重要组成部分。"[③]

"经费""人事""组织"及"管理"都是教育实践中教育行政工作运行的重要条件,其中,"经费"为重中之重。即使教育行政管理人员的经验再丰富、行动计划再完善、组织再健全,如教育经费缺乏或使用不当,教育的效率也难以提高。"财政为庶政之母",只有经费问题得到妥善解决,教育行政才能得以顺利开展。但同时需要注意的是,如果

---

① 樊莹,罗淑贞.财务学原理[M].广州:暨南大学出版社,2002:11.
② 王雯.学前教育管理学[M].北京:北京大学出版社,2014:279.
③ 范先佐.教育财务与成本管理[M].上海:华东师范大学出版社,2004:26.

经费较为充裕,但运用及管理不当,也会影响教育质量。

3.幼儿园财务管理

作为教育财务管理的一种形式,幼儿园财务管理与教育财务管理有着同样的特点。目前,幼儿园面临办园体制多样化、办园经费多元化等问题,使得当前幼儿园的财务管理有其一定的特殊性和复杂性。如果幼儿园的财务管理得当,幼儿园会运行顺利;如果幼儿园的财务管理不当,则会给幼儿园的管理和发展带来不利影响。

幼儿园的财务管理,遵循了国家财政法规的要求,是幼儿园对财务活动进行组织、指导、控制、分析和监督的系统管理工作;是依据幼儿园的发展规划,对预算内外资金的筹措、计划、使用、监督等工作的管理。幼儿园财务管理是整个幼儿园管理的重要组成部分。幼儿园各项资金的安排和使用,直接关系到党和国家有关政策在幼儿园的贯彻执行,关系到幼儿园工作开展的成效。

幼儿园的财务管理涉及国家在经济活动中的法律和法规,涉及许多经营管理之道。"当家理财"是园长的重要职责之一,尤其是在自负盈亏的私立幼儿园,园长在明确幼儿园发展方向的同时,还要具有经营一个幼儿园所必需的处理各种财务、事务的能力。然而,当前我国大量园长来自教育一线,相当数量的人在担任园长职务前未接受过财务管理培训,这与幼儿园总体发展的要求不相符。现阶段,我国幼儿园财务管理在幼儿园管理活动中居于重要地位,且有不断加强之势。园长应尽快熟悉幼儿园经费的来龙去脉,掌握幼儿园经费管理所需遵循的法规制度,运用管理的原理指导专业财会人员管理好幼儿园的经费。

4.幼儿园财务管理的意义

(1)有助于有效筹措幼儿园经费

幼儿园教育是"准公共产品",一方面是国家的事,因为幼儿园教育培养的对象在未来要为国家和社会服务;另一方面也是公民个体的事,因为公民可以通过接受良好教育,为自己及家庭谋福利。教育经费既不应该由国家全部负责,也不应该由公民个体独自承担,可以充分利用分散于各地区、各部门、各团体或个人手中的可用于教育的那些财源,多元化地筹集这些资金到教育事业中,弥补国家在教育投入上的不足,减轻受教育者的家庭负担。在我国当前的情况下,要充分发挥幼儿教育多元化的筹资功能，就要发挥幼儿园财务管理筹集幼儿教育经费的能力，把分散的教育经费通过各种形式筹集起来，以弥补幼儿教育经费投入的不足。

(2)有助于合理配置幼儿园资源

资源合理配置是指社会的人力、物力在价值上反映的资金等资源，得到优化配置和高效利用。合理有效地配置资源，是幼儿园财务管理的基本要求。当前，幼儿教育经费的支出面很多，尤其是一些民办幼儿园，从员工的工资发放到业务所需，从房舍的租赁、修缮到购买一盆一锅，大大小小，方方面面，都需要花费资金。以怎样的比例在各项工作之间投放有限的财力，事关幼儿园的生存。并且这种配置方式不是永恒不变的，而应随着幼儿园不同时期不同条件下的需要而做出必要的调整。不同的配置思路在一定程度上反映了幼儿园一定条件下的工作重点，体现了该园一定时期的管理导向。如何让来之不易且有限的教育经费发挥最大作用，是幼儿园财务管理需要解决的问题。

(3)有助于合理地调节教育资金

加强教育财务管理有助于教育资源的合理配置。但也应该看到，教育资源的科学合理配置并不是一蹴而就的。在实际的幼儿园教育管理发展过程中，由于制约幼儿园生存和发展的因素复杂多样，且多数是不稳定的、可变的，相互集结并不断重组后就构成了教育发展过程中千变万化的客观现实。正是这种客观存在且不断变化着的现实，要求教育财务管理能够从实际出发，使教育资源的配置更具有针对性，也更富有效益。幼儿园的资源配置方式不是一成不变的，应随着幼儿在不同时期不同条件下的需要而做出必要调整。

(4)有助于有效监督教育资金的运用

管理者对教育经费的配置使用，就是理财用物，也就是管理者具有用财用物的权力。加强对幼儿教育事业发展的监督管理，并非对幼儿园管理者的不信任，而是事业发展和教育管理自身的客观要求。只有保持正常的工作秩序，建立公开、透明、诚信的良好环境，幼儿园教育事业才能在整体协调发展的轨道上运行。

对幼儿园财务管理进行监督是整个教育行政监督管理机制中的一环，是一种经济监督或经济约束，通过监督教育单位的经济行为和资金运动，保证教育系统各部门、单位的经济行为立于法制和政策允许的轨道之上。通过对教育部门、单位和个人违反财经纪律行为的处理和制裁,使教育系统内部形成正确的导向,产生巨大的激励或约束作用,督促教育部门、单位和个人努力改进工作,从而不断提高教育经费的使用效率。

(二)幼儿园财务管理的主要内容

明确幼儿园财务管理的主要内容,才能有效地进行财务管理。总体包括幼儿园经费的筹集、分配和有效使用三个方面,具体表现如下:

1.积极筹措幼儿园教育经费

不同类别、性质的幼儿园,教育经费的来源有较大的差别。通常,公立幼儿园的经费主要依靠政府的财政拨款,主要来源有四:其一,国家和主管单位的拨款,有些幼儿园虽无直接的经费划拨,但是职工的工资、津贴的发放以及对幼儿园正常开支的报销、资助,也是通过国家拨款的形式。其二,向幼儿家长收取的幼儿入园学习生活所需的一切费用,包括幼儿的托儿费、伙食费、杂费及某些形式的管理费等。其三,社会力量或公民个人对幼儿园的资助。其四,幼儿园自创自收的部分费用。相比之下,民办幼儿园的经费通常缺乏国家正常的经费资助,呈现多元化趋势:有组织团体的投入、个人的投入、社会的捐助、学费的收入等。幼儿园应敢于面向市场、审时度势、抓住机遇、大胆改革、拓宽财路、多渠道筹措资金,最终实现以园养园。

2.做好幼儿园教育经费的预算和决算

幼儿园的财务预算是指幼儿园根据发展计划和任务而编制的年度财务收支计划,是幼儿园各项计划的具体量化,是财务管理的核心,是幼儿园管理的重要组成部分。

(1)幼儿园财务预算的内容

幼儿园财务预算管理内容包括预算的制订、预算的执行和控制、预算的调整和预算的分析。

①财务预算的制订

预算制订是幼儿园在预测和决策的基础上,围绕幼儿园的总体目标,对一定时期内幼儿园资金取得和投放、各项收入和支出等资金运作所做的具体安排。幼儿园编制预算,一般应按照“上下结合、横向协调、逐级汇总”的程序进行(见表6-1)。

表6-1 幼儿园预算的基本编制程序

序号	项目	内容
01	制订年度计划	预算的基础是计划,预算促使幼儿园的各部门提前制订计划
02	幼儿园各部门预算编制	幼儿园按照各部门的年度工作计划以及幼儿园提出的财务预算目标,分项目、分月份编制详细的预算
03	幼儿园财务部门审核	幼儿园财务部门对各部门上报的预算进行审核、汇总,要解决错误的、有疑虑以及不合理的预算编制
04	预算确认	幼儿园财务部门与各部门共同确认预算后,由财务正式编制幼儿园年度财务预算草案,提交上级部门批准
05	下达执行	预算经批准后,下达至各预算部门执行据此作为财务次年度实际与预算目标的分析基础

②财务预算的执行和控制

确定幼儿园年度计划并以此编制幼儿园预算后关键在于如何组织实施,如何按预算进行控制。预算控制由事前控制、事中控制和事后控制三部分组成。其中,事前控制主要指事前要对某一行为或某一事项按预算编制详细的实施方案;事中控制主要指在实施过程中严格按预算执行,不得超过预算范围;事后控制主要指事后审计绩效,检查是否达到预算目标。

预算控制可同时采用多种手段,但主要是财务手段,把财务控制同法制控制、制度控制乃至权势控制有机结合起来。控制的层次应界限分明,逐级控制。预算控制是激励和约束机制的关键,目标明确后,要确保目标的实现,必须严格按目标组织实施。在实施过程中,为了防止幼儿园弄虚作假,必须进行严格的检查监督,事后进行审计,以确保其真实性,为奖惩做准备。

③财务预算的调整

由于编制预算时掌握的情况不可能全面完整,或幼儿园外部因素发生变化,编制预算的基础就发生了变化,如仍按原预算执行显然不合理。因此,预算的调整十分必要。

④财务预算的差异分析及考核

要使预算的目标成为现实,预算的控制是关键。预算控制涉及幼儿园的各个方面,但财务管理始终发挥着积极作用。整个预算控制中,主要工作重点是分析预算与实际发生活动的差异因素，不论是有利的还是不利的，均需找出差异的主要环节，将信息及时反馈到幼儿园财务部门，督促有关部门制定解决办法。通过分析出现差异的原因，找出管理中的强项和弱项，总结经验教训，加强管理。

(2)幼儿园财务预算的原则

①真实性原则

幼儿园预算必须以幼儿园发展目标和履行幼儿园职能为依据，应认真测算每一收支项目的数字指标，力求各项收支数据真实准确。机构、编制、人员、资产等基础数据资料要按实际情况填报；各项收入预算要结合近几年实际取得的收入并考虑增收减收因素测算，不能随意夸大或隐瞒收入；支出要按规定的标准，结合近几年实际支出情况测算，不得随意虚增或虚列支出；各项收支要符合部门的实际情况，测算时要有真实可靠的依据，不能凭主观印象或人为提高开支标准编制预算。

②完整性原则

预算编制要体现综合预算的思想。所有收入和支出全部纳入预算，对幼儿园的各项财政资金和其他收入统一管理，统筹安排，统一编制综合预算。编制预算时，要将幼儿园取得的包括财政性资金在内的各项收入以及相应的支出作为一个有机整体进行管理，对各项收入、支出预算的编制做到不重不漏，不得在预算之外保留其他收支项目。

③科学性原则

预算编制要具有科学性，具体主要体现在：预算收入的预测和安排预算支出的方向要科学，要与幼儿园发展状况相适应，要有利于促进幼儿园全面、可持续发展；预算编制的程序设置要科学，合理安排各阶段预算编制的时间，既以充裕的时间保证预算编制的质量，又要注重提高预算编制的效率；预算编制的方法要科学，预算编制要制定科学规范的方法，测算的过程要有理有据；预算的核定要科学，基本支出预算定额要依照科学的方法制定，项目支出预算编制中要对项目进行遴选，按照轻重缓急排序，科学合理地选择项目。

④稳妥性原则

预算的编制要做到稳妥可靠，量入为出，收支平衡。收入预算要留有余地，没有把握的收入项目和数额不要列入预算，以免收入不能实现时，造成收入小于支出；预算要先保证基本工资、离退休费和日常办公经费等基本支出，在预算执行过程中不断调整。项目预算的编制要量力而行，有多少钱办多少事。

⑤重点性原则

预算编制要做到合理安排各项资金，在兼顾一般的同时，优先保证重点支出。根据重点性原则，要先保证基本支出，后安排项目支出；先重点、急需项目，后一般项目。基本支出是维持幼儿园正常运转所必需的开支，如教职员工基本工资、国家规定的各种补贴津贴、离退休人员的离退休费、保证幼儿园正常运行所必需的管理费用以及完成幼儿园任务所必需的其他支出，因此，要优先安排预算，不能留有缺口。

(3)幼儿园经费的决算

教育经费决算是对教育预算执行情况的检查和总结，通过决算来检查预算执行情况——总结经验——找出问题——采取措施——改进和加强教育财务管理，最终提高管理者的教育财务管理水平。

幼儿园经费决算程序分为以下几个步骤。首先，拟定和颁发决算的编制办法。为了提高决算的质量，园长协同财政组在总结上年预决算工作经验的基础上，根据当年的上级财政政策和有关制度，确定本年度决算编制的基本要求和具体办法，主要内容包括编制决算的原则、要求、有关问题处理意见、编制方法和决算报送期限等。其次，进行年终收支清理。包括：清理核对年度预算数字和各项拨款项；清理各项往来款项，清理财产物资，各项固定资产和库存物资应在年终前进行认真清点盘存，保证做到账物相符、账账相符；清理各项预算外的收支款项，属于当年的收支要及时进账。再次，制定和颁发决算表格。所有教育经费的决算表格按反映的内容分为三大类：第一，决算支出总表、决算支出明细表、资金活动情况表；第二，基本数字表；第三，其他附表或说明书。最后，相关执行人员要按照规定的决算表格进行详细的填列。先由执行预算的基层单位做决算，自下而上、层层编制、审核汇总。

幼儿园经费的决算工作由园长协同财务人员共同进行，也可吸收群众代表参加。一般来说，公立幼儿园的决算完成后，要经上级单位汇总，逐级上报，最后由教育主管部门编成部门的决算，报送同级财政部门。财政部门对教育主管部门编制的决算进行审核，列入年度财政决算，逐级批准核销。目的在于准确地总结一学年幼儿园经费的收支状况，通过决算，积累幼儿园经费管理的经验，探索经费使用的规律，为下一学期的经费预算提供参考依据，不断提高园长当家理财的能力，进而提高全面管理幼儿园的水平。

3. 合理分配幼儿园教育经费

幼儿园的各项工作对资金的需求不平衡，应本着照顾重点、兼顾一般的原则合理地分配有限的资金，确保幼儿园各项工作顺利开展。幼儿园的经费支出主要有两项，即人员费和公用经费。人员费包括职工工资、奖金、医疗费等。公用经费包括办公费、业务培训费、水电煤气费、维修费、设备费、资料费等。在资金管理过程中，应注意将幼儿园的各项工作按照主次轻重缓急的顺序安排好，根据需要合理地分配，保证最重要事项的完成。

4. 建立健全各项财务制度

第一，实行财务工作园长负责制。园长要熟悉、了解本园的财务工作，掌握一定的财务管理知识，全面负责本单位的财务工作。

第二，单独设置财务机构的幼儿园，实行“统一领导，统一管理”的体制。没有单独设置财务机构的幼儿园，实行“集中管理，分园核算”的体制。幼儿园设会计、出纳各一名，在园长的领导下，管理园内财务活动，统一向财务机构报账。

第三，建立健全各项财务制度，严格实行财会人员岗位责任制。健全各项经费入账制度、报销制度、出纳岗位职责制度、财产分类制度等，使得幼儿园财务管理有章可循、有据可依。幼儿园财务人员应认真履行工作职责，严格执行各项规章制度，定期核对、公布收支情况。

5. 加强幼儿园财务监督

财务监督是实施有效的经济约束、法律约束的机制之一。会计的基本职能是核算和监督，强化会计的监督和控制职能，可以保证资金合法、合理、有效地利用。如当幼儿园的领导层出现违反幼儿园财务制度规定的情况，会计应积极地予以解释、说服和劝导。又如对幼儿园教学资金使用的管理，为保证该资金按规定用途进行使用，必须充分加强对该资金支出的审查与监督。内控制度的建立是财务监督的基本保证，会计人员在工作中依法办事、按章办事，提高会计工作的效率，能更好地发挥会计监督在幼儿园经济活动中的作用，保证各项财务活动正常有序进行。

小资料6-2

幼儿园财务管理细则

为加强财务管理，提高资金使用的效益，促进幼教事业的发展，根据《事业单位财务规则》和《会计法》等国家有关法规，结合幼儿园自身特点，特制定本管理细则。

幼儿园财务管理的基本原则：贯彻执行国家有关法律、法规和财务规章制度，坚持勤俭办园的方针；正确处理事业发展需要和资金供给的关系，社会效益和经济效益的关系，国家、集体、个人三者利益的关系。

幼儿园财务管理的主要任务：合理编制园内经费预算，依法多渠道筹集事业资金；加强核算，提高资金使用效益；加强资产管理，防止资产流失；建立健全财务规章制度；对幼儿园经济活动进行财务控制和监督；定期进行财务分析，如实反映幼儿园财务状况。

一、关于财务管理体制

1. 园长要对本单位的财务工作全面负责。

2. 单独设置财务机构的幼儿园，实行“统一领导，统一管理”的体制。幼儿园财务活动在园长的领导下，由上级财务部门统一管理。没有单独设置财务机构的幼儿园，实行“集中管理，分园核算”的体制。园内设会计、出纳各一名，记流水账，在园长领导下，管理园内财务活动，统一向中心财务机构报账。

3. 幼儿园财务人员应认真履行工作职责，有权要求本园所有人员严格执行国家有关财经纪律和财务会计制度，有权参与本单位经费编制计划、签订经济合同等有关财务活动，有权监督、检查本单位有关财务收支、资金使用及财产保管等情况。

二、单位预算管理

幼儿园应本着“量入为出，统筹兼顾，保证重点，收支平衡”的原则，编制每学期的经费预算。

1. 编制方法：

收入预算：应考虑幼儿园维持正常运转和发展的基本需要，参考以前年度预算执行情况，根据预算年度的收入增减因素和措施测算编制。支出预算：根据幼儿园本身财力可能、幼儿园正常教育活动和发展计划，妥善安排其他各项必需支出。

2. 预算编制的审批：

每学期初幼儿园财务领导小组成员商讨通过，将本学期的经费预算情况作详细安排。(人员工资,大型维修及设备,日常开支),报上级财务主管部门审核批复并备案。重大事件需调整预算通过财务领导小组讨论并上报批准。

三、收入管理

1. 收入包括学费收入,其他收入(捐资助学、固定资产出租、利息、兴趣班开设等)。

2. 幼儿园必须严格按照国家有关政策规定,依法组织收入,各项收费严格执行国家规定的收费范围和标准,并使用合法票据,各项收入必须全部纳入幼儿园收入账户,统一管理,统一使用。

四、支出管理

1. 幼儿园支出是指开展教学及其辅助活动发生的支出,内容包括:其他工资、职工福利费、公务费、修缮费、业务费、设备费、其他费用等。

2. 幼儿园支出应严格执行国家财务规章制度及上级主管部门开支范围及开支标准,没有统一规定的由幼儿园结合本园情况而定,并报上级主管部门备案。按预算正常执行,各项支出应按实际发生数列支。对于大型的维修及设备购置应预先经财务小组协商签字,报上级主管部门审批备案方可支出执行。幼儿园应加强工程项目的预算,把好质量管理等环节,防范决策失误及有关舞弊行为。工程结束后,报请审计部门审定。

五、幼儿园财务管理制度与规范

1. 认真贯彻执行党和国家财经方针、政策、法令,执行和宣传《会计法》,维护财政法规、财经纪律,保护国有资产的安全。

2. 编制和执行幼儿园的各项财务计划,拟定幼儿园具体财务管理制度(方法),做好记账、算账、报账工作。

3. 坚持"量入而出、收支平衡"原则,精打细算,厉行节约,合理分配,提高资金使用效率。

4. 幼儿园的经济活动由单位法人代表负责,财务人员协助园长管理幼儿园日常财务工作。

5. 幼儿园财务工作系指幼儿园行政及工会的工作,幼儿园财务人员在上级财务部门的领导下,统一处理各项财务工作。

6. 根据财务监督制度的需要,设置会计、出纳、财产管理员岗位。

7. 会计人员要做好幼儿园财务预、决算工作,准确做好幼儿园账务、结算上报工作,做到账实相符、账账相符、账表相符、表表相符,认真执行会计岗位责任制所规定的各项职责。

8. 幼儿园出纳人员要认真管理好幼儿园的现金、票据、保险箱。严格执行财务制度及报销手续，认真履行出纳岗位制度所规定的各项职责。

9. 财务人员应当认真做好幼儿园各项资金的管理工作。认真审核幼儿园的各项财务收支凭证，各种凭证内容必须填写完整。财务人员有权拒绝受理不符合财务规定的业务，不做假账，不设账外账，不设小金库。

10. 做好财务档案管理工作，未经领导同意不得向外人提供、传阅、复印会计资料，妥善保管各种财务会计资料。

11. 认真执行财产管理制度，并制定本单位财产管理办法，不擅自购买控购商品，执行政府采购制度。

12. 在财务会计工作方面取得显著成绩者、在维护财务制度或财经纪律有成绩者、在财务管理理论有创见并促进幼儿园财经工作管理者、在提高资产使用效益防止损失浪费有成绩者，由幼儿园及上级部门给予奖励。

13. 不遵守财务制度，工作失职，造成幼儿园经济或其他损失者，由幼儿园及上级部门给予惩处。

（三）幼儿园财务管理的基本原则

1. 健全规章、依法办事

财务管理的一个重要特点是政策性强，幼儿园的财务管理需要有既严格又合理的管理制度来规范财务人员的行为。在微观方面，有的幼儿园制定了多达十余项的财务管理细则，以便幼儿园的财务活动有章可循。宏观方面可供幼儿园财务管理做参照的政策法规制度也存在，既有国家共性的，也有幼儿园主办单位制定的。但总的来看，在制度建设方面，还存在不少需要完善之处，如不同幼儿园聘用制人员的待遇差异很大，缺乏适应一定辖区内的有约束力的制度。比如，某省在聘用的幼儿园教师待遇方面没有统一规定，导致同省同类型幼儿园为聘用的青年教师所提供的待遇存在明显差异。

2. 做预算要从实际出发，量入为出

每学期初，要根据实际收入和工作的需要，由园长、财会人员一起编制预算。预算由财会人员起草，园长把关，园长审批后报园务委员会和上级主管部门。为了正确地预算，园长和财会人员必须共同研究，充分分析现实情况和一学期中将面临的费用情况。分清主次轻重，全面安排各种用途，形成决定。在经费的使用方面，园长应量力而行，不盲目攀比，脚踏实地、因地制宜地开展幼儿园的各项工作。

3.积极稳妥,留有余地

幼儿园的财务管理,既要考虑到收入的增加,又要严格核实,避免风险,减少赤字隐患。计划安排不能太满,必须留有余地。具体地说,在安排前,先根据各项基本数字(包括幼儿园的收入、教职工的工资福利、公共经费等)、事业计划、标准或专项补助核实上级下达的指标数(或包干数),然后在指标数以内适当地预留少量机动经费,以备预测不足时进行调整。

4.勤俭节约,追求效益

现阶段,我国多数地区的幼儿教育经费不足,因此应该注意勤俭节约,把有限的资金用到最需要的地方。任何时候都要坚持开源节流、勤俭节约的优良作风。园长平时应教育全园职工不讲排场、不铺张浪费,在各项具体工作中尽量发挥聪明才智,争取以最小的资金投入换来最佳的效果。引导职工认识到这个过程并不仅仅是节约的过程,也是创造的过程,是体验工作生活乐趣的过程,它能让人自信、开朗、积极。

5.民主管理,构建和谐

幼儿园财务管理的基本要求是,幼儿园园长应有一颗公正的心,能制定配套合理的、大家能接受的职工经济分配制度、奖惩制度等;另外,实施民主管理,经费的管理要增加工作的透明度,引进民主监督机制。民主管理财务,既有政治上的依据,又有管理心理学的依据。在教育经费的使用上,要发动群众参与思考,吸纳大家的合理化建议,向全园职工定期公开财务收支,自觉接受职工的监督。最终,提高职工的主人翁意识,构建和谐的工作氛围,充分调动职工的工作积极性。

(四)幼儿园财务管理应注意的问题

1.园长要树立经营管理理念

在市场经济条件下,幼儿园面临着新的挑战。幼儿园要生存、发展,就必须增强自身的竞争力。这就要求园长要及时转变思想,接受新的管理和教育理念,做一个懂管理、善经营的“职业型”园长。但是幼儿园的经营不同于企业,其特殊性体现在管理的经济价值和教育价值同时并存,又往往是相冲突的,幼儿园必须在体现教育价值的前提下去追求经济价值。如何让幼儿园的资产不断增长,如何减少不必要的开支,如何使幼儿园的教育质量有雄厚的财力保障等都需要园长拥有一定的管理理念和经营策略。

2.加强对收入支出的管理，实行财务公开

从理论意义上说，幼儿园的收入是指其开展教学及其他活动所依法取得的非偿还性资金，因此，应重点强调其合理性、合法性和合规性。通过明确幼儿园的收费项目，严格其收费标准，规范其教育收费，进而从根本上杜绝乱收费的现象，充分保证幼儿园收入的正规性。而在幼儿园支出的管理方面，应通过建立健全的经费支出管理制度将幼儿园的任何财政支出都纳入规范化管理的范围中。对于幼儿园与其他单位之间往来款项的核算，应与幼儿园自身的收入支出作清晰的界定，并将所有已开具财政票据的收费款项按时上缴(如果遇到资金不足的情况再通过申请给予资金的及时拨付)。推行民主理财，实行财务公开，明确幼儿园领导和财务人员职责，建立健全内部监控机制。

3.提高会计人员综合素质

财务风险是否可以有效地规避，同会计人员职业素质、职业精神紧密相关。首先，会计人员要有相当的业务知识。应当具有符合规定的学历并通过职称考试，不仅要具有较高的知识水平，而且要有丰富的实践经验，熟练掌握会计的基本技能和基本方法的同时深入学习掌握税务统计、管理等知识。其次，增强风险意识。面对复杂多变的经营环境，会计的风险急剧加大，如何防范和降低经营风险是财务监督不容忽视的问题。应树立风险意识，从会计核算的事中管理转变为会计的事前监督，通过风险预警、风险识别、风险评估、风险分析和风险报告等措施，建立财务风险监督的评估方法和框架，将经营风险控制在最低范畴。

4.处理好开源与节流之间的关系

在市场经济条件下，广开资金源已经成为幼儿园一项十分艰巨的任务。幼儿园管理者要想办法多渠道筹措资金，同时注意节流，将每一分钱都用在刀刃上，杜绝铺张浪费。开源和节流是幼儿园财务管理的两大“法宝”。只知节流、不善开源的幼儿园会比较被动，是不能适应市场经济发展的；而只开源不节流，有限的资金很快被用完，日后工作便无法开展。因此，幼儿园财务管理要处理好开源与节流之间的关系，保障幼儿园在各项工作顺利运行的同时得到可持续发展。

二、幼儿园设施管理

(一)幼儿园设施管理的对象

幼儿园的教育设备设施可分为两大类:一是设备,二是设施。它们都是开展幼儿园所必需的物品,人们通常人为地将它们略作区分,认为相对于设施来看,设备是小型的、可以灵活地移动和使用的物品,如多媒体设备、钢琴、教玩具、餐具等,而设施往往指大型的基本建设类的项目及其配套设施,如园舍、场地及场地上固定的大型玩具、专用的幼儿接送车、环境等。

1.园舍、房屋的管理

园舍场所环境是幼儿园正常运行的先决条件。《幼儿园管理条例》第八条规定:举办幼儿园必须具有与保育、教育的要求相适应的园舍和设施。幼儿园的园舍和设施必须符合国家的卫生标准和安全标准。可见,幼儿园的基本建设是物的管理的一大内容,抓好幼儿园的基本建设工作,总的指导原则是立足于为保教服务,基建及配套设施的选择安排都必须符合幼儿身心发展的规律,遵循幼儿教育的要求。

幼儿园的基建管理应依据国家的有关法规进行。第一,1988年7月由国家教育委员会、建设部颁布的《城市幼儿园建筑面积定额(试行)》。第二,2016年11月由住房和城乡建设部颁发的《托儿所、幼儿园建筑设计规范》。这两份文件是幼儿园园长或幼儿园的主办方对幼儿园基本建设进行管理的法律依据。

(1)关于园舍的选址

幼儿园应建在清洁、安全、安静、无污染的地区。通常设置在居民区,远离铁路、工厂区等。房屋需离街道一段距离,避免噪音的干扰。园舍地基应选择地势平坦、场地干燥坚实、易于排水的地段。

(2)关于房屋的建筑

幼儿园的建筑有平房和楼房,楼房不宜太高,一般以二层、三层为适宜,以方便幼儿上下活动。在城市中,由于用地紧张,一些幼儿园不得不向空中发展,但无论如何,应将楼层控制在五层以下,并且将幼儿活动室安排在低层。房屋建筑宜采用较集中的形式,以便尽可能提供较多的户外活动场地。园舍的方向以南向或东向为宜,以增加阳光的照射量。楼顶平台必须有护栏,楼梯的设计要尽量平缓,增设扶手以利于幼儿安全地上下楼。整个房屋的建筑应将安全意识摆在首位，保证房舍有较高的建筑质量。

(3)关于房屋的使用分布

幼儿园的园舍使用一般可分为三类。

①幼儿学习生活用房，包括每班必须有一个活动室、寝室、卫生间、贮藏室。现今许多全日制幼儿园将活动室与寝室合并使用，合并设计时其面积要按国家规定的两者面积之和的80%计算。此外还有幼儿园公用的音乐、体育活动室等。

②办公服务用房，主要包括教职工办公室、会议室、值班室、医务保健室(包含隔离室、晨检室)及教职工值班宿舍、卫生间等。

③后勤供应用房。主要包括幼儿食堂(或称厨房)、消毒室、开水室、洗衣室及库房等。

《城市幼儿园建筑面积定额(试行)》和《托儿所、幼儿园建筑设计规范》中，对上述幼儿园各班组用房的设计规格和质量要求做出了明确的规定。在实际管理中，为了给幼儿提供良好的条件，总务人员应认真参照规范执行。在按照上述“规范”布局幼儿园用房时，应将重点放在幼儿学习生活用房的进一步设计上，力求功能齐全、布局合理，注意保证房屋的通风、采暖和照明条件，并让各班幼儿的活动室保持一定距离，避免相互干扰。幼儿卫生学对这个问题提出了一些更具体的要求，这也是总务工作者需学习研究的。

(4)房屋使用过程中的维护

对房屋、场地等不动产进行必要的维修保养，是管理财产的必要措施。维修、保养可以延长其使用寿命，确保使用安全，以充分发挥这些教育资源的作用。主管总务后勤工作的园长应带领保管员等总务人员定期或不定期地检查房屋、房顶、墙壁、地面、天花板、门窗及相应的水电、供暖、通风等设施，发现问题及时修缮，更应建立相关的制度，做好预算，对园舍实行定期的全面整修，保持房屋及配套设备的完好。

2.幼儿园环境的管理

(1)幼儿园户外活动场地的创设

幼儿园除园舍用地外，还应留有足够的户外活动场地，以便幼儿充分呼吸新鲜空气、接触阳光，进行身体锻炼。户外活动场地以人均面积3平方米为宜。户外场地应加以绿化，绿化面积可占户外场地总面积的15%—50%；户外场地也应美化，或建成优美洁净的庭院模式，或建成花园、果园的形式，使幼儿园真正春有花、夏有荫、秋有果、冬有青，真正成为幼儿的生活乐园。户外活动场地更要健身化、趣味化、儿童化，设置大中型运动器械，供幼儿攀、爬、钻、滑、跳，设幼儿玩水、玩沙池等，利旧利废、因地制宜地巧妙布景，使户外活动内容更丰富、更贴近幼儿的心理需要，吸引幼儿的兴趣，提高活动的实际效果。

(2)场地的安全卫生管理

幼儿园的室内外场地也需相关总务人员勤加管理。户外体育活动场地、游戏场地要种植草坪，保持清洁，没有危险物(如玻璃屑、钢筋、铁钉、尖石块等)，以便幼儿开展活动。场地上的大型运动器械也要定期检修，避免年久失修而造成安全事故。户外场地的清洁应做到每天一小扫，每周一大扫，特殊情况需要特殊处理，由清洁工(可以是兼职的)或其他工作人员负责，设卫生包干区、定期检查评比等。室内环境的清洁卫生则主要由各班保育员负责，应坚持天天清洁，日日整齐美观，并且应检查记录，开展评比。总务人员应耐心细致地完成这些工作，为幼儿创造卫生、安全、舒适的成长环境。

3.幼儿园一般用具和器材的配置和保管

(1)室内主要用具

幼儿用房和工作人员用房的室内都需要大量的用具物品，总务工作者应在园长的领导下配置一切必备的家具用品，并妥善保管。

幼儿用房主要指活动室、寝室、卫生间等房间。为了规范管理，可参考1992年12月国家教育委员会颁布的《幼儿园玩教具配备目录》，随着经济的发展，幼儿园还可增加其他适宜玩教具的种类和数量。

对于幼儿活动室中应配置的家具和卫生用具等室内较固定的大型设备，应充分设计，加强适应性，包括家具设备的构造、样式、颜色、数量等，既要适合幼儿的生理心理发展水平，又要便于保教人员的使用，切实让“物”为人服务。

现在的幼儿活动室里，包含许多家电系列，包括空调、电视机、音响、DVD、紫外线空气消毒仪、饮水机等。另外，有的幼儿园还配备有钢琴和多媒体教学设备。幼儿园要坚持量力性原则购置这些物品，充分发挥它们的作用。

在活动室内，幼儿使用率最高的家具物品主要有桌、椅、床、玩具柜、图书架、毛巾架及饮用水设备，对这些物品都应从计划、购买到管理上予以充分考虑，妥善安排保管，以便最优化地为幼儿服务。

关于桌椅，现今幼儿园中幼儿桌椅设计的形状、颜色、功能可谓五花八门，普遍趋势是越来越凸显儿童化倾向，诸如色彩绚丽、桌子拼拆方便（拆开时可让幼儿单独使用，拼接则成花状、圆形或其他形状）。不论如何变化，桌椅主要功能和设计技术指标是相对稳定的。桌椅主要是供幼儿游戏、学习和进餐使用，应保证有利于幼儿身体的发育，有利于保持正确坐姿，不易疲劳、不导致近视和脊柱非正常弯曲，且小、中、大班幼儿的桌椅规格应有所区别。

玩具柜、图书架、毛巾架、水杯架等应以轻质板材料制造，玩具柜应为开放式的，尺寸和高度以便于幼儿拿取、放置玩具为宜。有条件的幼儿园可添置衣柜等，内嵌式壁柜应为首选，以减少占地面积。饮用水设备的放置既要照顾幼儿使用方便，又要有充分的安全保证。

室内用品的设置是为保教工作服务，应妥善保管，由保管员负责登记建卡，定期检查、修理。同时，随着保教事业的发展，室内外环境条件也要不断改善，并及时更新添置教育教学所需的各种教具、用具、玩具，尽可能为保教工作的开展提供物质供给，优化保教条件，提高保教质量。

（2）室外器材

幼儿园室外应放置一些大型器材，以供幼儿游戏、锻炼之用，诸如各种组合了爬、攀、钻、滑、走等基本动作和锻炼功能的大型玩具。这些器材可以购买，也可以因地制宜地创设。这些室外器材的基本制造材料不外乎铁、木、塑料、麻、尼龙等，依靠螺丝联系各种部件，在室外风吹日晒，外加高利用率，时间一长，难免会出现腐烂、松动破损等问题。因此，保管员应该经常进行仔细的检查，消除隐患，避免幼儿在快乐的游戏过程中发生意外事故。

(二)幼儿园设施管理的主体及任务

1.幼儿园设施管理的主体

在介绍幼儿园设备设施管理的对象时,已提到过园长和相关总务工作人员要认真建设园舍设施,创设环境,购置设备,妥善使用易耗品等,这就涉及幼儿园物的管理的主体。广义上讲,幼儿园所有工作人员都是物的管理的主体,因为基本上每个人的工作都离不开物质条件,领用教学设备的教师、管理班级生活设施的保育员、购买食物的采购员、加工食物的炊事员,以及门卫园丁、司机都是用物的主体。狭义上看,幼儿园设备设施管理的主体是负责总务的副园长、保管员、食堂班长等,她们对幼儿园的设备设施管理负主要责任。各个幼儿园都对这些岗位的工作人员制定了专门的岗位职责,她们是理财用物的关键之一(另外还有财会人员),要求她们维护集体利益、清正廉明、耐心细致并且熟悉业务。

2.幼儿园设施管理的任务

(1)整治环境

幼儿的成长受环境的潜在影响,总务人员的主要职责是营造条件良好的物理环境,它是一种积极的教育因素。幼教界流传一句话是“环境会说话”,其中包含物质环境与精神环境两方面。干净优美适宜的环境是幼儿园追求的目标。当然,现在有的幼儿园不仅仅停留在这些基本的方面,而是在此基础上追求建筑的艺术性和环境的独特品位,即外显的环境特色。

(2)完善设备

不断完善幼儿园的教育教学设备,是后勤园长和保管员的一项经常性任务。应做好教育教学的后勤保障,每学期开学前按科学合理的要求添置备齐,“兵马未到,粮草先行”,体现总务工作的先行性。制定合理的制度,让一线教师有序地领用和归还教学设备,在设备使用过程中勤加维护,及时更换、更新设备,以保证教育教学的需要。

(3)管好设施

幼儿园大的布局要合理,教学区、户外活动区、办公区、生活区等功能区域的布局要符合幼儿教育的规律,水、电、煤气等设施要妥善管理,以利于幼儿的健康安全成长。现在许多幼儿园配有接送幼儿的校车,有的是自购的,有的是租赁的,有的仅有一部车，有的是一个小车队，这是新时期幼儿园教育发展的产物。近年来，幼儿园校车事故的报道时有发生，这确实是值得每一个拥有校车的幼儿园重视的管理问题。车辆的质量、日常检查、保养维护，司机的技术和责任心，随车教师在车内对幼儿的管理等，每一个环节都不可马虎大意，要切实为幼儿的生命安全负责。

（三）幼儿园设施管理的基本要求

1. 建立严密的物品管理制度

细致周全地考虑物品的进、用、出等各个环节，研究每一个必要的环节并制定相关制度，如资产登记制度、保管制度、出库制度、回收与检销制度、物资盘查制度、物资管理和使用的奖惩制度。对消耗性物品，应确立损耗标准，应有赔偿制度等，以保证物品的充分使用，防止少数人钻政策的空子。

2. 严格执行物品管理制度

“有法必依，执法必严”，这是管理的基本要求。幼儿园的物品虽说一般价值不高，但惜物之心也是必须强调的。倡导教职员工像爱惜自家财物一样珍惜幼儿园有限的物质条件，一旦违规就应坚决予以纠正。这既是管理的需要，也是督促教职员工自觉成为幼儿学习榜样的需要。

3. 设立专门负责人员

幼儿园财产由专人负责，园部、班级的物品管理责任应落实到人。责任人及时上报财产使用及消耗情况，并有责任对全园财物的合理管理与使用提供建设性意见。对物资的购置、保养、贮存和使用，管理者要检查监督，经常过问财产的去向，以减少消耗，杜绝浪费。

4. 园长处理好集权与放权的关系

园长对内要信任专门的责任人，保护并调动其工作积极性，同时要当好指挥者和督促者；对外应广泛获取有关物品的信息，使幼儿园能以最小的付出获得最佳的物品管理效果。

归根结底，幼儿园物的使用要为教育和保育服务，一切举措都应围绕这个根本点开展。

第四节　幼儿园事务管理

幼儿园事务管理主要包括教务管理工作、教工生活福利工作、档案管理工作及其他管理工作等。

一、教务管理工作

（一）招生编班工作

招生编班工作具有较强的时间性。招生数量通常依据本园的规模和各方面的条件来确定。在市场经济背景下，幼儿园应考虑社会需要的多样化，积极挖掘自身潜力，发挥优势，做好招生工作，同时满足当地社区和家长的需要。幼儿园的招生编班工作一般按以下步骤进行。

首先，应拟定和张贴招生公告，介绍幼儿园的基本情况、服务范围、特色等，说明招生人数、招生年龄范围、招生日期等。

其次，组织招生报名工作。准备好由家长填写的报名表，招生时可简单了解幼儿的一些基本情况，发放体检表，要求家长带幼儿到指定医院体检，对体检合格的幼儿发放录取通知单。

再次，按录取名单编班，建立新入园幼儿名单，幼儿园应参照教育行政部门的有关规定并结合幼儿园的实际情况编班。一般3岁以上的幼儿以1岁为限编班，3岁以下的幼儿以半岁为限编班。

幼儿园还要对现有班级做好升班工作。如果需要调整、更换班级保教人员，必须做好交接班工作。交接班的保教人员要针对班级整体情况，以及每个幼儿的身心发展情况、个性特点等方面进行沟通，以便保教人员和幼儿能尽快地相互适应，保证保教工作的顺利开展。

拓展阅读

2021年南开大学幼儿园招生简章

一、招生政策

1.招生对象:

小班:2017年9月1日至2018年8月31日间出生的幼儿均可报名。

2.报名条件:适龄幼儿报名时需提供居民户口簿(若幼儿户口与在校职工不在一本户口簿上,请准备证明与幼儿有直系关系的证件,例如:出生证)和合法固定居所的证明,以及儿童预防接种证。

3.招生范围:南开大学现岗正式在编教职工子女及南开大学博士后流动站自主招收的全职博士后子女。

二、招生人数

小班招生100人

三、报名方式

本次招生申请工作采取网络投递的方式。家长填写入园申请表后经所在单位核实盖章,将此扫描文件(PDF格式)发送至南开大学幼儿园指定邮箱报名。

报名邮箱地址: nkdxyey2015@163.com

四、报名时间及流程

1.南开大学幼儿园于2021年7月3日在南开大学官网"通知公告"栏发布《2021年南开大学幼儿园招生简章》,并在幼儿园门前、南开大学北村、西南村社区公告栏张贴幼儿园招生简章海报。

2.幼儿家长在南开大学官网自行下载入园申请表,按要求填写,由所在单位盖章。于2021年7月10日—2021年7月12日按时将入园申请表(单位盖章有效)电子版发送至南开大学幼儿园指定邮箱。

3.幼儿园招生工作领导小组对所接收到的入园申请表逐一核查,对核查通过的幼儿发放验证注册通知书至新生家长提供的邮箱。

4.新生家长于2021年7月16日按照邮箱中收到的预约时间到幼儿园指定地点办理入园手续。

5.开学前新生按照南开区妇幼保健中心指定时间到指定医院进行体检,体检合格准予入园。

五、咨询时间、电话

1.咨询时间:7月3日—7月10日　8:30—16:30

2.咨询电话:23503404

六、收费标准

详见"2021年南开大学幼儿园收费公示情况"。

七、注意事项

1.幼儿园没有清真伙食。

2.严格执行疫情防控工作要求,办理入园手续时请家长(本校教职工)按照预约时间到幼儿园指定地点,不带孩子。办理过程请戴口罩、出示健康码、配合测量体温,并按一米线间隔保持距离。

3.所有教职工务必提供真实有效的申请信息及资料,如发现弄虚作假,将取消入园申请资格。

4.幼儿家长所提供邮箱地址及微信号需准确无误,幼儿园据此发放验证注册通知书、每月保育教育费和伙食费的电子发票及安排新生办理入园手续等事宜。

南开大学幼儿园

2021年7月3日

资料来源:南开大学官网

(二)生活制度与作息时间表的制定

生活制度和作息时间表要在幼儿园班级数量、场地等实际条件的基础上,根据幼儿的年龄特点来制定。作息时间表一般要根据季节进行调整。幼儿一日生活的安排要科学合理,动静结合、室内外结合,集体活动、小组活动和自由活动要交替进行。总之,幼儿一日活动的安排要有利于教育方针的贯彻和游戏活动的开展。

典型案例

某幼儿园一日活动作息时间安排表

(大班)

07:30——08:00 入园、自选游戏活动

08:00——08:30 餐前盥洗、早餐

08:30——08:45 室内自由自选(区域)活动

08:45——09:00 早操、户外游戏

09:00——10:00 教育活动、喝水

10:00——11:00 户外活动

11:00——11:20 室内自由自选(区域)活动、喝水
11:20——11:30 餐前准备盥洗、如厕
11:30——12:00 午餐、散步
12:00——14:30 午睡
14:30——15:00 起床、喝水、餐点
15:00——15:40 室内自由自选(区域)活动
15:40——16:40 户外活动、喝水
16:40——16:50 餐前准备
16:50——17:20 晚餐、离园准备
17:20——18:00 离园
注:喝水、如厕根据幼儿需要随时进行

(中班)

07:30——08:00 入园、自选游戏活动
08:00——08:30 餐前盥洗、早餐
08:30——09:00 室内自由自选(区域)活动
09:00——09:15 早操、户外游戏
09:15——10:15 教育活动、喝水
10:15——11:15 户外活动、喝水
11:15——11:30 餐前准备盥洗、如厕
11:30——12:00 午餐、散步
12:00——14:30 午睡
14:30——15:00 起床、喝水、餐点
15:00——15:30 室内自由自选(区域)活动
15:30——16:30 户外活动、喝水
16:30——16:50 餐前准备盥洗、如厕
16:50——17:20 晚餐、离园准备
17:20——18:00 离园
注:喝水、如厕根据幼儿需要随时进行

(小班)

07:30——08:00 入园、自选游戏活动
08:00——08:30 餐前盥洗、早餐
08:30——08:45 室内自由自选(区域)活动
08:45——09:15 教育活动、喝水

09:15——09:30 早操、户外游戏

09:30——10:00 室内自由自选(区域)活动

10:00——11:00 户外活动、喝水

11:00——11:20 室内自由自选(区域)活动

11:20——11:30 餐前准备盥洗、如厕

11:30——12:00 午餐、散步

12:00——14:40 午睡

14:40——15:15 起床、喝水、餐点

15:15——15:35 室内自由自选(区域)活动

15:35——16:35 户外活动、喝水

16:35——16:50 餐前准备盥洗、如厕

16:50——17:20 晚餐、离园准备

17:20——18:00 离园

注:喝水、如厕根据幼儿需要随时进行

(托班)

07:30——08:00 入园、自选游戏活动

08:00——08:30 餐前盥洗、早餐

08:30——09:00 室内自由自选(区域)活动

09:00——09:30 教育活动、喝水、餐点

09:30——10:00 早操、户外游戏

10:00——10:30 室内自由自选(区域)活动

10:30——11:15 户外活动、喝水

11:15——11:30 室内游戏、餐前准备盥洗、如厕

11:30——12:00 午餐、散步

12:00——14:45 午睡

14:45——15:15 起床、喝水、餐点

15:15——15:35 室内自由自选(区域)活动

15:35——16:35 户外活动、喝水

16:35——16:50 餐前准备盥洗、如厕

16:50——17:20 晚餐、离园准备

17:20——18:00 离园

二、教工生活福利工作

幼儿园应根据本园实际情况，尽可能做好教工生活福利工作，要积极创造条件，帮助减轻职工家务负担，方便职工生活、安定职工情绪，使他们有更多精力投入工作。如帮助解决职工用膳问题，有的幼儿园没有职工餐厅，可与附近社会单位联系解决；帮助解决和妥善安排职工子弟午餐午休及入学问题；节假日帮助采买必需生活用品；还应考虑职工上班路程，在排班上适当照顾提供方便；另外对住房困难及两地分居问题，也应在可能的范围内给予帮助。园长和总务主任要主动、及时了解教职工的生活困难，努力帮助解决，从而调动教职工的工作积极性。

三、档案管理工作

随着社会的发展，信息资源的利用已广泛在社会各领域中发挥着重要的作用。而档案是众多信息资源的基础，是管理工作中的重要组成部分。幼儿园档案是幼儿园教育教学及其他工作在一定时间内形成的具有参考价值及保存价值的材料。作为一种重要的信息资源，档案记载着幼儿园的办学历史和教育教学活动，是全园师生员工德、能、勤、绩的真实记录，是从事教育教学活动、幼儿园管理、教科研工作和教育督导评估必不可少的资料，对幼儿园发展起着不可替代的重要作用。

幼儿园档案管理是实现幼儿园档案分类、编号、排架、检索的标准化和规范化，促进幼儿园档案工作科学发展的活动。幼儿园的档案管理是体现幼儿园科学管理、反映幼儿园管理水平高低的重要方面，它对幼儿园的改革发展起着不可低估的作用。

拓展阅读

世界档案之最

1.世界上现存最早的一份完整的外交条约档案

约公元前1296年，埃及法老拉美西斯二世与赫拉国王哈图舒尔三世在卡迭石战役后签订了合约，并结成军事同盟。条约原本用银板制成。

2.世界上现存最大的一份草纸档案

公元前1164年，埃及法老拉美西斯四世制成特大型纸草文件。文件记载其父拉美西斯三世在位期间的功绩和善行，文件呈卷轴型，由三个书吏写成，用79张草粘接起来，长133英尺，宽约17英尺。发现于底比斯的一个墓穴，后来被英国人哈里斯买去，故名哈里斯大纸草。现存伦敦不列颠博物馆。

3.世界上创刊最早的档案专业刊物

1806年，德国档案学者创办的《档案馆学和登记室学》杂志，是世界上目前发现最早的档案刊物。

4.世界上第一个提出“档案学已经成为一门独立学科”观点的人

1884年，法国著名历史学家朗格鲁在《国际档案馆、图书馆、博物馆杂志》第一卷第一期上发表《关于档案学的科学》一文。作者第一次提出了档案学已经成为一门独立学科的观点。

5.世界上唯一的档案专业出版社

1982年1月3日，中国成立了档案出版社，这是世界上唯一的档案专业出版社。

6.世界上唯一的档案专业报

1995年《中国档案报》正式创刊，这是世界上唯一的档案专业报纸。

7.现存世界上最早的工程图纸档案

河北省平山县中山王墓中出土的铜制建筑图是现存世界上最早的工程图纸档案。建筑图是用金银线绘制在铜版上的。据考证，制图的年代为公元前323年至309年，距今2200多年。

资料来源：武汉东湖学院档案馆

（一）幼儿园档案管理的种类

1.按照机构产生的文件资料分类

按机构产生的文件资料分类，幼儿园的档案资料可以分为：

（1）上级行政部门和教育主管部门颁发的有关幼教的方针、政策、指示、决定等方面的文件资料。

（2）幼儿园行政管理中形成的计划、总结、考核、人员、工资等方面的文件资料。

（3）党群工作形成的会议记录，党建、工会、共青团等文件资料。

（4）教职工代表大会形成的文件资料。

（5）园务委员会产生的会议记录等文件资料。

（6）家长委员会形成的家长工作、会议记录、问卷调查等文件资料。

(7)保教工作产生的教育教学、保育管理、科研课题、招生、师资管理等方面的文件资料。

(8)保健工作产生的幼儿健康、环境卫生、膳食等方面的文件资料。

(9)总务工作产生的仪器设备、固定资产管理等方面的资料。

(10)财务工作产生的会计档案。

2.按档案资料的内容分类

按档案资料的内容分类,幼儿园的档案资料可以分为:

(1)园务管理档案

①管理体制档案:主要指园长负责制实行情况以及所形成的资料信息,还包括园务委员会、家长委员会等工作机构的各类资料以及幼儿园实施民主管理的系列资料。这类资料政策性较强。

②目标管理档案:主要指幼儿园在不同时段形成的目标体系。

③规章制度管理档案:主要包括幼儿园的卫生保健制度、学习及教研制度、奖惩制度、考勤制度、教职工培训制度、财务制度、安全制度、岗位责任制度、财产管理制度等。

④财产物资管理档案:主要指各类财产登记册、物资的分配和发放记录、账目的检查资料等。

(2)保教队伍管理档案

①人员配置资料:主要包括各时期教师、保育员、后勤行政人员及其他管理人员的配置情况,还包括不同时期的班级数值、在园幼儿数量等信息。

②教师简明情况资料:主要包括全体教职工的年龄、职称、学历、阶段性工作任务、业绩,教职工在工作中形成的计划、措施、总结及教职工在职业道德、思想水平、业务进修等方面的资料。

(3)保教工作管理档案

①教育教学常规管理档案:主要涉及园长对教育教学定期、不定期检查和指导所形成的资料;业务园长每周对教师备课笔记、教育笔记、反思日记进行批阅或指导的记录;幼儿园对公共活动场地、专用活动教室的使用安排;教师所做的全体幼儿成长档案记录;教师对个别特殊儿童的过程性教育等。

②卫生保健工作管理档案：包括幼儿园卫生保健制度的落实情况；对幼儿的健康检查情况的登记、分析，跟踪治疗、向家长反馈、缺点矫治；幼儿的生活、卫生用具配备及消毒情况；幼儿的饮食及营养分析、膳食调整情况；幼儿安全教育、安全设施、安全检查情况，幼儿园的环境卫生、计划免疫、疾病预防、传染病隔离情况；幼儿良好的卫生习惯的教育、培养工作情况等。

③儿童发展管理档案：包括幼儿个体发展状况的分析、评估，教育工作中采取的措施、方法和效果等。

(4)设施设备管理档案

①房舍资料管理档案：主要包括幼儿园规划设计图纸、每学期房舍的使用情况、户外场地的划分和使用情况、绿化面积、公共活动面积、人均活动面积等。

②设施设备资料管理档案：包括幼儿园全园设备、班级设备、各种功能场所的设备等，每年或每学期进行的登记，对全园设施设备的使用和检修情况进行的登记造册。

(二)幼儿园档案管理的原则

科学化管理幼儿园的档案资料，可以为教学教研提供优质的服务，为幼儿园的决策提供重要依据，还能为成果鉴定及展示提供最有说服力的证物。为此，幼儿园的档案管理应遵循以下原则。

1.集中统一原则

幼儿园的档案种类繁多，涵盖面广，承载着幼儿园的发展史，既是幼儿园非常珍贵的财富，又为各项工作的顺利开展提供经验，必须保存完好。为此，幼儿园的档案管理实行集中统一管理的原则，必须收集齐全、规范整理。专门设置档案室，制定档案管理制度和岗位职责，由专人负责管理，确保资料完整。任何部门和个人不得私自保存、销毁应归档的文件材料。

2.科学性原则

首先，幼儿园档案管理的各项内容，要具有科学性。档案材料要实事求是地反映幼儿园的发展历史和工作实际，任何人不得随意窜改档案，更不能弄虚作假。

其次，幼儿园的档案管理要具有科学性。要遵循档案学基础理论和形式逻辑原则，在充分反映幼儿园档案的内容、特点和形成规律的前提下，参考《中国档案分类法教育档案分类表》,确定统一的分类体系,把同一门类档案的管理性和业务性材料集中在一起。类目排列、档号结构的确定须符合逻辑原则,同位类目之间界限清楚,不互相交叉和包容。类目设置必须具有相对稳定性,在较长时期内不要随意改变。

3.服务性原则

实施幼儿园档案管理的目的是促进幼儿园档案工作标准化、规范化和科学化,便于查找、分析和研究,并从中获得启发,充分发挥幼儿园档案的作用,更好地为幼儿园工作服务。因此,无论是幼儿园档案资料的收集、整理、分类,还是建档和管理,都要以方便查阅为目的。特别是幼儿园的卫生保健工作,与之相关的信息资料要准确、全面,供应及时,保证工作的顺利开展。

4.适用性原则

各种档案信息资料的使用频率是不同的。管理者应根据幼儿园的实际情况和发展水平,采用多元、灵活的管理方法,将使用频率高的档案资料放置在比较明显的位置,在类目设置、序列编排、上架检索等方面给予较多的自由度。在类目名称、档号模式、标识符号等方面,力求做到准确、简明、易懂、易记,以便查阅。

现在,电子信息技术的广泛应用为档案资料的保存和整理归纳带来了便利。管理自动化程度越来越高,档案的形式也越来越多样化,除了原有的文字类档案外,还有声像档案(如录像带、录音带、幻灯片、光盘等)和照片图片档案,数量越来越多,重要性越来越明显。幼儿园可以运用现代信息技术,提高档案管理的现代化水平,使之更好地为幼儿园各项工作的开展服务。

(三)幼儿园档案管理的措施

1.档案的收集要及时,注意资料的真实性

档案收集是档案工作的起点,档案员在平时要勤动笔、勤记录、勤登记,及时收集整理,否则一时的疏漏可能使重要的信息不可追回。收集时要注意保存真实的第一手资料,要注意资料的全面性和系统性。各部门平时的原始资料要保存好,每学期结束时,将资料送资料室存档,确保档案收集的完整性。

2.档案的整理、装订要科学

档案的整理就是将办理完毕的、具有保存价值的文件材料系统化和条理化,对已经失去保留价值且很少利用的资料及时清理，做到去粗取精。整理时要分好类，在每一份案卷的封皮上注明内容、时间、班组，填写清楚、准确，字迹工整，杜绝用圆珠笔、铅笔填写，最好用微机打印出来。封面字的书写要大小合适、美观，使人一目了然。装订时，上下压舌应对正，卷皮的厚度与文件材料的厚度应相适应。每一个档案盒里要填写一张卷内明细表，把目录、时间、份数、编号与卷内文件一一对应起来。最后在档案橱上填写一个总的档案盒名称，以免档案盒放错位置。档案装订科学规范，有利于档案的查阅。

3. 排列有序，存放安全

按一定的方法，确定每个档案的位置，保持档案之间的联系。将案卷按照永久、长期、短期等不同的保管期限分门别类，并将同一保管期限的案卷按照案卷内容所反映的工作活动顺序排列。摆放一般是从左往右，自上而下，避光保存。存放不仅要便于查阅，还要便于安全保管与档案的保密。

4. 档案的借阅要规范

查阅档案一般在阅览室进行，阅后要立即归还，并做好登记。对借出的档案，要求借阅人认真填写借阅单(借阅人姓名、时间、案卷名称)并按规定时间归还，逾期不还要及时催要。复制机密档案资料必须经主管领导签字批准。借阅者应妥善保管，不得损坏和转借他人，不得在档案上写字、涂改、拆页，如发现损坏或丢失要追究其责任。

5. 充分利用档案，为幼儿园发展服务

档案管理工作的根本目的是充分发挥档案的价值，使大家能及时地获取信息，并从信息中获取、提炼、开发出有参考价值的东西，为后面的工作提供依据或可借鉴的材料。因此，管理者应引导教职工树立善于利用档案信息的思想，充分发挥档案的价值，提高工作效率。同时要教育广大教职工爱护、保护档案材料。档案员要为借阅者热情服务。

6. 重视档案管理员的培养

档案管理工作是一件长期而细致的工作。档案管理人员需要具备过硬的、扎实的专业知识，掌握现代化管理工具，如熟练掌握电脑操作，以提高档案管理的能力，使幼儿园的档案管理工作更加科学化、规范化、标准化，更好地为幼儿园的教育教学及各项工作服务。因此，要注重对档案管理员的培养。

典型案例

青海省委机关幼儿园档案管理

1.注重档案工作人员管理

档案资源作用的发挥，主要取决于人。办公室、业务室、资料室、会计室、医务室都根据自身特点开设了各类档案，参与档案管理的共9人，均为兼职。为了切实做好档案工作，要求档案工作人员做到“二要三具备”：要把坚定正确的政治方向放在首位；要把“责任”二字永远记心中；具备奉献精神，深入实际，掌握全面真实的第一手资料；具备较高的专业文化理论素质，档案学和相关学科知识，较强的文字表达能力；具备良好的身体素质。

2.案卷归档基本要求

①案卷的外观美

案卷的装订。卷皮的厚度与文件材料的厚度应相适应；案卷装订时，上下压舌应对正，如果对不正，订起来的案卷不论怎么放，案卷脊背总是歪的。

案卷封面和脊背上的项目的书写。字要写得认真、清楚、正规、匀称，使人一目了然。如果在此基础上再注意一下布局和字的大小搭配会使案卷更美观。以办公室的“到岗登记案卷”为例，园名（青海省委机关幼儿园）——内部机构名称（办公室）——案卷标题（领导班子到岗位登记）字的大小应依次用大、中、小号的字来书写，否则会影响案卷封面的美观。

②案卷材料的收集整理

收集资料要全面。幼儿园开展的各项活动（运动会、节日联欢、毕业典礼、开放日、快乐入园日、对外交流等）以及各部门所做的一些人事、劳资、财会、医务、考核、积分等日常工作，只要有保留价值的均列入存档范围，力求全面真实地反映幼儿园的历史。

在整理时，注意档案的完整性。将同专题、同项目、同内容的文件材料编排在一起，杜绝或避免卷内文件材料“插花团”的现象。

③案卷的装订

案卷装订的优点是安全、整齐、美观，方便管理，可避免重复劳动；不足是整理装订费时费工，使用（如需要复印查阅）时只能整卷提供而不能单份提供，不如散装方便。分析案卷装订的利弊得失，并结合多年的实践，我园摸索出以下经验：①卷内文件材料不宜过多。按文书组卷的一般要求，每卷应控制在50～200页之间。我们从实际出发，把到岗登记、年度考勤等利用率稍低的案卷页数安排在200页以内，而计划、总结、记录等常用案卷一般每卷100页左右，这样不仅使用方便，而且可以减少卷内文件材料之间的磨损，延长档案寿命。②为复印方便，案卷装订时，装订线留得稍前些。如人事劳资文件、指标单等，需复印时，可将装订线解松，复印后将线拉紧，案卷就容易恢复原貌，保持原来的整齐美观。若装订线留得过短，案卷不能自然展开，则容易脱线，使原线眼易错位，案卷便需要重新组合。

3.照片录音录像档案

照片录音录像档案具有以下特点：①按专题收集。幼儿园每组织一项重要活动，选出有代表性及突出幼儿主体性的照片，拍摄完整的全过程录像，按专题进行归档。②注意收集底片和加注文字说明，将幼儿本身作为拍摄的主体。底片卷专门放底片，照片卷由文字总说明、照片目录以及照片存放栏组成，每张照片要有文字介绍并标注清楚其底片所在的卷页、号。每个专题要有案卷总说明，以文字形式表述此次专题活动的整体面貌。③注重提高拍摄水平。我园在购置了摄像机之后，没有匆忙上阵开拍，而是派专人学习拍摄基本功。正式使用后，不仅要对每次拍摄的专题进行剪辑，还要分析成败，以求在实践中前进。

4.档案材料的借阅管理

我园各类档案均配备借阅登记本，对一些保密性档案（如会议记录）划定借阅人范围；对查阅、借用者照章办事，对借出的档案要填写借阅单（包括借阅人姓名、借阅时间、案卷名称），并规定归还日期，逾期不还的要及时催要。档案员在办理借阅手续时，应主动将借阅者所需文件材料找准，用一书签隔开直接提供，不要让借阅者自己寻找。这样既可节约借阅者时间，又可减少因借阅者来回翻阅卷内文件材料造成的磨损。

四、其他管理工作

幼儿园的事务性工作还包括许多，如：值班工作。为了保证幼儿园工作的正常进行，维护园内正常秩序，应制定以下教师值班制度，要求幼儿园每一位工作人员认真学习执行。

(1)值班教师必须具有高度的事业心和工作责任感，牢固树立为全体师生员工服务的思想，应认真负责、按时执勤，确保全体师幼的人身安全。

(2)熟悉值班业务，认真履行职责。值班期间发现的问题，能独立解决的自行解决；应急事件、急需解决的事情要立即报告带班领导，特殊情况要及时向主要领导汇报和请示。

(3)要严格遵守早晚值班制度,不迟到、不早退,不在幼儿未全部离开的情况下,自己先离开幼儿园。

(4)早值班老师礼貌接待早晨来园的孩子并关心有特殊情况的幼儿,对用药幼儿做好记录,并负责把这些孩子的情况和家长留言转交给有关老师。

(5)值晚班时,保持值班室的安静,组织一些可行的活动或游戏,为每个幼儿整理好衣物。礼貌对待要离园的幼儿与家长,最后负责整理桌椅、关闭门窗等。

(6)对实在有特殊情况很晚还无人来接的孩子耐心负责,并及时与家长联系,家长接走孩子后方可离园。

(7)节假日值班,要准时到位,不做私活,不带家人和外人来园,不放任自流。要巡逻检查,做好来电来访记录与处理。

(8)值班期间园内发生的一切问题,都要依据学校意外伤害事故处理意见落实责任,属于值班人责任并造成重大影响的,将予以辞退并追究责任。

本章小结

幼儿园总务管理,是幼儿园教育管理的重要部分,本章着重探讨了幼儿园总务管理的特点、主要内容及要求,核心内容总结如下:

1.幼儿园总务管理是幼儿园的基础保障中心,主要包括财务与设施管理、膳食管理、档案管理以及其他事务管理等,具有统筹全局、协调各方、服务保教工作、提供物资保障、维护秩序和推进发展等作用,具有服务性、先行性、广泛性和开放性等特点。

2.幼儿园膳食管理包括营养食谱的制定、食品蔬菜的采购与制作、餐点的供应等,幼儿园膳食管理应做到:建立膳食管理组织,制定严格的膳食管理制度,明确幼儿园膳食管理的卫生要求,方能保证为幼儿提供健康、卫生、营养丰富的饮食,促进幼儿健康成长。

3.幼儿园财务管理主要指的是对幼儿园资产、资金的管理。幼儿园应筹措幼儿园教育经费,做好教育经费的预算和决算,合理分配。建立健全各项财务制度,并加强财务监督。

4.幼儿园设施管理主要包括对幼儿园的园舍、房屋、环境、一般用具和器材等方面的管理。幼儿园设施管理的任务主要包括:整治环境、完善设备、管好设施等方面。

5.幼儿园事务管理主要包括教务管理工作、教工生活福利工作、档案管理工作及其他管理工作等。幼儿园事务管理的好坏关系到幼儿园保教工作的质量。

思考与实训

1. 请你思考，如何更好地提高幼儿园总务管理效率？

2. 请根据幼儿园膳食管理的相关要求，制定一份详细的幼儿园膳食管理制度。

3. 请根据幼儿园财务管理相关内容及要求，制定一份简略的幼儿园财务制度。

4. 请根据幼儿园设施管理内容，思考如何提高幼儿园设施设备利用率？

5. 请根据幼儿园事务管理相关内容，制定一份幼儿一日生活作息时间表，并思考如何增强档案管理的规范性？

专题探讨

“食育”一词，最早于1896年由日本著名的养生学家石冢左玄在其著作《食物养生法》中提出：“体育智育才育即食育。”我国自古就有关于幼儿食育的记载，但是我国的“食育”直到2006年才由中国农业大学教授李里特引入。近年来，幼儿园“食育”受到了广泛的关注。开展食育可以帮助幼儿了解更多的饮食知识，使幼儿养成良好的饮食习惯，促进幼儿的全面发展。

请你思考，幼儿园总务管理应如何为幼儿园“食育”服务？

第七章

幼儿园人力资源管理

学习目标

知识目标：

- 了解人力资源管理的含义、目标、意义；
- 领会幼儿园园长的职责和任职要求；
- 掌握领导影响力的类型和影响因素。

技能目标：

- 尝试分析幼儿园人力资源管理中存在的问题；
- 运用领导影响力的影响因素，分析幼儿园中不同领导的领导水平及提升对策；
- 运用需求层次理论，设计幼儿园教师管理的框架。

学习重难点

- 重点：掌握幼儿园人力资源管理的意义和核心。
- 难点：能够运用幼儿园人力资源管理知识，分析幼儿园人力资源管理实际问题，有效提高组织的效率。

案例破冰

“空降”园长的管理策略

2012年8月底，在事先毫不知情的情况下，我从A园的副园长一下子被调到B园主持全面工作；2017年8月，又从B园调任至C园；2018年8月，又从C园调至D园；2020年8月又从D园调至E园……8年的时间，先后就职于5家幼儿园，大家都打趣我，说我是一个名副其实的“空降”园长。那么作为一名“空降”园长，怎么样才能在短时间内获得全体员工的认同，从而很好地开展工作呢？结合近几年的工作经验，我归纳为以下3个策略：用心融入、诚心助人、精心规划。

比如精心规划包括两个方面，一方面是对教师队伍的规划。幼儿园要想得到发展，教师队伍是其中最重要的一环，所以空降园长到了新的单位以后，要组织并引导全体教职工对自身和幼儿园教师队伍整体进行回头看，明晰自身的优势和不足，继而制订翔实的教师个人专业发展规划和幼儿园教师队伍发展规划。

另一方面是对幼儿园的规划。空降园长在对幼儿园有了全面的了解之后，要对幼儿园今后的发展进行顶层设计；同时要组织力量对幼儿园的发展现状进行分析，对现有的发展规划进行研究，保留其中适用的部分；此外还要结合新的形势新的要求对幼儿园的发展规划进行适当调整并提出建设性的指导意见。

假设你是一个“空降”园长，你会用什么办法让自己迅速地融入新的单位？案例中的“空降”园长体现了怎样的领导艺术？

第一节　幼儿园人力资源管理概述

“人”是管理的核心要素。

在任何组织中人力资源管理都是一项至关重要的任务,直接影响组织目标的实现和持续发展。现代管理强调“以人为本”的观念,突出强调人力资源的管理和开发的价值,高度尊重人的主体性,强调充分发挥人的积极性、主动性和创造性。当前,我国学前教育发展的主要矛盾由“扩大数量”转变为“提高质量”,其关键在于建设优质、高效的保教人员队伍。一套科学、有效、艺术的管理办法是保证幼儿园保教工作的高效率和高质量的关键基础。

一、幼儿园人力资源管理的内涵

(一)人力资源管理的概念

人力资源管理(Human Resource Management)的概念产生于20世纪70年代末。人力资源(Human Resource)这一概念由现代管理学之父德鲁克提出并加以界定,指在一定区域内的人口总体所具有的劳动能力的总和,或者说能够推动整个经济和社会发展的具有智力劳动和体力劳动能力的人的总和。人力资源管理是运用现代化的科学方法,对与一定物力相结合的人力进行合理地培训、组织与调配,使人力经常保持最佳比例,同时对人的思想、心理和行为进行恰当地诱导、控制和协调,充分发挥人的主观能动性,人尽其才、事得其人、人事相宜,以实现组织目标。

人力资源管理是通过对人的科学管理,从而实现既定的组织目标的过程,其本质是通过激发人的主观能动性,最大程度地发挥人的价值,达到人尽其才,物尽其用的目的。

(二)幼儿园人力资源管理的概念

人力资源管理是幼儿园管理的核心环节,关系着幼儿园各项工作的正常运行。幼儿园保教任务能否实现取决于人——如管理者的决策领导、教师的专业能力、保育员的保教水平以及其他员工的素养。

幼儿园人力资源管理是指运用现代化的科学方法，合理地配置幼儿园各岗位的职工，并对幼儿园员工的思想和行为进行引导和管理，充分发挥各类员工的积极性，使人尽其才、事得其人、人事相宜的过程。

幼儿园人力资源管理主要包含人才的聘用、职位分析、薪酬福利、员工培训等。一方面要根据《幼儿园教职工配备标准（暂行）》，配备足量的各岗位人员，另一方面还必须加强对人员的培养，不断提高员工的素质，为幼儿园建设一支高质量的教职工队伍。最后还要重视对教职工的评价，管理层要运用多种方法，不断激发职工的内在动机，提升教职工的积极性、主动性、创造性，使其在日常工作中不断提高和贡献自身的价值。

二、幼儿园人力资源管理的意义

学前教育的对象是成长、发展中的学前儿童。学前教育对人生起着至关重要的作用。党和国家的相关文件明确提出要“扩大有质量的教师供给”，“全面提高幼儿教育质量，建设一支高素质善保教的教师队伍”。幼儿园的人力资源管理融合于幼儿园的所有管理体系中。幼儿园管理者只有抓住人力资源这一重要资源，科学、有效、艺术的领导管理，建设一支高质量的保教队伍，才能促进幼儿的健康、全面发展，确保实现“幼有优育”。

（一）提高效率，高效实现管理目标

马克思指出，管理是社会共同劳动的产物，人类为了生存而形成组织，进而通过有目的的分工、协作从而实现群体的目标，在这个过程中由于管理的作用，效率得到极大提升。随着管理思想的发展，人们越来越认识到管理是管理者为了有效地实现组织目标，通过管理职能把一个机构所拥有的人力、物力、财力充分运用起来，使之发挥最大效果，以达到机构目的的活动。

任何领域的管理活动都希望能够高效优质地实现既定的管理目标，幼儿园领域也不例外。科学有效的幼儿园人力资源管理，能够激发员工的积极性和主动性，不断提升员工自身素质，端正员工的工作态度，提升工作质量，和谐人际关系，促进幼儿园管理目标高效实现，促进幼儿园的健康发展，为幼儿提供良好的发展环境。

(二)提升员工素质,实现自身价值

人力资源管理中,人员招聘和员工培训是两个基本的环节。在招聘过程中,加强筛选,为幼儿园招聘符合岗位需求的高素质的人员。入职后,能根据职位需求和教师需要,提供适宜的引导和培训,帮助教师尽快适应、胜任工作,实现人事相宜,形成良好的工作氛围。

现代管理思想中,人是最核心的要素,人力资源管理中要高度重视“人”这一最宝贵的因素。幼儿园教育作为基础教育的基础,对幼儿未来的发展起着重要的作用,其中老师的素质直接决定幼儿教育的质量,影响幼儿的健康发展。因此在幼儿园人力资源管理中,要坚持以人为本,真正尊重教职工的人格和合理需求,在实现组织目标的同时兼顾个人目标的实现以及个体的发展。在幼儿园人力资源管理中,管理者不仅要关注目标的完成,还要关心员工的个人发展问题,重视员工的专业发展和培养,实现员工和幼儿园协同、可持续发展。

三、幼儿园人力资源管理的目标

幼儿园人力资源管理的目标总体上可表述为,建设一支适应国家学前教育事业发展需要的现代化、专业化、高素质、善保教、高效率的教职工队伍。具体包括以下方面:

首先,教职员工在思想上,坚决拥护党和国家的教育方针和政策,具有良好道德修养和职业道德,爱岗敬业,自觉贯彻落实“立德树人”的根本任务,全心全意培养德智体美全面发展的社会主义建设者和接班人。

其次,教职员工都具备扎实的专业知识基础和业务能力,具备现代意识、善保教、乐学习,能主动钻研、努力提高工作质量。

最后,全园的教职工配备齐全、结构合理、协调配合、有序高效。每个人在幼儿园内的角色、地位、职责、作用清晰明确。

四、幼儿园人力资源管理的核心

（一）管理的核心在于教师的培养

幼儿园教育事业的发展，其关键在于教师，教师素质的高低，决定着幼儿园教育质量的优劣，因此幼儿园人力资源的核心在于教师，具体来说在于教师的培养。管理层在管理工作中，一定要摒弃工具思想——仅把教师当作完成教学任务的工具而不关心其职业成长和发展，这会造成幼儿园发展不可持续。因此，管理层要完成组织目标的首要步骤就是加强对教职工的培养，不断提升教职工的自身素质，最终提高其工作能力，推动幼儿园教育水平的提高。

幼儿园教师的培养一方面在于激励教师的积极性主动性、激发教师的内在动机，另一方面，幼儿园要为其提供机会、资源和平台，促进其专业能力的发展。当前，随着全球化的加剧，教育的形态发生了很大的变化，大量新的教育理念、方法不断涌现，教师在教育过程中面临着诸多挑战，亟须在理念和方法上得到指导和帮助。幼儿园需要了解和理解教师面临的压力和挑战，并做好支持工作。

（二）需要和管理之间的关系

从心理学角度来看，个体行为积极性的源泉是需要。需要一旦被意识到就形成一种力求获得满足的力量，驱使人们朝着特定的对象去活动，以满足自身的需要。人类的个体需要推动人们在各个方面积极地活动，需要和人的活动紧密联系，需要越强烈，由此引起的活动也就越有力，反之，需要的强度越小，主体的积极性也就越小。因此要想激发教师的积极性，首先就要重视教师的需要。但在此之前必须进一步了解需要的类型、特征，这样才能在管理的过程中更好地运用这一要素。

（三）需要的内涵和类型

1.需要的内涵

需要是个体在生活中感到某种欠缺而力求获得满足的一种心理状态，是人脑对生理和社会需求的反映。需要是个体行为和心理活动的内部动力，是个体行为积极性的源泉。需要是人对自身生存和发展的外界条件的依赖性和渴求状态，它表现着人和外界的实际联系。需要一方面和外界物质条件这个客体相联系，不能脱离外界条件；另一方面需要又和人这一主体相联系,需要是人的需要。这就为管理者如何处理员工需要提供了明确的方向。

2.需要的类型

根据需要的起源可以将需要分成生理性需要和社会性需要;根据需要的对象,可以将需要分为物质需要和精神需要。

(1)生理性需要和社会性需要

生理性需要是个体为维持生命和延续后代而产生的需要,如进食、饮水、运动、排泄和性等需要。生理需要是人类最原始、最基本的需要,是人类和动物所共有的,但是人的生理需要和动物性的生理需要之间有着本质的区别。动物只能等待大自然的恩赐,只能依靠周围环境的自然物作为满足需要的对象,而人类不仅以周围环境的自然物件作为满足需要的对象,而且还在改造客观世界的过程中创造出需要的对象。人的生理需要受社会生活条件所制约,具有社会性,如人的进食不仅受机体的饥饿状态的支配,而且还要考虑各种社会行为规范。

社会性需要是在人类社会生活中形成,为维护社会的存在和发展而产生的需要。对求知、美、道德、劳动和交往的需要等都是社会性需要的表现。社会性需要是在生理性需要的基础上,在社会实践和教育影响下发展起来的,它是社会存在和发展的必要条件。例如,劳动是人类赖以生存的第一个基本条件。人类如果不劳动,就无法生存,人类社会就无法存在和发展。社会性需要是人类特有的,它受社会条件的制约,具有社会历史性,当人的社会性需要得不到满足时,虽然不会威胁到机体的生存,但人会因此而产生不舒服的感觉和不愉快的情绪。

(2)物质需要和精神需要

物质需要是指与衣食住行有关的物品的需要,如对劳动工具、文化用品、科研仪器等的需要。物质需要既包括生理性需要,又包括社会性需要。

精神需要包括认知需要、审美需要、交往需要、道德需要和创造需要等,它是人类特有的需要。在劳动过程中所形成的交往需要是最早形成的精神需要。所谓交往需要是指一个人愿意与他人接近、合作、互惠,并发展友谊的需要。交往需要在人类历史发展过程中起着十分重要的作用,也是个体心理正常发展的必要条件。随着社会的进步和生产力的发展，人们的物质需要和精神需要都需要不断地得到满足。充分满足人的各种需要是个性全面发展最重要的条件，但是，如果撇开劳动的需要，而其他各种需要又很容易得到满足，那么人的个性将变得懒惰和贪婪。

（四）需要的层次

需要不仅在横向上分为各种类型，在纵向上，需要还可以分为不同的层次。美国心理学家把人类的需要分为两大类：一类是基本需要，这类需要和人的本能相联系，与一个人的健康有关，缺少它会引起疾病。包括生理需要、安全需要、归属和爱的需要以及尊重的需要；另一类是成长性需要，这类需要不受本能所支配，不受人的直接欲望所左右，以发挥自我潜能为动力，这类需要的满足会使人产生最大程度的快乐。包括认知需要、审美需要和自我实现的需要。

马斯洛认为，人类的需要具有层次性，各种需要是相互联系、相互依赖和彼此重叠的，是一个按层次组织起来的系统。他指出，只有低级需要基本满足后才会出现高一级的需要，只有所有的需要相继满足后，才会出现自我实现的需要。马斯洛认为，每一时刻最占优势的需要支配着一个人的意识，成为组织行为的核心力量，已经满足了的需要将不再是行为的积极推动力量。

在马斯洛研究的基础上，阿尔德佛认为各个层次的需要获得的满足越少，则满足这种需要的愿望越强烈，低级需要的满足会增强高级需要的追求，高级需要的匮乏会加强对低级需要的满足，并且人类的需要不一定按严格顺序由低级到高级发展，而是可以越级、倒退。

拓展阅读

ERG需要理论

美国心理学家克雷顿·阿尔德佛（Clayton Alderfer）的贡献是发展马斯洛需要层次理论提出了“ERG需要理论”。1969年，他在《人类需求新理论的经验测试》一文中修正了马斯洛的观点，将需求层次进行重组后提出了三种人类需求，即生存需求（existence needs）、关系需求（relatedness needs）以及成长需求（growth needs），因此称作ERG理论。ERG理论认为，生存、关系、成长这三个层次需要中任何一个的缺少，不仅会促使人们去追求该层次的需求，也会促使人们转而追求高一层次的需要，还会使人们进而更多地追求低一层次的需要。任何时候，人们追求需要的层次顺序并不那么严格，优势需要也不一定那么突出，因而激励措施可以多样化。

ERG理论还指出，需求被满足的程度越低，个体对该需求的追求就越强；当较低层次的需求得到满足后，对较高层次的需求会加强(满足—上进模式)；然而当较高层次需求受到挫折时，个体对低层次需求满足的追求将越强烈(受挫—衰退模式)。

(五)需要在幼儿园人力资源管理中的实践应用

需要是推动个体行动的动力因素，作为管理者首要任务是要了解职工的需要，并尽可能地满足其合理需要，进而充分调动他们的积极性，并且不断发展其高级需要，实现幼儿园和教职工的共同进步和成长。

首先，管理者必须调查了解教职工的真正需要。由于个体的差异性，导致员工的需要不尽相同，有的需要是个性的，有的需要是群体的，有的需要是合理的，有的需要是不合理的，有的需要是需要尽快满足的，有的需要立足于长远。管理者必须通过座谈、问卷调查、访谈等各种调查形式，深入了解员工的真实需要，唯有如此才能制定科学合理并且切合实际的方案，满足员工的合理需要，保护和调动员工的积极性。

其次，根据马斯洛的需要层次理论，低级需要的满足，才能促使高级需要的出现，管理者在管理过程中要满足教职工的物质需要，保证其基本的生存需要，还要关心教职工日常生活的各个方面，譬如对医疗、住房、教育等方面予以支持和帮助，为职工解决实际的困难；在日常工作管理中坚持以人为本，尊重每位教职工的人格，要尊重每位职工的权利，在此基础上，要理解每个员工所处的具体环境以及独特的个性特征，理解他们在兴趣、爱好、工作节奏、方式等方面的差异。只有这样才能满足教职工的基本需要，激发他们的高级需要，提高工作的积极性、主动性和创造性，也有助于工作质量的提升。

最后，需要产生之后并不一定马上成为推动人活动的动力，要经过一个阶段的发展才能成为动机，而动机才是推动个体活动的直接的、内部的动力。因此，在管理实践中，管理者还要注意激发员工的内部动机，具体来说可以通过适当的奖惩、开展竞赛活动、正确的归因等措施提高员工的动机，激发其工作的积极性和主动性。

第二节　幼儿园园长管理职责

2016年3月颁布的《幼儿园工作规程》第五十六条规定，幼儿园实行园长负责制，全面负责幼儿园的工作。

一、园长的职责和任职要求

（一）园长的职责

园长是幼儿园的法人代表。园长的职责是指其在特定岗位上应承担的特定责任。根据《幼儿园工作规程》第四十条，园长的主要职责表现为八个方面（小资料7-1）。

小资料7-1

幼儿园园长的主要职责

（一）贯彻执行国家的有关法律、法规、方针、政策和地方的相关规定，负责建立并组织执行幼儿园的各项规章制度；

（二）负责保育教育、卫生保健、安全保卫工作；

（三）负责按照有关规定聘任、调配教职工，指导、检查和评估教师以及其他工作人员的工作，并给予奖惩；

（四）负责教职工的思想工作，组织业务学习，并为他们的学习、进修、教育研究创造必要的条件；

（五）关心教职工的身心健康，维护他们的合法权益，改善他们的工作条件；

（六）组织管理园舍、设备和经费；

（七）组织和指导家长工作；

（八）负责与社区的联系和合作。

《幼儿园工作规程》所列出的八条职责，涵盖了幼儿园工作的全部任务和内容。园长自身专业水平和素质对幼儿园的发展、保教质量有着至关重要的影响，为了促进其专业素质，提高其管理水平，教育部在2015年颁布了《幼儿园园长专业标准》，提出园长的六大专业职责包括：规划幼儿园发展、营造育人文化、领导保育教育、引领教师成长、优化内部管理、调适外部环境。每条职责从专业理解与认识、专业知识与方法、专业能力与行为三个维度，提出10条具体的要求，操作性增强，是引领园长的专业发展和科学有效管理幼儿园的基本准则。

（二）园长的任职要求

园长是履行幼儿园领导与管理工作职责的专业人员，由举办者任命或聘用，根据《幼儿园工作规程》第三十九条、四十条规定，幼儿园园长应当贯彻国家教育方针，具有良好品德，热爱教育事业，尊重和爱护幼儿，具有专业知识和技能以及相应的文化和专业素养，为人师表，忠于职责，身心健康。

小资料7-2

幼儿园园长的专业标准

（一）以德为先

坚持社会主义办园方向和党对教育的领导，贯彻党和国家的教育方针政策，将社会主义核心价值观融入幼儿园工作，履行法律赋予园长的权利和义务，主动维护儿童合法权益；热爱学前教育事业和幼儿园管理工作，具有服务国家、服务人民的社会责任感和使命感；践行职业道德规范，立德树人，关爱幼儿，尊重教职工，为人师表，勤勉敬业，公正廉洁。

（二）幼儿为本

坚持幼儿为本的办园理念，把促进幼儿快乐健康成长作为幼儿园工作的出发点和落脚点，让幼儿度过快乐而有意义的童年；面向全体幼儿，平等对待不同民族、种族、性别、身体状况及家庭状况的幼儿；尊重个体差异，提供适宜教育，促进幼儿富有个性地全面发展；树立科学的儿童观与教育观，使每个幼儿都能接受有质量的教育。

（三）引领发展

园长作为幼儿园改革与发展的带头人，担负引领幼儿园和教师发展的重任。把握正确办园方向，坚持依法办园，建立健全幼儿园各项规章制度，实施科学管理、民主管理，推动幼儿园可持续发展；尊重教师专业发展规律，激发教师自主成长的内在动力。

(四)能力为重

秉承先进教育理念和管理理念,突出园长的领导力和执行力。不断提高规划幼儿园发展、营造育人文化、领导保育教育、引领教师成长、优化内部管理和调适外部环境等方面的能力;坚持在不断的实践与反思过程中,提升自身的专业能力。

(五)终身学习

牢固树立终身学习的观念,将学习作为园长专业发展、改进工作的重要途径;优化专业知识结构,提高科学文化艺术素养;与时俱进,及时了解国内外学前教育改革与发展的趋势;注重学习型组织建设,使幼儿园成为园长、教师、家长与幼儿共同成长的家园。

小资料7-3

我国香港地区建立了一套科学和规范的园长准入制度

(一)资格审核

应满足"学历+教学经验+培训"申请条件、规范的申请程序和严格的审查机制。

2007年发布的《学前教育新措施》要求:"自2009—2010学年起,所有新任园长必须持有幼儿教育学士学位,最少一年取得学历后的相关工作经验,并已完成一项园长证书课程。"2017年发布的《校长资格认证》再次重申:"从2010年9月1日开始,拟任校长除具有最少五年教学经验外,还须持有认可师资培训资历,方可申请参与以两年为限的校长资格认证程序。"

(二)遴选

有着结构多元的遴选委员会,园长领导力和品德并重的遴选标准和"弹性化"的十项程序,具体为:

(1)在遴选园长工作开始前,要明确幼儿园对自己所期望的园长应具备的素质;(2)园方依据重要程度排列遴选准则,保证申请人知悉这些准则;(3)广泛宣传园方的要求,可通过各大报刊或亲身游说方式,吸引更多有素质的申请人竞聘;(4)评估申请人,遴选出合适人选;(5)通过面试了解更多关于申请者的信息,但并非每次园长招聘都会进行面试工作;(6)与咨询人联络,以便园方在评核该名申请人时可以征询并能参考其意见;(7)要求申请人展现教育理念和演说技巧;(8)对申请人的笔试或面试表现进行性格剖析评估,判断其领导才能;(9)遴选委员会审阅资料后,决出最佳人选;(10)由校董会与办园团体商议是否向香港教育局常任秘书长提名获选者受聘为园长。

(三)聘任方面采取“推荐—提名—聘用—签约”的聘任程序。

资料来源,洪秀敏,王默.香港地区幼儿园园长准入制度的经验及启示[J].河北师范大学学报:教育科学版.2020;22(3).

二、园长的影响力及影响因素

园长作为幼儿园的领导,全面负责幼儿园的工作,对于全体教职工有着较大的影响,这种影响取决于其职位以及其职位被依法赋予的权力。韦伯认为,任何一种组织都只有以某种形式的权力为基础,才能实现其目标。权力可以消除组织的混乱,使得组织的运行有秩序地进行,如果没有某种形式的权力,组织的生存都是非常危险的,就更谈不上实现组织的目标了。①

(一)影响力的构成

“影响”(influence)是指最广泛意义上的权力,往往与领导力有关,广义的影响包括以通常的方式(如改变满意度或绩效等)改变他人的能力或促使他人采取行动的能力。“影响力”(influence power)是指一个人用以影响另一个人的能力,这种影响使后者能够根据前者的意愿来做事。在很多情况下,权力(power)与影响力的概念可以互换,美国社会学家Willer等认为:“权力就是影响行为、改变事情的进程、克服阻力和让人们进行他们本不会做的事情的潜在的力量。”权力就其本质而言也是一种影响力,但权力带有更多的强制性色彩,只是一种特殊的影响力。②

从权力与影响力的区别出发,我国学者惯常将影响力划分为权力性影响力和非权力性影响力两种,具体如图7-1所示。

① 朱国云.组织理论:历史与流派[M].南京:南京大学出版社,2014:37.

② 苗建明,霍国庆,刘蓉晖.领导影响力研究[J].领导科学,2006(12):30-32.

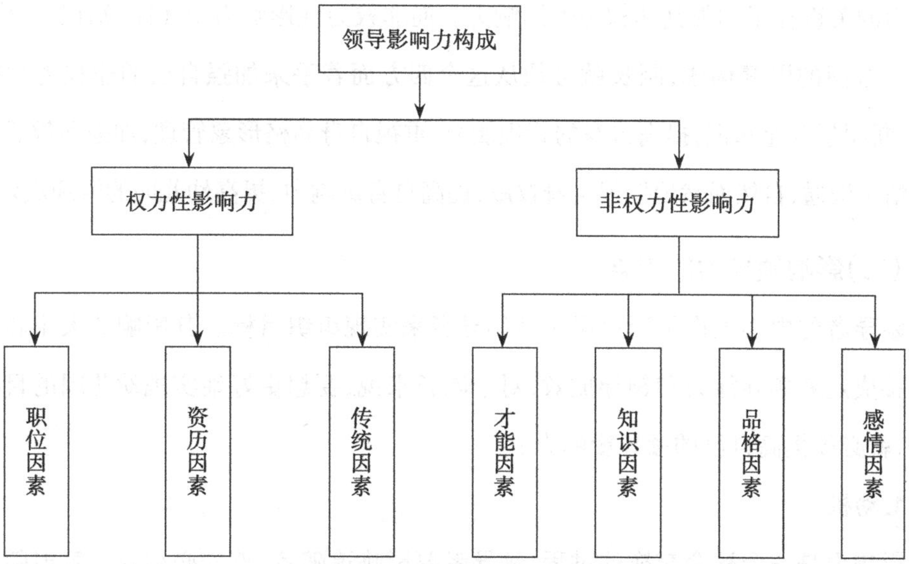

图7-1 领导影响力构成

权力性影响力是由社会赋予个人的职务、地位和权力而形成的，带有法定性、强制性和不可抗拒性，为领导者仅有。具体而言，权力性影响力包含三个因素：传统因素，指人们对于“官”的畏惧和服从；职位因素，指职位赋予人的左右下级的力量；资历因素，指因个人历史原因而形成的对他人的影响。权力性影响力因权力的存在而产生，并以外部压力的形式对被领导者的心理与行为产生作用，在这种作用下，被影响者的心理与行为主要表现为被动和服从。①

非权力性影响力是以领导个人的品德、才能和学识为基础而形成的，主要包括品格、才能、知识和情感四个因素。这种影响力是在工作过程中自主生成的，具有自然性、非强制性、长期性、差异性和双向互动性。②它可保证权力行使时能够畅通无阻，提高工作效率。

以上两种影响力，前者因其强制性和不可抗拒性，下属必须执行或者服从，在紧急情况下，有助于稳定人心，高效率处理事件。后者自发形成的感召力，对员工有着较为广泛的积极影响，从而进一步加强其权力性影响力。

在领导影响力的构成中，非权力性影响力占据主导地位。园长如果具有较强的非权力性影响力，其权力性影响力自然也会加大，反之则下降，由此可见，提高园长领导

① 刘炳香.论领导影响力[J].理论学刊，2003(06)：82-84.

② 侯晋雄，王锦辉.关于提升非权力领导影响力的几点思考[J].理论与改革，2008(06)：91-92.

影响力的关键在于加强其非权力性影响力。而非权力性影响力由才能、知识、品格、感情四个方面的因素构成，园长就必须从这个四方面着手来加强自己的非权力性影响力，不断积累专业知识，提高自身的管理能力，重视自身品格形象管理，加强和教职工之间的情感沟通，自然而然地发展自身权威，提高自身影响力，提高幼儿园的管理成效。

（二）影响领导力的因素

领导者的中心工作是通过影响被领导者来实现组织目标。其影响的大小和范围则直接决定着领导能力和领导成效，对于园长来说，要想更好地实现幼儿园的目标和任务，就必须提高自己的领导影响力。

1.动机

影响力是一个社会交换的过程，领导者要影响追随者，首先必须要了解追随者的动机。作为普通的教职工，工作最基本的动机就在于获得一定的薪酬，园长在满足员工最基本的需要之外，要善于激发员工的高级需求，最大程度激发员工对幼儿园做出更多更大的贡献。

2.利益

社会交换是一种利益交换，追随者对领导者的追随通常是有条件的，这些条件就是各种利益（包括物质利益和精神利益）。园长要保护教职工的合法利益，不能随意扣罚员工的福利待遇，此外还要创设良好的工作氛围，为教职工提供健康和谐的工作环境，引领员工不断在专业上获得成长。

3.关系

如果领导者与追随者之间建立了友情关系，那么追随者就会调整自己的态度和目标，情感也是领导者影响追随者的一种主要手段。

4.权力

在此权力相当于权力影响力，是影响追随者的主要手段。

5.沟通

影响的实质就是沟通，是通过领导者与追随者的交流来实现影响的过程。

领导影响力是在洞悉需求与动机的基础上，通过满足被领导者的利益或权力需求，与被领导者建立友情，实现良好沟通，改变利益相关者的行为，以提升领导绩效和实现组织目标的能力。提高领导影响力，就必须学会处理动机管理、关系管理、利益管理、权力管理、沟通管理五者之间的关系。

三、园长的领导艺术

领导工作是一门科学，也是一门艺术。领导艺术是指领导者为了达到某一领导目标，在一定的科学知识、实践经验的基础上，在领导过程中所表现出来的非模式化的富有创造性的才能或技巧，它是由领导者的阅历、学识、智能、意志、气质熔铸而成的一种出色的才能，是领导者领导科学素质和领导能力的高度体现。①

领导艺术是随着领导实践活动产生的，其内容是丰富多彩的，形式也是多种多样的。所谓园长领导艺术是指园长在一定学识、智慧、能力、经验、气质等基础上，为实现幼儿园目标，面对各种领导条件、方式、方法，灵活、恰当、创造性运用的领导策略、技巧和风格，它是领导者的素质和领导水平的综合表现。由此可见，幼儿园领导效能的提高，很大程度依赖于园长的领导艺术，它贯穿于整个幼儿园领导的过程。②

（一）领导艺术的特点

1.非模式化

领导艺术也是一种领导方法，区别于一般的规范化、程序化、模式化的领导方法，领导艺术表现出典型的非模式化特征，具体表现在领导过程中，对模式化领导方法创造性、灵活性地运用。

2.直觉性

直觉性，是指对一个问题未经逐步分析，仅依据内因的感知迅速地对问题答案做出判断、猜想、设想，或者在对疑难百思不得其解时，突然对问题有“灵感”和“顿悟”，甚至对未来事物的结果有“预感”“预言”。由于长期的工作积累和对管理工作的持续思考，园长对直觉对象积累了丰富的经验知识和理论知识，这种积累越深厚，其领导过程中的直觉性就越强。

① 张传烈.领导艺术:特点及表现形式[J].政治学研究,2001(01):74-80.

② 李槐青.幼儿园管理中的领导艺术探析[J].湖南第一师范学院学报,2010,10(02):33-35.

3. 随机性

领导艺术的一个重要特点在于它不拘一格，不墨守成规，而是根据不同的情况灵活地处理。在当今社会，新问题、新情况随时都会出现，这就要求领导者灵活运用已有的知识，具体分析现实情况，随机决断，恰当处理。

4. 创造性

幼儿园领导面临的情况是错综复杂的，新问题、新现象、新理念层出不穷，如果固守成规，就会错失发展机会，影响教育目标的实现。作为幼儿园领导，必须开拓创新，勇于进取，才能在教育理念、类型、方式上不断发展，适应社会和幼儿的需求，保持幼儿园教育的活力。创造性是幼儿园领导艺术的核心。

5. 适度性

在领导活动的整个过程中，分寸的掌握也是领导艺术的一个重要特征，从宽严、亲疏、刚柔、统揽与放权等各个方面，都要注意保持适度，保持平衡，保证团体的灵活性、创新性以及纪律性。

6. 情感性

任何社会组织都是由人组成的，领导者和普通成员之间，是一种特殊的人际关系，领导艺术感染人、吸引人、维系组织的力量离不开情感的作用。

（二）领导艺术的表现形式

领导艺术属于领导者的个人特质，没有固定的程序和模式，但是在实践中，由于管理规律的作用，不同领导者在领导艺术的表现形式上面有一些共同点。

1. 运筹艺术

运筹即策划，领导者面对复杂多变的组织系统，要实现整体目标，就必须统筹全局，在纷繁复杂的局面中高瞻远瞩，抓住关键，正确地决定不同时期的工作重心，并坚决贯彻执行。

2. 决断艺术

领导者凭借自己的知识、经验和敏锐的洞察力，及时抓住机遇，果断决策，是领导艺术的重要体现。决策能力是领导者的重要素质，提高决策的科学性必须依赖于领导者的判断力、洞察力、想象力、创造力、预测力以及应变能力。

3.用人艺术

领导成败的关键在于用人。在选人用人问题上，毛泽东同志曾指出："领导的责任，归结起来，主要的是出主意，用干部。"在用人方面，领导者要做到用人唯贤，避免任人唯亲，影响组织成员对领导者的信任，破坏双方的信任关系，影响组织工作的效率，阻碍组织目标的实现。

除了在选拔人才方面要做到公平公正，领导更要善于培养下属。领导并不是要下属无条件地服从自己的命令，而是让自己和部下都服从于共同的目标，最好的领导者会努力培养下属，使他们成为领导者。

4.协调艺术

协调艺术是领导者适应社会与外部环境需要，在总体上促使领导活动系统要素之间以优化的方式相互联系与配合，以实现工作目标的行为。园长作为幼儿园领导，是上级主管部门、其他幼儿园和自身所在幼儿园、幼儿园老师之间的纽带，幼儿园的发展依赖于园长和不同对象之间的交往质量，园长的沟通艺术，尤其是语言沟通，在这中间发挥着极为重要的作用。具体来说，主要表现在以下几个方面：

首先，在人格上做到相互尊重，任何形式的沟通都要建立在相互平等的基础上，每个人都有主宰自己生活的欲望，因此在沟通中，园长切忌利用自己的职权发布专断的命令，这样会引起教职工的反感，降低教职工工作的责任感和自豪感，削弱教职工的内在工作动机，造成幼儿园内部人际关系紧张，破坏工作氛围。创造性、想象力、顿悟等复杂性认知通常发生在宽松的氛围中，因此只有做到相互尊重，才能最大程度激发出教职工的潜力，为幼儿提供更好的教育条件。

小资料7-4

如何发布命令？

在发布命令问题上，福莱特指出：专断的命令忽视了人类天性之中最基本的因素之一，那就是主宰自己生活的愿望，任何无视人们自尊和情感的待人处世的方式，将会得到罢工的报复。她指出"发出专断的命令"有四大缺点：一是会失去可能从被指挥人那里得到的贡献；二是容易引起工人和工头之间的摩擦；三是会非常严重地影响工人对自己工作的自豪与骄傲；四是削弱了责任感。

福莱特对“发出专断命令”的第三类缺点特别关注，她多次强调，工人们往往热切地希望获得某种地位，并且希望他们的表现保持一个较高的水平，正像他们的雇主一样，工人在自己的工作中得到最大的乐趣，来自完成了自己所能做出的最好的作品的满足感。但组织管理中以往存在的专断的命令方式，是一种典型的“他治”方式。福莱特认为应倡导新命令方式，必须将“他治”转变为自治。

其次，注重语言表达。在语气上要做到真诚礼貌，照顾对方的情感和自尊，避免对方的抵触；在语言的逻辑上要清晰明了，用简单的话表达出复杂的意思，让对方容易理解，并觉得这个目标值得努力；要学会倾听，并把握好沟通时机，以便高效妥善地解决问题。

最后，领导者的协调能力除了娴熟的语言沟通技巧外，还基于员工对领导者的信任，因此作为一个园长必须具有赢得教职工信任的能力。这种信任是在工作过程中基于园长本身宽广的学识、坚韧的品质、勇于冒险的精神、敢于挑战和承担责任的魄力等，这是一个自然形成的过程。

5.激励艺术

动机是激发和维持有机体的行动，并将使行动导向某一目标的心理倾向或内部驱力，具有激励、指向、维持和调节的功能。对于园长而言，要善于激发教职工的动机，抓住他们的注意力，使他们能够心甘情愿为领导者工作并与领导者一起努力完成任务。也要善于激励教职工，使自己的决策为教职工所信服，并将其作为自身的奋斗目标。

小资料7-5

领导者素质

福莱特认为，首先领导最重要的素质就是控制整个局势的能力，领导不仅是对人的领导，而且还是整体环境的领导。领导者是一个可以总结集体经验的人，他们懂得如何组织一个企业的全部力量，并且使之服务于一个共同的目标。

其次，领导要有预测能力。因为我们所要面对的是一个时刻处于变化之中的环境，所以决策必须对发展做出预期，决策仅仅适用于当前环境的，一般都是二流人物的标志，领导者的任务正是对由眼前到未来的过渡做出卓越超凡的理解。

再次，领导者应当有冒险精神，在这里冒险精神并不一定意味着赌徒的禀性，它应当是开拓新道路的开路先锋的精神，强调领导与创新的紧密结合。

最后，也是福莱特最看重的，领导者应该善于培养下属，最好的领导应该努力培养自己下属的领导能力，使下属成为领导者，他们想要做领导者的领导者。

四、园长的领导风格

组织管理的核心问题是如何进行领导，而组织领导水平的高低在一定程度上又取决于领导方式，由于领导工作的复杂性，领导方式具有多样性与随机性的特点，虽然没有办法找到一种放之四海而皆准的具体领导方式，但确实存在一般的领导原则和方式。美国现代行为科学家、教育家和组织心理学家利克特认为，与领导体制相适应存在着四种领导风格。

第一种是专制权威式(Exploitative Authoritative)领导。其典型表现是主管人员发布指示，决策中没有下属参与，主要用恐吓和处分，偶尔也用奖赏去激励人们，习惯于由上而下地传达信息，把决策权局限在最高层。

第二种是温和专制式(Benevolent Authoritative)领导。其典型表现是领导者用奖赏兼某些恐吓及处罚的方法去鼓励下属，允许一些自下而上传递的信息，向下属征求一些想法与意见，并允许把某些决策权授予下属，但加以严格政策控制。

第三种是民主协商式(Consultative)领导。其典型表现是主管人员在做决策时征求、酌情采用下属的建议，运用奖赏并偶尔兼用处罚、让员工参与管理的办法来激励下属，由上级主管部门制定主要的政策并付诸实施，但让较低一级的主管部门去做出具体的决定，并采用其他一些方法商量办事。

第四种是民主参与式(Participative)领导。其典型表现是主管人员向下属提出挑战性目标，并对他们能够达到目标表示出信心；在诸如制定目标与评价实现目标所取得的进展等方面，让群体参与其事并在此基础上给予物质奖赏；即使上下级之间的信息畅通，又使同级人员之间的信息畅通；鼓励各级组织做出决定，或者本人作为群体成员同他们的下属一起工作。

前三种领导方式或多或少都是权力型或命令型的，这类领导方式通过任务、压力、监视、奖惩等方式对组织成员监督防范，导致组织凝聚力低下，上下级之间缺乏信任成员士气低落、工作主动性差，效率有限。随着社会的发展，人们越来越不愿意接受来自外来的压力和上司的监视，社会上更加强调培养心理上健康成熟的独立人格，特别是90后、00后这些新时代成长起来的群体，对于个性、独立人格、民主平等精神的追求更为强烈，这就决定了组织机构的领导者必须改变自己的领导方式。随着新技术的发展，社会上涌现出越来越多的新事物、新手段，领导者需要各方面专家的咨询、决策建议，更需要下属的帮助。教师的工作具有创意性、艺术性、精神性等特点，这种职业特点决定了他们需要更加自由的空间、宽松的氛围，唯有如此才会激励他们创新性地工作，提高教育质量，改善幼儿的教育体验。

幼儿园依靠全体教职工才能得到发展。在《幼儿园园长专业标准》中提出了5个办学理念，即以德为先、幼儿为本、引领发展、能力为重、终身学习，其中第三、第四个理念都提到教师成长、民主（内部）管理，这就给园长在幼儿园内部管理方面的改革提出了新的要求。作为领导要与时俱进，改进管理方式，重视教职工之间的人际关系，管理中以教师为中心；上下关系平等，有问题民主协商，共同讨论，领导最后决策；按分工授权，下级也有一定的决策权，上下级充分沟通，相互信任，感情融洽。这样的管理有助于增强组织凝聚力，提高教师的士气、稳定教师队伍，增强工作的主动性，提高工作效率和工作质量。

第三节　幼儿园教职员工的管理

幼儿园的发展水平取决于该幼儿园的师资力量，拥有一支优秀的幼儿教师队伍，才能拥有良好的教育风尚，而优良的教育风尚作为指引幼儿园价值观与培养目标的精神航标，是幼儿园组织管理工作的基础与保障。

一、幼儿园教职员工的招聘

2018年“两会”期间，学前教育受到了广泛关注，特别是幼儿师资队伍建设问题。教育部原副部长刘利民委员表示加强幼儿师资建设，首先要把好学前教育教师入园关，真正把有爱心、懂教育的教师吸引到学前教育队伍里来。

幼儿园教师招聘是优化教师队伍的途径，如何更科学合理地进行幼儿教师招聘，把优秀人才招至教师队伍中来，是现阶段需要解决的重要问题。从幼儿园角度出发，完善幼儿园教师招聘要求及选拔过程，有助于增强教师招聘工作的有效性，有助于幼儿园教师队伍的建设。

（一）招聘流程

教师聘任程序是指用人单位根据一定程序招聘教师，尽管在招聘具体实施过程中有所差异，但从总体上包括几个环节：发布招聘信息、确定招聘候选人、对应聘者考核以及录用等。对教师聘任程序进行规范管理，是确保聘任教师质量的前提。

比如，教师公开招聘程序：

（1）发布简章，确定岗位数及岗位需求；

（2）报名及提供手续，招募应聘者。涉及报名及资格审查方式；报名程序；报名注意事项；各岗位最终报名情况、通过审核情况缴费完成情况等。

（3）考试考核，选拔人才，并与应聘教师签订聘约。涉及开考比例、笔试、资格审核、面试、体检、考察、公示、聘用及相关待遇等。

(二)聘用条件

1.幼儿园教师的准入标准

实施幼儿园教师资格准入制度,是当前我国教师资格制度改革的重要内容,是提升学前教育质量的基本保障。随着我国学前教育事业的迅速发展,幼儿教师的需求快速增加,幼儿园教师招聘中也会存在一定的问题。有些幼儿园为了短时间内招到足够数量的教师,在招聘教师时会降低应聘要求,出现“宽松入职”的倾向,将不合格的教师纳入幼儿园教师队伍中。也有部分幼儿园认为有“艺术”技能的教师可给家长留下更专业的“好”印象,在教师招聘时出现“重技能,轻理论”的现象,过于重视教师的“专业”技能水平,而忽略了对其专业知识水平和整体能力的综合考察。

典型案例

北京红黄蓝幼儿园虐童事件

2017年11月发生了轰动全国的北京红黄蓝幼儿园虐童事件:2017年11月22日晚开始,有十余名幼儿家长反映朝阳区管庄红黄蓝幼儿园(新天地分园)国际小二班的幼儿遭遇老师扎针、喂不明白色药片,并提供孩子身上多个针眼的照片。23日,朝阳警方已介入事件调查,警方已提取孩子针眼等证据。26日,警方就该幼儿园幼儿疑似遭针扎、被喂药一事进行了通报,涉嫌虐童的幼儿园教师刘某(女,22岁,河北省人)被刑拘。经公安机关调查,朝阳区红黄蓝新天地幼儿园教师刘某某,因部分儿童不按时睡觉,遂采用缝衣针扎的方式进行“管教”。在任职的班级内,使用针状物先后扎了4名幼童。

2018年12月26日上午,北京市朝阳区人民法院依法对被告人刘某虐待被看护人案公开宣判,以虐待被看护人罪一审判处刘某有期徒刑一年六个月,同时禁止其自刑罚执行完毕之日或者假释之日起五年内从事未成年人看护教育工作。

2019年6月11日,北京市第三中级人民法院对案件做出二审宣判,驳回刘某上诉,裁定维持原判。刘某因犯虐待被看护人罪获刑1年6个月,并被责令5年内禁止从事未成年人看护教育工作。

思考题

1.为何会在幼儿园发生这种没有道德底线的虐童事件?

2.如何防止幼儿园虐童事件的发生呢?

教师准入制度中要注重应聘教师的心理健康，对其心理品质进行考核，合格的才能发放教师资格证书。在实行教师聘任制的基础上，用人单位也要对应聘教师的心理品质进行考察，以保证进入教育领域的教师拥有健全的心理品质。教育部2012年出台了《幼儿园教师专业标准(试行)》，用于规范幼儿园教师队伍，此标准同时又是幼儿园教师的专业准入标准，这是国家首次出台专门性的文件对幼儿园教师基本素质进行规范。

政策解读 7-1

中国幼儿教师专业标准颁布背景和内容

中国《幼儿园教师专业标准(试行)》是在中国学前教育事业快速发展和国际幼儿教师专业化运动快速发展的背景下研究制定的。2010 年 7 月，为缓解国内学前教育对教师的需求强烈和幼儿教师质量无法满足学前教育发展需要的矛盾，中国政府颁布了《国家中长期教育改革和发展规划纲要 (2010—2020 年)》，提出“要建立幼儿教师资格标准，加强幼儿教师培养，提高幼儿教师队伍整体素质”。2010 年 11 月，中国中央政府公布《国务院关于当前发展学前教育的若干意见》(以下简称《国十条》)，指出“要多种途径加大幼儿教师队伍建设，加快建设一支师德高尚、热爱儿童、业务精良、结构合理的幼儿教师队伍，健全幼儿教师资格准入制度，严把入口关。”

在二十世纪后期至二十一世纪初，美、英、澳等国相继公布幼儿园教师专业标准。英、美等发达国家幼儿教师专业标准的制订，不仅对幼儿教师专业素质的提高和对幼儿教师的管理、培养和培训都起到了重要作用，还提升了幼儿园教育质量。出于中国学前教育发展和幼儿教师培养、入职认证和培训的需要以及紧跟世界幼儿教师专业化运动趋势的需要，中国教育部于 2012 年 2 月颁布实施了《幼儿园教师专业标准(试行)》。

中国《幼儿园教师专业标准(试行)》强调幼儿教师从事幼儿保教工作需要具备专业理念与师德、专业知识、专业能力，这三个维度分为十四个领域：职业了解与认识、对幼儿的态度与行为、幼儿保育的态度与行为、个人修养与行为；幼儿发展知识、幼儿保育和教育知识、通识性知识；环境的创设与利用、一日生活的组织与保育、游戏活动的支持与引导、教育活动的机会与实施、激励与评价、沟通与合作、反思与发展。在十四个领域中，还一共包含了六十二条基本要求。

资料来源：杨晓萍，廖为海. 中美幼儿教师专业标准：背景、内容与比较[J]. 今日教育(幼教金刊)，2016(01).

小资料7-6

NAEYC《幼儿园教师专业准备标准》6大核心标准

全美幼儿教育协会(NAEYC)是当今美国幼教机构中最具权威的机构,其于2009年修订的《幼儿园教师专业准备标准》对全美的幼儿园教师准入起着示范作用。《幼儿园教师专业准备标准》包括6大核心标准:1. 促进儿童发展和学习;2. 建立家庭和社区的关系;3. 观察、记录、评价,支持幼儿和家长;4. 利用有效途径将儿童和家庭联系起来;5. 使用学科知识创建有意义的课程;6. 成为一名专业人士。

2.保育员的招聘标准

根据教育部2019年的统计数据,我国28万多所幼儿园中,班级数约173万,若一个班配置一位保育员,那么保育员群体是较为庞大的。作为长时间与幼儿交往、影响幼儿学习与成长的群体之一,保育员的职业水平影响着保育质量。2020年10月,中共中央、国务院印发了《深化新时代教育评价改革总体方案》,提出“重点评价幼儿园科学保教”“国家制定幼儿园保教质量评估指南”。

国内研究者对保育员职业认同的调研发现:第一,保育员来源复杂、社会地位不高,其中部分保育员缺乏专业素养,无法全面履行保育员职责,缺乏明确的职业规划和坚定的职业信念,岗位流失率较高;第二,不同城市、不同园所的保育员,在职业认同水平上具有差异性,保育员职业认同整体情况不太理想。①保育员的工作是落实保教结合的重要一环,保育员群体拥有良好的保育素养,是提升保育质量、促进幼儿园可持续发展的保障。

我国保育员招聘有国家统一标准要求,在准入门槛和入职要求上均有相应规范。在入职方面,政策规定明确。《幼儿园工作规程》第四十二条提出,保育员“应当具备高中毕业以上学历,受过幼儿保育职业培训”。在聘任方面,《幼儿园管理条例》第二十三条提出,幼儿园的保育员“由幼儿园园长聘任,也可由举办幼儿园的单位或个人聘任”。虽然“规程”对保育员的岗位职责与用工标准进行了明确的规定,但由于长期以来对保育员队伍建设的不重视,现实中保育员的整体状况不理想。

① 尚爽. 沈阳市保育员职业认同现状及影响因素研究[D]. 沈阳:沈阳师范大学,2020.

政策法规

《幼儿园工作规程》(2016)(选录)

第三十八条 幼儿园按照国家相关规定设园长、副园长、教师、保育员、卫生保健人员、炊事员和其他工作人员等岗位,配足配齐教职工。

第三十九条 幼儿园教职工应当贯彻国家教育方针,具有良好品德,热爱教育事业,尊重和爱护幼儿,具有专业知识和技能以及相应的文化和专业素养,为人师表,忠于职责,身心健康。

幼儿园教职工患传染病期间暂停在幼儿园的工作。有犯罪、吸毒记录和精神病史者不得在幼儿园工作。

第四十一条 幼儿园教师必须具有《教师资格条例》规定的幼儿园教师资格,并符合本规程第三十九条规定。

幼儿园教师实行聘任制。

幼儿园教师对本班工作全面负责,其主要职责如下:

(一)观察了解幼儿,依据国家有关规定,结合本班幼儿的发展水平和兴趣需要,制订和执行教育工作计划,合理安排幼儿一日生活;

(二)创设良好的教育环境,合理组织教育内容,提供丰富的玩具和游戏材料,开展适宜的教育活动;

(三)严格执行幼儿园安全、卫生保健制度,指导并配合保育员管理本班幼儿生活,做好卫生保健工作;

(四)与家长保持经常联系,了解幼儿家庭的教育环境,商讨符合幼儿特点的教育措施,相互配合共同完成教育任务;

(五)参加业务学习和保育教育研究活动;

(六)定期总结评估保教工作实效,接受园长的指导和检查。

第四十二条 幼儿园保育员应当符合本规程第三十九条规定,并应当具备高中毕业以上学历,受过幼儿保育职业培训。

幼儿园保育员的主要职责如下:

(一)负责本班房舍、设备、环境的清洁卫生和消毒工作;

(二)在教师指导下,科学照料和管理幼儿生活,并配合本班教师组织教育活动;

(三)在卫生保健人员和本班教师指导下,严格执行幼儿园安全、卫生保健制度;

(四)妥善保管幼儿衣物和本班的设备、用具。

第四十三条　幼儿园卫生保健人员除符合本规程第三十九条规定外，医师应当取得卫生行政部门颁发的《医师执业证书》；护士应当取得《护士执业证书》；保健员应当具有高中毕业以上学历，并经过当地妇幼保健机构组织的卫生保健专业知识培训。

幼儿园卫生保健人员对全园幼儿身体健康负责，其主要职责如下：

（一）协助园长组织实施有关卫生保健方面的法规、规章和制度，并监督执行；

（二）负责指导调配幼儿膳食，检查食品、饮水和环境卫生；

（三）负责晨检、午检和健康观察，做好幼儿营养、生长发育的监测和评价；定期组织幼儿健康体检，做好幼儿健康档案管理；

（四）密切与当地卫生保健机构的联系，协助做好疾病防控和计划免疫工作；

（五）向幼儿园教职工和家长进行卫生保健宣传和指导。

（六）妥善管理医疗器械、消毒用具和药品。

第四十四条　幼儿园其他工作人员的资格和职责，按照国家和地方的有关规定执行。

第四十五条　对认真履行职责、成绩优良的幼儿园教职工，应当按照有关规定给予奖励。

对不履行职责的幼儿园教职工，应当视情节轻重，依法依规给予相应处分。

二、幼儿园教职员工的职业生涯发展

（一）幼儿园教职工培训

1. 幼儿教师在职培训

当前我国学前教育事业发展已转向质量发展轨道，关注幼儿园教师培训有助于提升教育质量。近年来，缺乏“个性化”“层次性”的需求诊断、“要素分散”“结构封闭”的培训系统以及“轨道偏离”的满意度评估局限，已经成为阻碍幼儿教师专业发展与质量提升的教师培训瓶颈问题。[①]幼儿园教师在职业生涯的不同时期所面临的问题不同，遭遇的职业困境各异。要根据教师成长的不同阶段所面临的问题，采取灵活的、针对

① 李欢欢，黄瑾.“高素质善保教”幼儿教师培训模型之构建[J].中国教育学刊，2019(02)：11-17.

性的措施，提升幼儿园教师专业水平，从而提高学前教育的质量。

表7-1　幼儿教师培训内容需求①

幼儿教师培训内容需求	
(一)有特殊需要幼儿的身心发展特点及教育策略与方法	a)家长工作 b)教师融合理念、素养和专业知识 c)教师和保育员的配合 d)协调特殊儿童和普通儿童的关系 e)不同特殊儿童的特征及其教育
(二)幼儿园管理与行政	a)幼儿园教研形式 b)管理者基层工作 c)团队建设 d)教师自主性的发挥 e)课题研究方案制定
(三)班级管理	a)家长资源利用 b)自主化班级常规建设 c)班级过渡环节的利用 d)班级教研的专业性与实效性
(四)在多元文化中教学	a)多元文化教学的环创 b)多元文化与本土文化的融合 c)多元文化教学的方式方法
(五)幼儿评价的操作	a)幼儿评价手册 b)幼儿行为观察记录 c)幼儿自我评价 d)幼儿互相评价
(六)教学内容及表现的标准	a)生成课程 b)有效教学的标准 c)材料投放 d)幼儿兴趣的激发
(七)对幼儿的辅导	a)区域活动指导 b)不同气质类型幼儿的个别辅导策略 c)一日活动中幼儿生活和学习能力的培养 d)“早教—幼教”衔接

① 葛晓英，王默，杨冬梅.幼儿园教师培训内容需求的调查分析[J].天津师范大学学报(基础教育版)，2021，22(04)：22-28.

续表

幼儿教师培训内容需求	
(八)领域内容	a)微型课题的实践与研究 b)整合五大领域 c)《3—6岁儿童学习与发展指南》各领域核心经验的运用 d)集中教学活动的游戏化组织策略
(九)教学技巧	a)教学技巧的运用 b)教师观察能力的培养 c)教师对幼儿活动的有效回应 d)活动组织过程的过渡语言
(十)儿童纪律和行为问题的教育	a)隔代教养问题 b)个体化差异的幼儿行为教育方式 c)建立常规 d)班级文化创设
(十一)使用电子信息技术教学	如何使用技术,将技术运用于教学中

(1) 培训前期: 构建幼儿教师培训“需求矩阵”模型

从模型理念来看,幼儿教师培训“需求矩阵”是由横向的培训背景信息、培训输入、培训过程、培训结果四方面需求构成;纵向由人员、组织、社会三个层面构成。每一个纵向层面均包含横向层面的四个需求(见图7–2)。

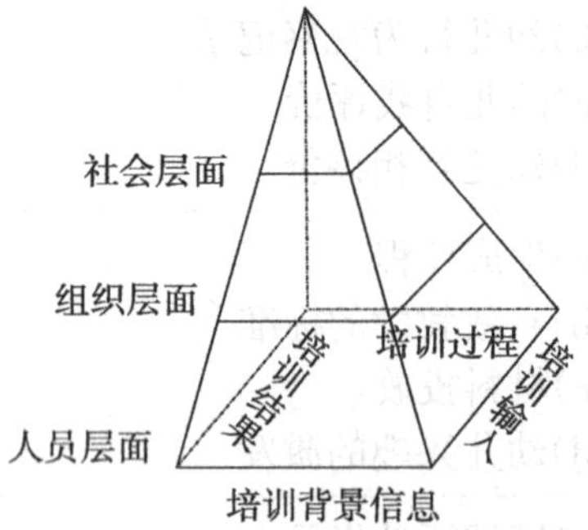

图7–2　幼儿教师培训“需求矩阵”模型

(2)培训中期: 构建“自组织”幼儿教师培训模型

“自组织”幼儿教师培训模型以“高素质善保教”的幼儿教师培训系统为中心。该模型包含以下要素:在诸多培训经验积累与抽象基础上生成的,以“高素质善保教”为核心的相关理论主题要素;实现幼儿教师在“专业理念与师德”“专业知识”“专业能力”

三方面素质与能力提升的目标导向；为"高素质善保教"幼儿教师培训提供相关、适恰的培训课程材料；促使幼儿教师高效获得"高素质善保教"能力的方式策略；参与和推进"高素质善保教"幼儿教师培训的相关利益人（培训主体、培训对象）。

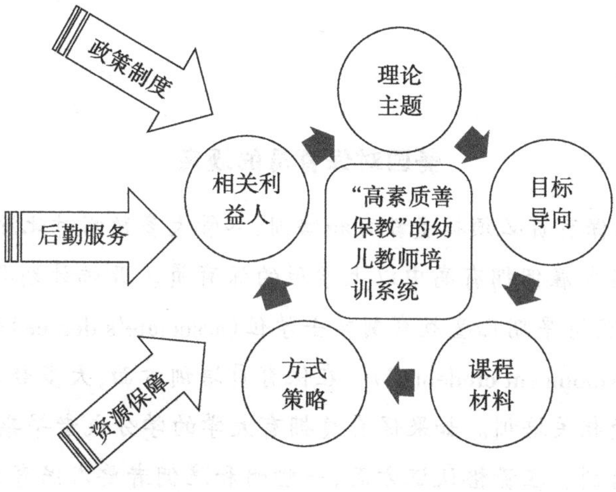

图7-3　"自组织"幼儿教师培训模型

（3）培训后期：构建幼儿教师培训"认知诊断"评估模型

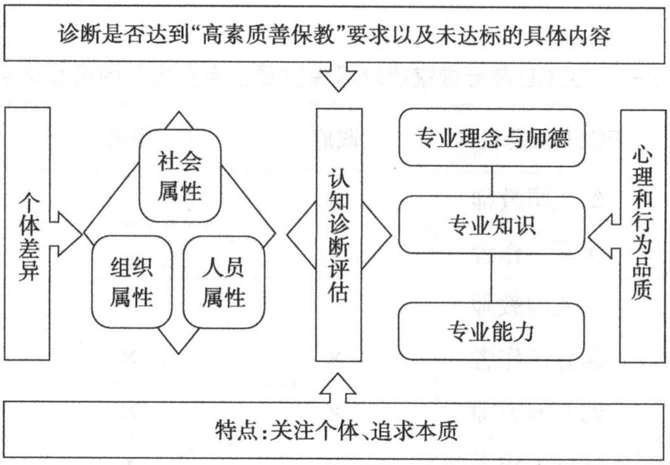

图7-4　幼儿教师培训"认知诊断"评估模型

2.保育员的培训

保育员具有自己的专业性，并不是保姆，也不是教师，将其视同保姆，是否认了其专业性，将其混同于教师，则又混淆了幼儿教师和保育员的职业性。我国保育员是教师的协作者及承担保教双重任务的工作人员。时代的发展使保育员的作用逐渐由"生活与教育分离"转向"融合"。在保育员的招聘与素质提升方面，我国对保育员的学历要求为高中及以上，由园长聘任。专业化的保育员群体应具备健康的身心素质、充足的保教知识与技能、与时俱进的保育理念及职业道德观等。借鉴和参考别国成熟的经验，有助于我们获得保教一体化的有效策略。

小资料7-7

美国对保育员的规定

美国要求保育员必须接受教育和培训，尽管大多数州对此没有明确规定，但雇佣者一般会雇佣拥有高中以上学历的保育员。开端计划要求从2013年起，保育员要获得早期儿童教育副学士学位(associate's degree)或者儿童发展认证(child development credential)。在保育员培训方面，大多数州要求保育员在上岗前接受相关培训。如果保育员拥有大学的学分或者早期教育的学位，则可以免于培训。在资格认证方面，一些州和雇佣者要求保育员拥有国家承认的认证。州政府在大多数情况下会要求保育员拥有职业认证委员会颁发的儿童发展助理认证(CDA)。CDA要求保育员接受课程学习、拥有实践经验以及高中文凭。

表7-2　OECD部分国家或地区保教员工专业发展的资金来源①

国家/地区	ECEC服务机构	政府	雇主	个人
英格兰	幼儿园教师	×		
	保育工作者	×		
苏格兰	幼儿园教师			
	保育工作者	×	×	×
挪威	幼儿园教师	×	×	
	保育工作者	×	×	
瑞典	幼儿园教师	×	×	×
	保育工作者	×	×	×
芬兰	幼儿园教师	×	×	×
	保育工作者	×	×	×
新西兰	幼儿园教师	×	×	

① 翟弦亮．OECD国家保教一体化政策研究[D]．北京：首都师范大学，2014.

续表

国家/地区	ECEC服务机构	政府	雇主	个人
	保育工作者	×	×	
日本	幼儿园教师	×	×	×
	保育工作者	×	×	×

注：OECD（经济合作与发展组织）“×”表示实施该项政策或策略，空白则表示在这方面尚无规定。

（二）幼儿园教职工考核与评估

考核评价是园所人员管理和保教队伍建设中的重要内容和环节。考核评价的范围包括保教人员的工作状况、业务技能、考勤情况、工作成绩，以及人员进修和队伍培训的效果等。

要使考核评价成为有效的管理手段，需注意以下几方面：

（1）将平时工作分析评定与定期考核结合；

（2）根据园所实际及各类人员职责确立适宜的考核评价标准；

（3）将评定结果与奖励、工资等挂钩，奖优罚劣，并作为评聘任用及晋级提升的依据；

（4）建立考核评定制度，规定评定周期、制定奖罚条例并建立评估资料档案。

（三）幼儿园教职工的工资福利和其他待遇

学前教师工资待遇不仅关系到学前教师的生活质量，更关系到学前教育系统的供给质量。经济合作与发展组织（OECD）始终把学前教师工资待遇水平作为提高学前教育质量的一个重要杠杆。长期以来我国幼儿园教师身份和地位不明，整体待遇低，特别是公办园非在编教师、公办性质园和普惠性民办园教师的待遇普遍缺乏保障，使幼儿园教师职业整体吸引力不足，这已成为我国学前教育事业发展的重要瓶颈。

1. 幼儿园教师待遇保障的现状与主要问题

一是工资收入普遍偏低。尽管幼儿园教师与中小学教师同样是基础教育教师的组成部分，但其与中小学教师待遇存在着较大的差距。无论是在东部经济发达地区，还是中西部地区，幼儿园教师的收入水平均普遍较低。2019 年全国政协委员胡卫研究提出，在东部地区如上海、杭州、苏州等大城市，公办园教师年收入大多在 5—6 万元，而一些中西部地区的幼儿园教师，年收入大都在3—4万元，与其他学段教师收入悬殊。

二是社保缺失严重。目前各地都有不少幼儿园教师不能完整地享有“五险一金”。特别是不少乡镇中心幼儿园的非在编教师和村集体办园、民办园教师，基本没有缴纳任何社会保险，其养老、医疗、住房等缺乏保障。

三是公办园非在编教师待遇缺乏保障，与在编教师同工不同酬现象突出。据教育部统计，截至2018年底，全国公办园专任教师总数为97.2万人，事业编制总量55.6万名，实有在编人数44.8万人，由此反映出当前我国公办园专任教师中有一半以上是非在编教师。而在我国对编内外教师实行“双轨制”人事管理制度的背景下，这些非在编教师的待遇未被纳入财政预算，主要依靠幼儿园收取的保教费予以保障。非在编教师待遇保障的经费有限，导致其与在编教师待遇存在着较大差距，同工不同酬现象在各地较为突出。

表7-3　2010—2018年幼儿园教师工资待遇的有关规定

出台时间(年)	政策名称	相关内容
2010	《国务院关于当前发展学前教育的若干意见》	民办幼儿园在审批登记、分类定级、评估指导、教师培训、职称评定、资格认定、表彰奖励等方面与公办幼儿园具有同等地位
2012	《教育部 中央编办 财政部、人力资源和社会保障部关于加强幼儿园教师队伍建设的意见》	公办幼儿园教师执行统一的岗位绩效工资制度，享受规定的工资倾斜政策，企事业单位办、集体办、民办幼儿园教师工资和社会保险由举办者依法保障
2014	《教育部 国家发展和改革委员会 财政部关于实施第二期学前教育三年行动计划的意见》	完善幼儿园教师工资待遇保障机制，落实国家规定的工资待遇。通过生均财政拨款、专项补助等方式，支持解决好公办园非在编教师、农村集体办幼儿园教师工资待遇问题，逐步实现同工同酬。引导和监督民办园依法保障教师工资待遇，足额足项为教师缴纳社会保险和住房公积金

续表

出台时间(年)	政策名称	相关内容
2018	《中共中央、国务院关于学前教育深化改革规范发展的若干意见》	各地要认真落实公办园教师工资待遇保障政策,统筹工资收入政策、经费支出渠道,确保教师工资及时足额发放、同工同酬。民办园要参照当地公办园教师工资收入水平,合理确定相应教师的工资收入。各类幼儿园依法依规足额足项为教职工缴纳社会保险和住房公积金

2.幼儿园教师工资待遇的未来展望

第一,把握当前我国《学前教育法》立法契机,在《学前教育法》中明确幼儿教师的法律身份、地位,并由此保障相应的待遇。明确幼儿园教师同中小学教师一样承担着基础教育的国家公共职能,是基础教育教师的重要组成部分,享有与中小学教师同等的法律身份,并享有和中小学教师同等的社会、经济与职业地位。明确逐步实现不同性质园教师同工同酬。同时,应依法足项、足额为教师缴纳“五险一金”,为保障幼儿教师职业地位与待遇提供有力的法律保障。

第二,改革完善幼儿园教师编制制度,积极探索教师人事管理制度。国家宜尽快研究出台适应新形势与国情的幼儿园教职工编制标准,各地依据国家编制标准制定相应的实施办法。根据各地事业发展实际需要,统筹调剂区域内基础教育教师编制,明确将中小学富余编制优先用于扩充学前教师。同时,学前教师编制应向农村地区倾斜,并设立艰苦地区专项补贴,鼓励与引导更多学前教师扎根农村,确保农村学前儿童接受高质量的学前教育。

第三,创新和完善学前教育财政投入体制机制,为幼儿园教师待遇保障提供长效、稳定的经费支持。明确提高普惠性幼儿园人员经费支出在幼儿园整体支出中的比例,且人员经费支出应不低于保教费收入与财政生均补助之和的70%,以有效保障各类普惠性幼儿园教师的工资、社保等基本待遇。

本章小结

1. 现代教育管理学十分重视对人性以及人的行为研究，所有管理要素中，人是最为活跃，也是最为关键的要素，因此现代管理中，从管理主体上看，要开辟多种途径，提升普通教职工的参与感；从管理过程来看，一方面领导要提高领导水平，不断培养自己的非权力性影响力，提升领导水平，制定灵活有弹性的管理框架，营造宽松和谐的氛围，调动教职工的积极性和创造性，在实现幼儿园发展的同时，促进教职工自身的发展，不断提升教职工自身的素质，进一步促进幼儿园教育事业的发展，实现双赢。

2. 幼儿园教职员工的管理主要包括幼儿园教职员工的招聘、幼儿园教职员工的职业生涯发展两方面，其中详细阐述了幼儿园教师专业标准和保育员招聘标准，对幼儿园教职工培训、幼儿园教职工考核与评估、幼儿园教职工的工资福利和其他待遇做了详细介绍。

思考与实训

1. 结合本章中案例，尝试分析在幼儿园管理中，园长应该坚持哪些原则，以及如何提高自身的领导水平，提升组织的凝聚力？

2. 结合实际，谈一谈幼儿园领导开会时应该注意什么问题？

3. 运用人力资源相关知识，尝试分析如何促进教师的专业发展，以及提升教师工作的积极性？

专题探讨

自2010年《国务院关于当前发展学前教育的若干意见》颁发以来，无论是入园幼儿人数还是专职教师数量都有了大幅提升，到2020年，全国学前三年的毛入园率已达到了85.2%。教育部基础教育司负责人就《“十四五”学前教育发展提升行动计划》答记者问中提到，学前教育经过十年的快速发展，虽然实现了普及普惠目标，但仍是整个教育体系最薄弱的环节，还存在着经费投入不足、成本分担机制不健全、教师待遇保障不到位、科学保教水平有待提高等突出问题，学前教育水平提升还有很长的道路要走。

探讨：这样的现实情况，对幼儿园管理提出了怎样的要求？对于教师待遇、教师的保教水平发展，你有什么看法？

第八章

幼儿园公共关系管理

学习目标

知识目标：

- 熟悉幼儿园公共关系管理的概念、特点与意义；
- 了解幼儿园公共关系管理的内容与方法；
- 正确认识幼儿园公共关系管理中存在的问题。

技能目标：

- 运用幼儿园公共关系管理基本原理分析教育实践中存在的问题；
- 尝试提出解决幼儿园公共关系管理问题的策略与思路；
- 提高从事幼儿园公共关系管理的实践能力与素养。

学习重难点

- 重点：掌握幼儿园各类公共管理的内容，正确认识和理解公共关系管理中存在的问题。
- 难点：分析幼儿园公共关系管理中存在问题的原因，并能提出解决策略或方案。

案例破冰

你会为孩子选择这所幼儿园吗？

一名家长带着3岁的男孩到一所幼儿园实地考察，进入一个班级后看到所有小朋友在玩区角游戏。美工区的小朋友贴一贴、撕一撕、粘一粘、涂一涂等。建构区的小朋友用大、中、小型不同形状、材质的积木，采用搭建、拼接、围合、穿插等方式设计出多种多样的结构形态。娃娃家的小朋友模仿家人在家做的各种事情，如：做饭、拖地、洗衣服、抱娃娃等。小朋友安安静静地玩，虽然老师并没有做什么，但每个区角的小朋友却井然有序、友好地和伙伴们一起玩耍，每位小朋友看起来都非常开心。

问题：看到区角活动中幼儿的表现，你的感想是什么？如果你是这位家长，你会为孩子选择这所幼儿园吗？选或不选的原因是什么？

第一节　幼儿园公共关系的概述

从系统论的观点看，良好的幼儿园组织与管理离不开和谐稳定的内部环境以及外部社会环境，它们为幼儿园实现发展目标提供了充分的物质与精神支持，因此，要努力使幼儿园跟上时代发展的步伐，幼儿园的公共关系处理显得尤为重要。

一、幼儿园公共关系的含义

公共关系是随着人类社会的进步而产生的，是社会组织为了实现良好合作与和谐发展，通过关系协调、沟通管理、形象塑造等方式，同利益相关的公众结成的一种社会关系，包括政府与社会各界的关系、企业与消费者及其有关客户的关系、领导与员工的关系等。

幼儿园公共关系是幼儿园为实现教育和管理目标，有组织、有计划地运用各种传播手段与内、外部环境沟通联系，在幼儿园与公众之间建立和发展相互了解、信任与支持、合作的关系，是以提高幼儿园管理质量、塑造幼儿园良好形象和创造最佳教育环境为目的的社会实践活动。其工作对象包括幼儿园的全体成员等内部公众及政府、社区、家长、媒体等外部公众。

二、幼儿园公共关系的基本特征

（一）以社会公众为对象

幼儿园公共关系是幼儿园与构成其生存环境的内外公众的关系，幼儿园为主体一方，公众为客体一方，二者构成幼儿园公共关系的基本矛盾。公众是幼儿园公共关系的主要研究对象，一切工作均围绕公众展开。

（二）以社会美誉为目标

幼儿园公共关系不是一种经济关系，因此其评价尺度不是经济指标，而是社会美誉度，即关系好不好，公众愿不愿意与之交往。而幼儿园形象中的知名度、定位度都是以美誉度为基础的，因此，幼儿园公共关系是以追求高美誉度为工作目标。

（三）以互利互惠为原则

幼儿园要想生存发展，就必须得到公众的支持，而要想得到支持就必须让公众得到利益，即公众得到高质量的教育服务。因此，要想持久地赢得公众支持，必须做到与公众互利互惠，最终达到双赢的目的。

（四）以长远为方针

幼儿园凭借公共关系在公众中塑造好的形象，绝非一日之功。它有树立过程的长期性，同时一旦树立起来也不会轻易改变，因此，幼儿园公共关系的长远性是与幼儿园生存的长远性同根相生的。

（五）以沟通为手段

幼儿园形象在沟通中塑造，美誉度在沟通中提高，合作在沟通中促成，目标在沟通中实现。作为公共关系的手段，沟通的实现既需要组织管理者、公关人员具备沟通意识，也需要具备顺畅的沟通渠道以及良好的沟通技巧。因此，幼儿园公共关系目标与价值的实现离不开沟通。

三、幼儿园公共关系的重要意义

（一）宣传推广，树立幼儿园良好的形象

幼儿园形象是幼儿园在公众心目中的总体评价和印象，是幼儿园的宝贵财富。幼儿园良好形象的树立与幼儿园的公关活动密不可分。首先，通过公关向公众说明自己的形象。形象不是全部都可以通过外表表现出来的，如办园的宗旨和目标，这是幼儿园形象的核心内容，是一个园的灵魂和综合指标的体现，它十分抽象，缺少直观性，家长和社会很难通过幼儿园的外貌了解到，这就需要向家长说明。其次，通过公关展示自己的形象。展示是树立形象最直观的手段，即通过幼儿园的外貌、师生的言行、各种宣传材料等向公众展示自身的形象。外貌具有鲜明、直观、生动、形象等特点，它常常能给人留下深刻的印象，印象可转化为某种暗示，对人的认识产生导向影响。展示形

象是树立形象的关键环节。最后,通过公关完善自己的形象。公共关系具有极强的社会性,目的在于得到公众的理解和认可,争取社会各界人士的信任和支持。为了达到这个目的,需要在树立形象的同时,不断地完善自己的形象,随时调整落后或不符合公众需要的方面。

(二)优化环境,提高幼儿园办园质量

幼儿园公关工作,有利于幼儿园内部形成和谐人际关系与组织氛围,增强凝聚力,充分调动员工的积极性,同心协力,实现幼儿园教育目标与管理目标。幼儿园的公关活动是组织行为,因此在实施公关活动中要注意引导和激发全体员工的主人翁意识,使员工认识到个人与组织的命运是紧密联系在一起的,激发向心力,增强荣誉感。明确个人形象是组织形象的缩影,努力建设、维护幼儿园的良好形象。幼儿园通过贯彻教育方针和提供有效服务,完善幼儿园家长工作,提高教职工保教服务质量。以塑造幼儿园的公众形象作为首要目的、借助各种手段和方式向公众说明自己的形象,展示自己的形象,完善自己的形象,让幼儿园得到公众的理解和认可,争取家长、社区、社会的信任和支持。

(三)协调关系,开发利用好各类教育资源

双向沟通,有益于调整幼儿园与社区关系,使幼教事业获得社会支持,优化育人环境。要协调好与主办单位、上级教育行政部门、家长、社区、同行、媒体之间的关系,使幼儿园能说服和影响外界公众,取得广泛的社会支持,较好地发挥幼儿园的社会服务功能。一方面,幼儿园要协调好组织内部的关系,营造相互理解、团结合作的良好氛围,创设和谐融洽的工作关系,不断增强幼儿园的向心力和凝聚力,以达到同心兴园的目的;另一方面,幼儿园要协调好与外部公众间的关系,积极争取市级部门的政策、人力、物力、财力支持,争取家长、社区的有效配合以及企业界、合作者的捐助,赢得社会文化机构、新闻媒介在信息、舆论方面的有益支持,取得高等院校和教育科研机构的大力支援。这是创造良好办园环境的有力保证,有益于引导和组织家长及社区公众参与幼儿园的教育与教育管理活动,形成教育的合力。

(四)化解危机,促进幼儿园管理创新

在“自媒体”时代,一旦发生诸如体罚、虐童、食物中毒等负面事件或突发事件时,传播速度快,影响范围广,可能还有谣言推波助澜,如果不能及时有效应对,将重创幼儿园树立起的良好形象。所以幼儿园要将危机管理作为经常性、长期性的工作,树立公共危机意识,加强日常管理,建立危机处置机制,一旦危机事件发生,第一时间科学地进行前期处理,做好沟通工作,严防事态的扩大升级,稳步做好后续跟进工作,争取公众与媒体的理解与支持,及时反馈事件处理进展,以保证对事件的解读与报道真实、准确。危机处理完毕后,做好善后工作,及时反思总结,吸取经验教训,推动管理创新。

典型案例

一份表扬信

尊敬的校领导:

您好,我是贵园小二班×××的家长,在此,欲向贵园小二班全体教师表示感谢。×××入园两个多月来,我们能感觉到他日渐可喜的变化,作为家长我感到由衷的欣慰。

首先,他的生活自理能力有了重大的提高。刚入园时,×××吃饭、穿衣等等不能独立完成,而且全无学习意愿,让他学习他都只说:不会就不会。现在他已完全独立吃饭、穿衣、穿鞋,更重要的是有了学习的意愿,能自己主动练习。

其次,性格也开朗了许多。原来他是一个内向的孩子,不愿意与人交往,也不与同龄小朋友玩耍。现在能主动与人打招呼,也喜欢与旁人交谈,并且非常喜欢与小朋友一起玩。爱好也变得更广泛了,原来他只喜欢汽车和英语,现在有了更多爱好,喜欢唱歌、跳舞等其他活动。

此外,还有许多方面,例如养成了良好的生活习惯,玩具玩过了会归放原处,吃饭前会自己去洗手等。还有了初步的集体感,这都是他社会性发展的表现。

刚开始把×××送到贵园,我们家长是有忐忑和不舍的,看到他由最初的哭闹拉着妈妈的手不肯上学到现在自己背着书包从校门进入班级,高高兴兴地上学,甚至觉得上幼儿园某些方面比家里还要好,我们虽然不舍但乐于看到他渐渐融入幼儿园生活中,他的这些进步是与老师的耐心和帮助密不可分的,感谢小二班老师的教导与帮助,让家长完全放心,让×××茁壮成长。

第二节　幼儿园与家长的公共关系

家庭教育在孩子的成长过程中发挥着极其重要的作用,家庭是孩子的第一所学校,家长是孩子的第一任老师,父母的一言一行对孩子有深刻的影响,良好的家庭教育是孩子一生发展的宝贵财富。

《幼儿园工作规程》强调:“幼儿园应当主动与幼儿家庭沟通合作,为家长提供科学育儿宣传指导,帮助家长创设良好的家庭教育环境,共同担负教育幼儿的任务。”因此,幼儿园和家庭只有共同合作,才能形成教育合力,才能为孩子的健康成长创造良好的生活与学习环境。

一、做好家长工作的意义

(一)帮助家长树立科学育儿观念,促进幼儿身心健康成长

新时代的家长素质逐渐提高,高度重视幼儿的家庭教育,清楚家长的教养态度和教养行为直接影响孩子的发展。但是部分家长对幼儿身心发展的特点和规律认识还不到位,在教育理念和教养方式上也存在不足。因此,幼儿园一是要帮助家长认识到他们在孩子的教育教养中一些不恰当的做法,帮助家长逐步转变观念;二是要帮助家长树立正确的育儿观念,如亲子观、儿童观、教育观,帮助家长了解幼儿发展的规律,准确评价幼儿的发展水平,从而掌握科学的教育方法,充分发挥家庭教育的优势,促进幼儿的发展。

(二)加强联系沟通,确保幼儿教育的一致性

加强与家长的联系沟通是幼儿园公共关系管理的一项重要内容。作为学校教育的一种,幼儿园教育具有系统化、制度化、科学化的特征,而家庭教育虽然没有学校教育系统与规范,但是却占据了孩子教育的起点。《幼儿园教育指导纲要(试行)》指出,“家庭是幼儿园重要的合作伙伴。应本着尊重、平等、合作的原则,争取家长的理解、支持和主动参与,并积极支持、帮助家长提高教育能力”。当幼儿进入幼儿园以后,幼儿

园与家长就结成了一种特定的关系，幼儿园谋求家长对幼儿园教育的理解、支持与认可，家长希望孩子在幼儿园获得更好的成长与发展。因此，幼儿园和家长要经常交换信息，减少因缺少沟通引起的误会，共同探索有效的教育途径，保持教育的一致性，从而实现同步教育。

（三）调动家长积极参与幼儿园管理，实现家园共育

苏联教育学家苏霍姆林斯基曾说："没有家庭教育的学校教育和没有学校教育的家庭教育都不可能完成培养人这一极其细微而复杂的任务。"我国儿童教育家陈鹤琴先生曾说："幼稚教育是很复杂的事，不是家庭一方面可以单独胜任的，也不是幼稚园一方面可以单独胜任的，必须要两方面结合方能取得充分的功效。"幼儿园与家长联系与沟通、分工与合作，才能实现家庭和幼儿园教育的一体化，达到家园共育的目的。因此，幼儿园要增强服务意识，提升工作水平，做好家长工作，争取得到他们的关心、支持，打破以往家长以旁观者身份参与幼儿园教育活动的局面，调动他们主动参与幼儿园教育与管理，如对幼儿园工作和保教质量进行监督和评判，充分听取家长对幼儿园教育的意见和建议，这将对实现优质高效的家园共育起到极大的促进作用。

二、家长工作的方式和方法

幼儿园与家长双方需要以完整的主体意识参与到幼儿教育活动中来，本着相互尊重、平等交往的原则，在交流、理解、沟通与协调的基础上，发挥各自的优势，共同为幼儿的成长营造和谐、统一的氛围和环境。幼儿园做好家长工作的方式多种多样，整体来说，可以分为个别方式和集体方式。

（一）个别方式

个别方式是指幼儿园教师与家长进行一对一的交流联系，这种方式可以有效了解每一个孩子的个性特点和发展水平上的差异，了解孩子的家庭状况与家长的教养方式，针对每个幼儿和家长不同的情况有针对性地开展工作。进行家长工作常用的个别方式主要有以下几种。

1. 家庭访问

家庭访问是一种常用且有效的家园沟通形式，简称家访，是幼儿教师亲自上门了解幼儿家庭教育信息的方式。一般安排在学期初或学期末，教师通过与家长或家庭中其他成员沟通情况、交流感情，了解幼儿在家中的表现，掌握幼儿家庭环境和家庭教育状况，密切教师与家长之间的联系，并在教育方法等方面给予具体建议或共商有针对性的个别教育对策。

家访可以分为入园前家访和入园后家访。家访可以使幼儿和教师初步建立信任关系，有利于帮助幼儿尽快实现从家庭到幼儿园的过渡与适应，减轻幼儿入园后的焦虑感，也使得家长安心。如果教师不能对所有新入园幼儿普遍进行家庭访问，可根据幼儿体检表和家长登记材料，重点选择体质较弱、从未离家或家庭结构特殊的幼儿先访问，其余幼儿则在入园后一个月内尽快完成。

家访的注意事项：家访前做好准备工作，制订家访计划，明确家访的目的，提前与家长预约时间。家访中注意谈话的鼓励性、互动性、真实性，教师态度要诚恳、谦和，尊重家长，认真倾听家长的发言。教师对幼儿的评价应该以表扬为主，也可利用幼儿不在场的时间，与家长认真谈论幼儿的优缺点，研究分析改进教育的途径和交流情感等。教师应对家访做简单的记录，回园后再追忆。经常性的家访记录可作为教育工作的参考，有利于提高教育工作的质量。

案例分析

变味的家访

开学初，正值预防“禽流感”疫情的关键时期，因此家访工作就显得尤为重要。教师们在接到各项任务后随即开始了家访计划和行动。但是意外情况发生了——少数教师竟然不去家访而让家长们跑到幼儿园了解和反映情况，家长们对此也很有意见。

得知发生了这样的现象，园长立即在园内展开了明察暗访并及时召开全体教师会议，肯定了一些教师的做法，对某些教师提出的困难也表示理解，并向教师们进一步重申了开展家访工作的重要作用与实际意义。同时园长还向教师们提出了这样的问题：“幼儿园的一切工作是为了什么？当自身利益与幼儿园利益发生冲突时，作为教师，你该怎么做?”引导教师们进行换位思考：如果你是家长，你对老师让你来幼儿园填几份表格拿几份宣传资料、询问有关幼儿的情况会有什么想法？而反过来，带着我们的一片真情主动地上门到幼儿家中，家长、孩子看到你们又会是什么心情？

教师们经过换位思考与利弊分析之后重新开始了自己的家访工作。当然对个别实在有困难的教师、园长也积极地与之共同想办法。最后，此次家访活动在全员上下的共同努力与家长的理解、支持配合下圆满完成。

苏联教育家乌申斯基认为，在教育中“一切都应以教育者的人格为基础……只有人格才能影响人格的发展和形成。”教师的言行举止，道德风范形成一股潜移默化的巨大力量，影响着家长的言行态度、幼儿的精神境界和思想情操。只有大家在互相理解、团结协助、平等相处中，才能形成一种民主和谐的教育氛围，从而有利于幼儿的健康成长。老师家访，通过双方面谈，可以增加人与人之间的感情，这是电话所不能替代的；家访可以使双方更好地交流情况、研究孩子、因材施教，这是家长会所难以做到的；家访还可以使老师家长互相约束提升自己，尤其可以使老师更注重以教师法自律，树立良好的教师形象，显现自身的职业素养。

家访工作要顺利完成，一定要在学校的精心策划下，拿出切实可行的措施。同时，要体现学校家访工作的整体效果，不是一两个教师所能完成的工作，一定要从学校的整体出发，有大量教师参加，统一安排、统一部署、统一行动，才能充分地、保质保量地完成任务。家访工作是一项系统工程，家访的最大困难就在于：家访工作要坚持不懈地去做。由学校领导策划、组织，由很多教师参与，通过走家串户给幼儿家庭带来教师的温暖、给社会带来幼儿园的良好期待，可以这样说，教师的家访给每一个学生家庭带来了希望，这正是现代学校教育教学工作中“以学生为本”思想的具体体现。教育对于教师而言，不仅是一种工作，也是一种享受。教师的教育智慧才能得到充分地发挥才能有效地激发孩子的创新潜能。这些要求看似简单，实际上需要教师穷尽一生的心血去追求，教师要享受创造的快乐。

幼儿园教育是终身教育的一个重要阶段，也是社会一体化教育的重要组成部分。我们只有在教育实践中树立家庭—幼儿园—社会三位一体的大教育观，才能在积极主动与家庭社区的密切合作中实现资源共享，形成家、园、社区共同促进幼儿发展的合力。家园共育意味着家、园建立平等、互相尊重的合作伙伴关系，家园积极沟通、统一思想、密切配合、步调一致才能共同促进幼儿发展。

（资料来源：沈柏梅，于芳.幼儿园管理案例研究[M].上海：百家出版社，2006.）

2.入园离园个别谈话

个别谈话是进行家长工作最简便、最经常、最及时的方法，家长早晚接送孩子的时间是交流沟通的最佳时间，可以向家长反映问题、提出要求、商讨解决问题的方法。例如，一位家长想知道最近孩子吃饭是否认真，午睡是否安稳，显然他不会选择在家长会上提出这样的问题，他可能会在放学时找老师问问。但很多家长和幼儿教师没有把握家园联系的大好机会，每次只是匆匆接送孩子，而语言交流较少，有些家长想和教师交流，但看到教师没有多少耐心和热情也只得作罢。个别谈话这种周期非常短的沟通，内容虽然不多，但可随时传递彼此的信息，最快缩短教师与家长、幼儿之间的心理距离，对发现的问题，家园可以合作解决，及时对症下药。在交谈时，教师态度要诚恳，谈论孩子要有具体行为的描述，让家长感受到老师对自己的孩子观察非常细致。还应设法营造宽松的氛围，使家长消除思想顾虑，轻松地参与交谈。同时，对家长在交流中反映的问题要进一步观察并及时给予反馈。

3.电话、网络平台联系

电话可以有效弥补部分家长由于工作繁忙无法面对面沟通的不足，因此，教师应该记录每位幼儿家长的电话，了解最佳的通话时间并适时与家长联系，保证家园交流顺畅进行。

随着网络时代的到来，互联网不仅给人们的生活增添了知识和乐趣，还给人们的交流和联系带来了便捷。教师可以将网络作为与家长有效融合、密切联系的快捷通道，比如建立幼儿园网站、微信公众号、QQ群、微信群等，及时将幼儿园、班级的各种信息发布到平台中，使家长通过平台了解幼儿园、班级、孩子的情况。

4.书面联系

书面联系是一种以文字为媒介的信息传递方式。书面联系一般不受场地限制，信息稳定、不容易被误传，信息的发出者是经过深思熟虑、反复斟酌才发出信息的，较为正式。

（1）家园联系栏

家园联系栏是家长了解幼儿园及班级工作的重要途径，一般设置在班级教室门口左右两侧的墙面上。教师可以根据内容需要把它分为若干不同的板块，如“友情提示”

“请你关注”“教育热点”“一周安排”等。教师要对栏目内容精挑细选，而且要保证标题醒目、布局合理、版面简洁大方，各个板块应根据需要适时增减或调整。

（2）家园联系册

家园联系册是幼儿教师与家长进行相互应答的一种书面沟通形式，这种方式简便灵活，由教师记录幼儿的在园表现、需要家长配合的事项等，在家长接送孩子期间教师把家园联系册交到家长手里，再由家长记录孩子在家庭中的表现、家长对幼儿园的意见或建议等。因此，教师和家长在填写内容时，一定要具体、实事求是地着重反映幼儿的变化和新的问题，不要记成流水账。

（二）集体方式

1. 家长会

家长会是幼儿园普遍采用的一种家长工作方式，可分为全园家长会、年级家长会和班级家长会。全园家长会要求全体幼儿家长参加，一般安排在学年（或学期）初与学年（或学期）末，重点是向家长报告幼儿园工作计划和工作总结、宣传教育科学知识、展示幼儿教育成果，还可以进行家园交流与互动。年级家长会是向家长报告本年级教育工作计划特别是本学年（或学期）的教育目标和家园合作的具体要求，听取家长的意见和建议。班级家长会更有针对性，便于教师和家长双向交流，共同探讨有关幼儿的保教问题。召开家长会前要做充分的准备，制订详细的计划，安排好时间、地点，设计好会议程序，家长会要体现教师与家长、家长与家长的良好互动，以解决实际问题为目的。要做好家长会议记录，以便会后进行总结。

2. 家长开放日

家长开放日是指幼儿园在特定的日子里向家长开放半天或一天，家长到园参与或观摩各种教育教学活动，如让家长观看早操、集中教育活动、游戏、区域活动或午餐等各种活动。家长可以直接看到孩子在幼儿园的具体表现，了解孩子的发展水平、生活自理能力、社会交往能力等，更透彻了解幼儿园一日活动的安排和组织情况，从而深入了解幼儿园的教育特点，为家园合作奠定良好的基础。

3. 家长委员会

《幼儿园工作规程》要求，幼儿园应当成立家长委员会，其主要任务是：对幼儿园重要决策和事关幼儿切身利益的事项提出意见和建议；发挥家长的专业和资源优势，支持幼儿园保育教育工作；帮助家长了解幼儿园工作计划和要求，协助幼儿园开展家庭教育指导和交流。家长委员会代表着全体家长和幼儿的利益，一般分为幼儿园家长委员会和班级家长委员会。幼儿园应根据实际情况，制定家长委员会章程，明确家长委员会的组织、职责、权利、活动方式等，充分发挥家长委员会的配合作用、监督作用、桥梁作用和宣传作用、管理作用，确保家长委员会参与幼儿园的管理工作中来，使其主体性得到充分体现。

典型案例

一则新闻引发的思考

某一幼儿园，凭借规范的管理、良好的公众形象受到家长的欢迎。园方希望利用假期对幼儿活动室等区域进行重新装修，更换幼儿桌、椅和床等设备。幼儿家长对于重新装修的最大顾虑便是环境污染问题。因此，该园在筹备会议上特意邀请了家长委员会成员参加，首先解释重新装修的必要性和重要性，其次让家长参与监督装修材料的购买及施工过程，同时实时监督施工方的施工进度、是否留出足够的时间通风散气，并监督幼儿园是否请专业机构进行除甲醛处理。该园在重新装修事件中坚持“幼儿为本”原则，将保障幼儿的身体健康放在首位，进行了一系列的沟通协调工作，顺利完成了幼儿园装修工作，获得了公众的信任与支持，成功地预防了公共关系危机的发生。

4.家长进课堂

家长作为孩子的教育者，理应与幼儿园老师一起成为幼儿园课程的设计者、实施者。家长从事的职业各不相同，如医生、教师、律师、警察、厨师等等，这都蕴含着重要的教育资源。幼儿园可以根据家长的职业、特长、经历等进行全面调查，根据家长的不同特点，创设条件和环境，让家长走进课堂，给孩子们带来更新鲜的感受，让孩子们获得不同的认知体验。如邀请当消防员的家长，来园现场为幼儿示范灭火器的使用，讲解火灾时的逃生要点；邀请当医生的家长，为幼儿讲解疾病预防常识；邀请当交警的家长，为幼儿示范交通指挥，讲解各类交通标志和交通法规等等。

第三节 幼儿园与社区的公共关系

《幼儿园工作规程》第五十五条指出：幼儿园应当加强与社区的联系与合作，面向社区宣传科学育儿知识，开展灵活多样的公益性早期教育服务，争取社区对幼儿园的多方面支持。幼儿园管理应重视与社区的公共关系，以积极主动的态度去构建双向互动的园、社区关系。

一、幼儿园与社区的关系

（一）社区的含义

中文“社区”一词是中国社会学者在20世纪30年代自英文意译而来，因与区域相联系，所以社区有了地域的含义，意在强调这种社会群体生活是建立在一定地理区域之内的。2000年，中共中央办公厅、国务院办公厅转发的《民政部关于在全国推进城市社区建设的意见》中将“社区”定义为：“社区是指聚居在一定地域范围内的人们所组成的社会生活共同体。”

社区是组成社会有机体最基本的内容，是宏观社会的缩影。在构成社区的基本要素上，一般认为一个社区应该包括一定数量的人口、一定范围的地理区域、一定规模的设施、一定特征的文化、一定类型的组织。

（二）幼儿园与社区的关系

社区学前教育是社区教育的有机组成部分，学前教育的机构——幼儿园主要是由所在地区兴办，是在社区内各方面力量的参与、支持配合下建立和发展起来的，社区的自然环境、社会习俗、人口等都会对该地区的学前教育产生重大的影响。

布朗分布伦纳的生态系统理论认为，个体的个性特征如何与环境特征相互作用将影响个体的发展和学习。该理论将儿童学习和发展的环境描述为一套嵌套和联锁系统，该理论将生态环境分成五大相关联系统，以幼儿个体为中心，同心圆范围由内向外依次为微观系统、中间系统、外层系统、宏观系统以及时代系统。微观系统是指幼儿生活的区域环境，包括幼儿园、家庭和幼儿所熟悉的社区环境。中间系统指的是两个或几个微系统之间的关系，如幼儿园与家庭，家庭与社区之间的联系。外层系统指幼儿不直接参与的系统，包括工作场所相关从业者、地理环境、社会组织等因素，外层系统中的各要素通过对微观系统产生间接影响从而影响幼儿个体的发展。宏观系统是微观系统、中间系统、外层系统的联合构建，对于学前儿童而言，主要强调幼儿园与社区邻里以及社区各种环境的相互交织与联结对于学前儿童发展的互动影响。

社区与学前教育之间的关系应为共建、共享、共发展。为了促进幼儿的全面发展，幼儿园应从社会环境与社区系统出发，组织相关的教育教学活动。幼儿园立足于幼儿的全面发展，充分发挥社区在物质环境、文化环境、人力等方面体现出的教育资源价值。同时，幼儿园为社区提供各种服务，双方为幼儿营造全社会共育的良好氛围，形成园社合作的共育模式。

此外，外层系统对幼儿的发展也具有间接作用，广义的社区属于外层系统，因此在研究幼儿园与社区协同共育时应从微观系统、中间系统与外层系统三层次多方面进行分析，充分发挥外层系统对幼儿主体的支持作用。

二、幼儿园与社区合作的方式

（一）挖掘社区资源，拓展教育内容和空间

一是幼儿园开发社区资源，丰富幼儿园教育内容，开展地域特色课程。随着大课程资源观的出现，幼儿园需要把社区资源纳入课程资源中，幼儿园通过利用社区资源建设园本课程，从而推进课程改革。在地域特色课程内容方面，充分利用社区的自然资源，如自然景观、地形地貌、动植物等开展科学教育和实践活动，丰富幼儿的科学知识，发展他们的实践技能。充分利用社区的人文资源，如建筑、服饰、民俗等，对幼儿进行传统文化、民俗风情教育，可以丰富幼儿的社会常识，培养幼儿的爱国主义情感。充分利用社区的人力资源，聘请社区里一些有特殊专长的人士对幼儿进行一些教师无法完成的特殊知识、技能的教育，可以扩大幼儿的社会认知。充分利用社区的体育设施，对幼儿进行身体素质的全面训练，提高幼儿的健康水平。这不仅为园所地域特色课程的建设提供新的方向，也在一定程度上实现多元文化的发展。

二是走进社区，利用社区资源，拓展教育空间。陈鹤琴先生说“大自然、大社会都是活教材”，社区的各种资源为幼儿园开展教育活动提供了便利的空间条件。如带领幼儿走进消防队，实地观察各类消防设施，消防员现场讲解消防知识、演练消防疏散，幼儿亲自操作使用灭火器等消防设备，使幼儿对消防有更真实和深刻的感受和认识。如组织幼儿参观超市，引导幼儿观察超市物品摆放的规律、购物的过程，鼓励幼儿主动向营业员询问物品价钱，用自己的零用钱去购买所需商品，有利于幼儿掌握物品分类的知识，增进幼儿的社会认知，了解数学在人们社会生活中的应用，发展幼儿的交往能力和购物能力。如根据季节特点组织幼儿郊游，植树节时组织幼儿参与植树活动，让幼儿通过与大自然的亲密接触，感受世界的奇妙变化，感知季节与人们生活、劳动的关系。如组织幼儿到路口观察交警指挥交通，培养幼儿遵守交通法规的意识。

典型案例

安全“童”行，幸“盔”有你

——宜春市直属机关幼儿园12.2交通安全日活动

2021年12月2日，我们迎来了第十个“全国交通安全日”，为了提升幼儿的交通安全意识，让孩子们从小养成遵守交通规则的好习惯，增强自我保护意识，宜春市直属机关幼儿园开展了安全“童”行，幸“盔”有你交通安全主题活动。

各年级教师结合孩子的年龄特点开展了形式多样的交通安全教育活动，让孩子在游戏中了解交通规则、遵守交通规则，在孩子的心中播下交通安全的种子。

小班

小班开展了“交通安全我知道”“红灯停、绿灯行”“我是小小安全员”以及让孩子们参演“一盔一带”宣传片等活动，让他们了解到出行时要遵守的交通规则，懂得了“一盔一带”的重要性，知道了骑坐电动车、自行车时要自觉佩戴安全头盔，乘坐客车、轿车时要自觉规范使用安全带。

图8-1　小班幼儿安全主题活动

中班

中班通过"交警叔叔进课堂""我为爸妈戴头盔"的亲子互动活动，让幼儿认识交通标志、学习交通手势操、熟悉交规、知道了"一盔一带"。

图8-2　中班幼儿安全主题活动

大班

市委大院园区的大班孩子们在老师的带领下，来到大街上发放自己设计的"一盔一带"宣传单，倡导文明出行；宜阳园区的师幼则把共同绘制"一盔一带"的主题手抄报放至园所大门口对全园家长进行宣传。孩子们希望通过这次"小小交通安全宣传员"活动，能够增强大家佩戴安全头盔、使用安全带的意识。

图8-3 大班幼儿安全主题活动“一盔一带”

“一盔一带”,是安全出行的守护。交通安全教育应从小做起,同时也请家长们以身作则,戴好安全盔,系好安全带,自觉遵守交通规则。

让我们一起守护孩子的平安健康,为孩子的生命安全和身体健康保驾护航,为创建文明城市贡献一份自己的力量!

(案例来源:宜春市直属机关幼儿园)

(二)发挥幼儿园优势,服务社区

2016年,教育部等九部门颁发了《关于进一步推进社区教育发展的意见》,要求开放共享学校资源,鼓励各级各类学校充分利用场地设施、课程资源、师资、教学设备等积极筹办和参与社区教育。幼儿园在社区中要发挥自身作为专门教育机构的优势,向社区辐射教育功能。

1. 专家讲座

幼儿园应该利用自身教育专业资源的优势,为社区提供培训指导的服务,可以根据小区内家长的基本素质和特点,有计划地、定期组织园外的社区家长来园听专家或教师的讲座,让家长具备先进的保教理念,掌握科学的育儿方法。

2. 幼儿园开放活动

幼儿园不仅要走到社区中去,还要敞开大门让家长走进幼儿园来。可以利用节假日,让家长走进幼儿园,了解园所环境和设施。另外,新生入园前,可以对即将入园的幼儿和家长实行包括环境和保教活动在内的全面开放。

3. 参与社区活动

幼儿园参与社区活动的形式包括：一是节假日共庆活动。幼儿园组织教师和幼儿准备精彩节目和社区居民同台演出，共庆佳节。二是慰问、捐助等献爱心活动。如幼儿去敬老院表演节目，与老人共度老人节。三是幼儿园与社区共建活动。如幼儿担任环保小卫士，开展垃圾分类宣传活动。通过参与社区活动，提高了幼儿的社会适应能力，也为社区文明建设增添了新鲜的活力，实现幼儿园和社区双赢。

第四节 幼儿园与媒体的公共关系

现代社会是个高度开放的社会,现代幼儿园也是开放的幼儿园。在幼儿园管理工作过程中,媒体不仅仅是监督者,也是宣传者,是联结园所与社会的桥梁,幼儿园要注重与媒体建立广泛的联系与沟通。

一、媒体、新媒体及其特征

(一)媒体与新媒体的含义

媒体是指人借助用来传递信息与获取信息的工具、渠道、载体、中介物或技术手段,也指传送文字、声音等信息的工具和手段,具有监督与纠正不良现象、协调社会关系、传承文化、提供娱乐、引导大众、传播资讯等功能。传统的媒体有电视、广播、报纸、期刊等。

随着科学技术的发展,现代社会进入信息爆炸的时代,新媒体应运而生。新媒体是指依托现代数字技术、互联网技术、移动通信技术等,通过网络,向用户提供信息,传播信息,并能实现传播者与受众间互动的媒介总和。新媒体实现了传播者与受众间的互动,拓展了人与人之间的交互。[①]大致可以分为网络媒体(如各类搜索引擎、门户网站、视频网站、社交网站、网络报刊、网络社区和论坛等)、手机新媒体(如微博、微信公众号、QQ、抖音、快手等)和新型电视媒体三类。

(二)新媒体环境下信息传播的特征

1.信息传播途径多元化

新媒体环境不仅改变了传统的信息传播方式,还带来了一种新的信息传递环境,给受众带来全新的体验。新媒体环境下,传播路径载体更加多元化,信息传播方式由过去的“一对多”,转变为“多对多”的交互式传播,信息的传播途径、传播模式、传播范

① 冯玉梅,孙璐璐.新媒体时代幼儿园教育舆情的特点、价值及利用[J].江苏第二师范学院学报(教育科学),2017,33(07):88-92.

围不再受时间和空间的限制,可通过手机客户端、互联网媒体、集合网络与视频等媒介获得资讯信息并传递信息并信息传播的途径变得更加便捷与多元。

2.信息受众集接受与制造为一体

新媒体让受众不再只是单纯的接收者,任何一个人在新媒体环境中都既可以是信息的接收者,又可以是信息的制造者,人们可以通过新媒体环境,随时随地接收信息、发表观点,形成人人都是"麦克风"的局面。

3.信息传播实现"零时差"

传统媒体从信息的产生到最后的发布,要经历一定的程序和过程,同时受印刷、运输、发行或电磁信号覆盖范围等因素的限制,信息最后呈现到受众面前时,往往有一定的滞后性。而新媒体突破传统媒体排版等的限制,信息的编辑和发布几乎可以与事件同步,更能随时跟进事件进展,让受众第一时间获知事件的进展,时效性大大增强。

二、媒体对幼儿园管理产生的影响

(一)信息的接收与发布更加便捷

在当今新媒体环境下,幼儿园网络舆情危机发生的频次越来越多,对幼儿园保教工作、园所声誉等产生了极大的影响。媒体信息传播模式的交互性和传播时间的及时性,有利于幼儿园及时发布和接收信息。[①]一方面,幼儿园在舆情发生时,通过媒体第一时间向公众发布相关信息,还原事实真相,可以随着事件的发展适时向外界更新信息,通报进展,增加信息透明度,在确保家长、社会获取真实信息的同时,也不给流言和不实言论可乘之机,以获得家长和社会的理解;另一方面,通过媒体,家长和社会可以在第一时间查询或接收到相关的信息,更好地了解事件发生的原因、状况,发展的最新进展等情况,满足对真实信息的迫切需求,更有利于消除因不了解真实情况而产生的焦虑和恐慌,避免做出过激行为,引发幼儿园更大的舆情危机。

(二)调动家长及社会参与幼儿园管理的主动性

由于新媒体传播的交互性、虚拟化,使得人人都具有话语权,这在一定程度上有利

① 杨丹.新媒体环境下幼儿园危机管理——以上海市松江区为例[D].上海:华东政法大学.2017.

于调动家长和社会群体参与幼儿园管理的主动性。现在的家长对科学教育有一定的认识,在遇到问题时不会盲从,而是理性看待并判断。家长也善于通过新媒体与幼儿园互动,了解事件发展的情况,发表自己的观点。这一方面可以有效折射出幼儿园管理中的问题,便于管理者发现问题、正视问题、解决问题。同时,家长参与还有可能为幼儿的发展提出更多更好的建议,优化幼儿园管理,提升幼儿园办园质量,形成和谐的教育氛围。

(三)吸收先进的管理经验,树立良好形象

现代媒体是高度发达的产业,其信息传播有着跨越时间和空间的广泛性、渗透性和及时性,通过媒体,幼儿园不仅可以发现管理中存在的问题,唤醒幼儿园的危机意识,也可以了解同行的优势特点,把握学前教育领域的热点,为幼儿园管理提供决策依据和思路。同时,可以向社会公众传递幼儿园的信息和良好形象,提高幼儿园的知名度,以此获得更多的社会资源和支持,从而促进办园质量的提高。

(四)高关注度带来管理新挑战

幼儿园管理面临着诸多挑战,特别是新媒体加快了信息传播的速度、扩大了影响范围,一些事件的发展面临更多的不确定性,很多时候幼儿园管理者甚至没意识到事件的发生,便已经不得不面临舆情危机。同时,信息在传播过程中内容易失真,变得纷繁复杂、真假难辨,特别是有关幼儿伤害的新闻报道出现时,一些不良信息掺杂其中,扰乱视听,容易引发整个社会的关注与讨论,这大大增加了幼儿园危机处理的难度。

三、幼儿园对媒体的运用

幼儿园必须与媒体进行良好的沟通,有效发挥各类媒体的积极作用,并抵制和消除媒体的消极影响,从而维护幼儿园的良好形象,提高幼儿园的美誉度和社会竞争力。

(一)加强媒体联系,建构良好的幼儿园社会形象

幼儿园必须高度重视媒体工作,将媒体工作作为幼儿园总体工作的一个重要组成部分,与其他工作同部署、同落实。幼儿园要研究不同媒体的特点与要求,主动和社会媒体做好沟通、交流,邀请媒体进入幼儿园,了解幼儿园的工作内容、办园特色,对幼儿

园开展的大型活动、取得的成绩等进行宣传报道，并通过媒体进行信息公开，使家长和社会对幼儿园有全面的、正确的认识。

（二）借助新媒体优势，打造高效便捷的沟通平台

幼儿园要善用新媒体技术，加强网站以及以微信公众号、微博、抖音为代表的新媒体平台建设，定期和不定期发布新闻、通知等，使得幼儿园、教师、家长能够随时随地进行沟通。同时加强网络管理和监控，关注新媒体平台中家长的动态，积极从外部收集信息，了解家长以及社会对幼儿园日常工作的评价，了解幼儿园在社会中的形象，及时发现问题和“危险信号”，将其消灭在萌芽中。

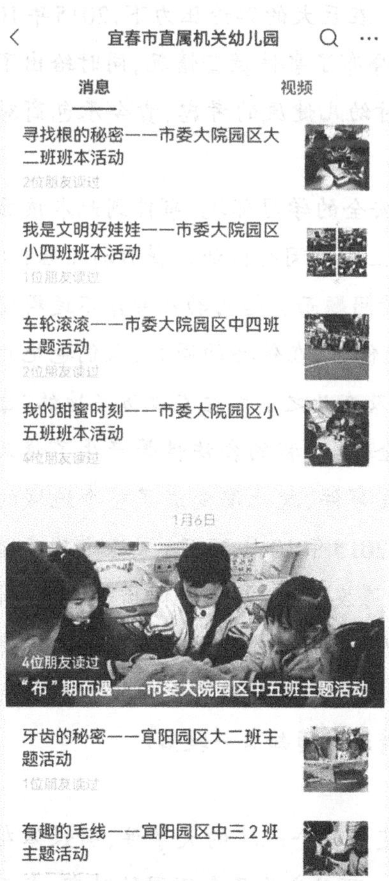

图8-4　幼儿园微信公众号平台页面

图8-5　幼儿园“和宝贝”App平台页面

典型案例

媒体舆论下的幼儿园“毒跑道”

2015年9月初，上海市松江区A幼儿园多名幼儿出现身体不适等症状。家长一开始并没在意，就诊后，医生提醒可能与装修有关，家长们怀疑是暑假里幼儿园刚铺的新塑胶跑道的问题，要求学校给出说法。虽然园方已说明装修按流程进行过项目申报和招标，并出具了以证清白的经权威部门检测合格的报告，不但没有得到家长的认可，家长还在10月初通过电视媒体对该事件进行了详细的报道，通过舆论压力讨要说法。一时间，有关的报道通过手机微信，微博等新媒体平台，在网络中被大量转载，引起了更多网民的关注，大家纷纷开始质疑承包方的资质，检测报告的可信度。在巨大的舆论压力下，2015年10月20日，上海市松江区教育局通过官方博客公布了事件调查情况，同时给出了处理意见：虽然工程本身没有问题，但出于对幼儿健康的考虑，责令承包商对有问题的跑道进行铲除。

“问题塑胶跑道”被铲除，孩子们又重获安全的学习环境，事件到此本该画上句号，然而无独有偶，几乎是在同时间段，上海市闵行区浦江镇B幼儿园，也出现了类似松江区A幼儿园，因塑胶场地质量问题而引起的幼儿身体不适群发事件。事件也通过新媒体在网上进行了广泛传播，在传播的同时，人们也把此次事件与松江A幼儿园问题塑胶跑道事件以及在此之前发生在江苏多地的“毒跑道”事件进行了“案件合并”，对跑道的安全性、工程的合法性等产生了越来越多的质疑声音与问责。两个幼儿园的偶发事件，就此演变成了整个地域的公共设施安全问题。在强大的舆论压力下，2015年10月22日，上海市政府通过新闻发言人及市政府新闻办官方微博“上海发布”对此事件做出了表态：针对两所幼儿园情况的严重性，市委要求一切从孩子健康出发，对有问题的进行严查，有责任的必须严惩，绝不姑息。同时，责令相关部门对全市辖区内所有学校进行排查，确保学校设施安全。事件随着这一通知告一段落。

案例分析

整个事件从一个幼儿园的偶发事件演变成一个地域的大事件，新媒体在其中发挥了巨大的作用。事件从开始到平息，可以分为几个不同的时期，在不同的时间段，事件的严重程度、针对的对象、新媒体在其中的作用、当事人采取的应对策略、造成的影响等都有所不同。

（一）第一阶段：松江区A幼儿园家长初次提出跑道质量问题

本阶段相较整个事件发展看，是最小的一次危机，但是在这次危机处理上，A幼儿园的领导却没有抓住最有利的时机，采取有效措施，将危机控制或消减，才导致事态后来被扩大。

（二）第二阶段：媒体介入，引发社会广泛关注

本阶段事态扩大化，由原本一个幼儿园的危机事件，演变成了整个社会的舆论焦点。此阶段中，舆论的焦点，渐渐由幼儿园转向了主管部门和供应商，加之各种关于事件中存在“猫腻”的不实流言便在家长中蔓延，使得危机在暗中不断扩大。而幼儿园和上级部门对这些舆论既没有有力的监控，又没有采取干预，也使得事态不断恶化。

（三）第三阶段：新媒体环境中，多事件被串联，引发社会大讨论

两所幼儿园的“毒跑道”事件在新媒体中的迅速传播，使得人们对校园跑道质量安全格外关注，两所幼儿园的偶发事件，就此演变成了整个地域的公共问题。看似已经解决的跑道问题，其实仍然在发酵。

媒体环境作为一把双刃剑，既可能有助于幼儿园危机事件的解决，又可能将事件扩大，引发新的更大的问题或矛盾。可见新媒体并不是主导问题产生的主要因素，只有找到新媒体环境下问题的真正成因，才有可能对症下药，探寻出合理解决问题的对策。

（案例来源：杨丹．新媒体环境下幼儿园危机管理——以上海市松江区为例[D]．上海：华东政法大学．2017.5.）

第五节 幼儿园公共关系的危机处理

幼儿园公共关系危机指严重影响幼儿园的正常运作，具有较大公众影响力的偶然事件。处理危机又被称为危机公关，指应对危机的相关策略和管理活动。幼儿园公共关系危机处理是幼儿园为了避免或减少损失，在危机发生前的评估、预警和防控，危机发生时的确认、应对和处置，危机结束后的反思和恢复等行为。考验着幼儿园公共关系危机管理的能力，有利于幼儿园与公众建立相互了解、信任与支持合作的关系，有助于幼儿园有的放矢地改进工作，为确保师生安全、实现教育目标、塑造幼儿园的良好形象和创造最佳教育环境做出贡献。

一、幼儿园公共关系危机的类型

根据发生根源的不同，可以把幼儿园公共关系危机分为以下几种[①]：

（一）幼儿身心发展不成熟引发的公共关系危机

3—6岁幼儿身体平衡能力、协调能力欠佳，自护和自救能力较差，容易在运动、游戏等过程中发生安全事故，如脱臼和骨折等，从而引发家园公共关系危机。另外，幼儿认知能力有限、分辨力不强，如：有时教师拍拍肩、摸摸头的动作，在孩子眼中可能会变成“老师打×××小朋友”“老师打我”等，便引起家长对教师的误会或者家长与家长之间的矛盾，也可能引发危机。

（二）教师职业素养缺失引发的公共关系危机

部分幼儿教师准入门槛低、从教资质不合格、年龄结构不合理等问题，为幼儿园发生各种危机埋下了隐患。如“虐童”事件的发生，这易引起家长与幼儿园发生矛盾，从而引发公共关系危机，使得幼儿教师职业素养问题受到社会广泛关注。

① 李娟.幼儿园公共关系危机管理透视——一则新闻引发的思考[J].教育导刊(下半月)，2019(02):65-69.

典型案例

两记耳光的代价[1]

张女士年仅4岁的儿子南南在某园上全托。2004年9月25日17时，南南不愿意吃晚饭，值班老师汪某一开始耐心地劝哄，南南非但不吃反而哭闹不止。汪老师很生气，抱起南南强行喂饭，南南边哭闹边反抗，还在老师的肩膀上咬了一口，情急之下汪某扇了孩子两巴掌，并用力拧了孩子的耳朵几下。当晚张女士打电话询问孩子的情况时，幼儿园称孩子很好，让张女士放心。可两天后的周末张女士来接孩子，却发现孩子脸上有伤痕，在追问下才知道是老师打的。张女士当即带孩子去医院检查，医生称南南左侧脸颊有两条红色伤痕、右侧耳廓有伤痕，结论为脸、耳软组织挫伤，经住院治疗10天后痊愈，累计花费医药费数千元。张女士顾不上找幼儿园索赔，赶紧先为南南换了一家幼儿园。

据该园老师反映，南南不与小朋友玩耍，也不服从管理，做事有始无终，注意力难以集中。张女士也觉得孩子性情有变，就带南南去做心理测验。报告和老师所述一致，后经过半年的治疗才有所好转。测验费、治疗费又花去12000元。张女士遂去第一家幼儿园要求赔偿所有的费用，可遭到幼儿园的拒绝。律师认为，幼儿受到幼儿园所聘老师的伤害，幼儿园当然要承担责任。此外，本案中，幼儿园还存在着另一过错，即不但没有及时通知家长孩子受伤的有关情况，而且还刻意隐瞒。

思考题：

1.该案例中汪老师的做法是否正确？请谈谈你的认识。

2.结合案例谈谈，如何采用有针对性的措施解决幼儿园公共关系危机？

3.结合幼儿园公共关系管理的相关知识，谈谈该案例给你的启示。

案例分析

两记耳光背后揭示出幼儿园教育管理中存在的严重问题：教师职业素养的缺失。教师教育手段的运用严重不妥、教育观念落后，尤其是相关法律法规意识淡薄，即使在事发后，仍未能对照有关相关法律法规反省自己的错误，反倒试图钻法律的空子。

该案例启示有：幼儿园应组织教师学习相关法律法规，更新教育理念，强化教师的法律意识；加强教师业务理论学习，转变错误的教育理念；特别关注教师职业道德水平，在选聘教师时要特别关注老师的职业素质，尤其是爱心与责任心。

---

① 陈群.幼儿园危机管理实务[M].北京：中国轻工业出版社，2009：91.

(三)幼儿园管理能力缺失引发的公共关系危机

幼儿园管理必须有一支优秀的管理团队,做到职责明确、有章可循、有法可依,各项管理内容具体,措施落实到位。如管理层素质不高,园长管理能力低下,漠视危机管理的重要性,幼儿园不重视对教师的管理,导致极个别教师肆无忌惮,做出不良行为,则使幼儿园埋下公共关系危机隐患,增加危机事件发生的概率。

(四)幼儿家长人文理念偏差引发的公共关系危机

在幼儿园公共关系危机中,有不少家长因育儿理念、价值取向等方面存在偏差,面对幼儿在园发生的意外时,不能冷静、理性地对待,不能辨清谣言、判断真假,不理解教师、不信任幼儿园,动辄投诉教师、投诉幼儿园,甚至受社会中"医闹"等不良风气的影响上演"园闹",过分追究幼儿园及教师的责任,提出不合理的赔偿要求。

(五)幼儿园网络舆情监测缺失引发的公共关系危机

由于网络舆情监测不到位,使不实报道和外界谣言抢占舆论制高点所引发的幼儿园公共关系危机已不少见。例如,网上流传的济南一家幼儿园喂孩子吃烂苹果的文章,实为因合同纠纷离职的保育员为发泄怨气而捏造的谣言,虽后来事实被澄清,却依然对该幼儿园造成了不良影响。

根据危机影响程度,幼儿园公共关系危机分为一般性危机和重大危机;从危机同幼儿园的关系程度以及归咎的对象看,公共关系危机分为内部公关危机和外部公关危机(表8-1)。

表8-1　幼儿园公共关系危机分类表

一般性危机	指常见的公共关系纠纷,是公共关系危机的一种信号、暗示和征兆。只要及时处理,做好工作,公共关系纠纷就不会转化为公共关系危机并造成不可挽回的局面。
重大危机	指幼儿园因重大事故、重大失误、火灾等造成的严重损失和大纠纷等。如校车事故导致幼儿不幸身亡,幼儿园火灾、食物中毒等造成人身伤害。
内部公关危机	发生在幼儿园内部的公共关系危机称为内部公关危机。主要由幼儿园内部成员直接造成,危机的主要责任由幼儿园内部的直接责任人承担。
外部公关危机	指发生在幼儿园外部,影响幼儿园的声誉、教师或多数家长利益的一种公关危机。受害者往往是双边。如:家长在媒体上披露幼儿园的事件,造成不良社会舆论等。

二、幼儿园公共关系危机的处理原则

危机公关属于非常态的信息传递行为，为最大限度地减轻危机的负面效应，危机公关需要遵循下列几项基本原则(图8-6)。

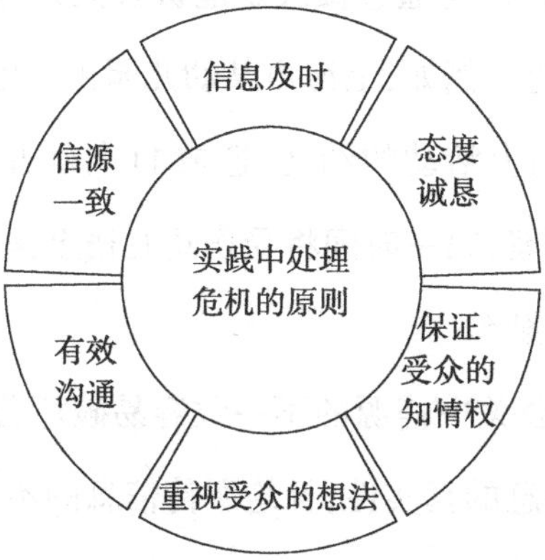

图8-6　实践中处理公共关系危机的原则

一是信息及时性原则。危机容易使家长或社会公众产生害怕或恐惧心理，让危机有关对象(家长或社会公众)第一时间了解事件的情况，对危机公关至关重要。例如，某幼儿园杨思思小朋友上厕所时不小心摔倒，后脑勺碰到小便池的台阶角，现已由班主任和保健医生送往医院紧急处理。园长了解到孩子的伤情，立刻赶往医院，并与孩子家长取得联系，在电话中简单说明孩子的情况，请家长及时赶往医院。该案例中园长得知危机后，及时了解孩子的情况并将信息立刻传达于家长，这为最后问题的解决奠定了基础。

二是态度诚恳。面对危机敢于承担责任，保持坦诚的态度，易取得教师、家长或社会公众的信任和谅解。例如，某幼儿园因午点谁来洗水果引发了一场争辩，园长得知后并未及时处理。过了一个星期，园里组织开会，园长首先道歉：午点改革时，未对工作范围进行界定，是管理上的失误，但大家却能以大局为重完成工作，值得肯定。最终一场风波在握手言和中烟消云散。[①]该案例中园长态度坦诚、愿意主动承担责任，从而取得其他教师的信任。

三是保证受众的知情权。危机公关必须直接或间接告诉关注该危机的人们有关事件真相，将事实披露于世，来争取公众的信任，使他们能够积极配合，参与危机管理工作。

① 陈群.幼儿园危机管理实务[M].北京:中国轻工业出版社,2009:173-174.

四是重视受众的想法。危机发生后,家长和社会公众所关注的并不仅仅是危机所造成的破坏,或是受害者所得到的补偿,他们更关心的是当事方是否在意他们的想法,并给予足够的重视。①

五是积极沟通。是否有效沟通直接决定危机公关处理的效果,幼儿园应与家长、社区或媒体积极主动地沟通。例如,上海市某幼儿园由于停放在操场的校车在倒车时操作失灵,撞伤了正在操场上活动的幼儿,造成11名幼儿不同程度受伤。事故发生后,幼儿园快速启动应急预案,第一时间将受伤幼儿送至医院进行紧急救治,且及时与家长积极沟通,并向家长道歉②。

六是信源一致。危机公关中信源的不一致容易破坏公众在危机中建立起来的信任。因此,当事方应确保信息的真实性,杜绝所传信息的不一致现象。

三、幼儿园危机管理的基本程序

幼儿园危机管理的基本程序包括:危机预防、危机处理与危机恢复,三个环节构成不断循环、完善发展的过程(图8-7)。危机预防指幼儿园要减轻或消除可能存在的危机并制定危机管理计划;危机处理指在发生危机的过程中执行应急的具体步骤及相应措施,化解危机或减少危机带来的伤害和损失;危机恢复是指在危机事件发生后尽快恢复幼儿园的精神风貌,完善或重建相关设施,缓解事件给幼儿、教师及家长带来的精神伤害,对危机后果进行评估并改进危机管理计划。

图8-7　幼儿园危机管理的基本程序

① 王雯.学前教育管理学[M].北京:北京大学出版社,2014:317-318.
② 陈群.幼儿园危机管理实务[M].北京:中国轻工业出版社,2009:140-141.

（一）做好公共关系危机的预防工作

首先，应培养全体教职工的危机意识，健全各项管理制度，要求各岗位教职员工严格执行制度，降低危机发生的概率；其次，组建幼儿园危机管理小组，每日进行危机排查（表 8-2），危机防范责任到人；再次，建立危机监察和预警系统，预警系统可以分为电子预警和指标预警等，前者通过电子装置采集信息、分析并报警，如幼儿园的火警，后者是依靠一些指标，设定一个危险标准，定期排查。

表8-2　幼儿园每日危机排查内容一览表

排查内容	负责人员	是否存在问题	是否超过预警指数	排查时间	排查人员	备注
户外活动场地环境安全状况						
卧室、教室及厕所环境安全状况						
各活动区环境安全状况						
消防及用电安全排查						
食品安全卫生排查						
幼儿接送安全排查						
其他安全隐患						

（二）危机处理

1. 准确判断危机事件产生的原因和伤害程度。幼儿园要迅速进行准确的危机确认，获得第一手的真实信息，正确判断造成危机的原因、对人或单位的伤害程度，按照危机预防阶段的安排和训练，及时由发言人发布信息。幼儿园危机管理小组直接面对与事件相关的家长、领导和公众等。

2. 短时间内宣布启动预案，召开临时会议，责任到人。园长应在短时间内赶赴现场，布置有关事宜，强调责任，宣布纪律。各部门紧急行动，以最快的速度开展工作。

3. 遵循危机公关的原则，坚持以人为本，化解危机。将保障幼儿和教职人员健康和生命安全作为首要任务，减少意外事故及其造成的人员伤亡和危害。要真诚有效地沟通，坦诚、负责地处理危机，勇于承担责任，让危机有关对象第一时间了解事件情况，重视受众的想法，并积极改错，尽可能降低负面影响。

（三）危机消除，工作恢复正常

危机应对阶段结束之后，是危机消除后的工作恢复阶段，这一阶段园长的危机管理转向下列工作：舆论管理；人员身心安抚；各项保教工作按计划继续进行；分析和反思危机事件；处理造成事件的责任人；加强防范，进入下一个危机预防阶段。

典型案例

一起“绑架”未遂案的前前后后①

2004年的5月18日，我在幼儿园门口写通知，突然听到门卫周师傅的问话：“你们是干什么的？”听见有人回答：“我们来看一下大五班的陈希。”陈希正是我班上的孩子呀。我回头看见三个形迹可疑的年轻人。出于保护孩子的一种本能，我告诉他们接孩子的时间还未到，两个年轻人“乖乖”地走了。

我立即向园长做了汇报并和配班老师进行了简短的交流，我们都觉得奇怪，因为平时都是陈希的妈妈来接孩子。我一方面告诉陈希不能和陌生人走，一方面与陈希到门口认出了那三个人。与陈希的妈妈取得了联系，确认家长没有委托他人来接。后来，又有一瘦高男子到教室询问谁是陈希，被我们阻止了。四点半，陈希妈妈来接孩子，并告诉我们她已经报警了。随后，我协助民警到门口指认了那三个人。

事后我们了解到：由于孩子的父亲与一老板有债务纠纷，受该老板指使的这三个人想要骗出孩子作为人质，逼迫家长还债。

思考题：

1. 该案例中教师的做法是否正确？有哪些需要改进或值得我们学习的地方？
2. 结合本案例谈谈对你的启示。

案例分析

上述案例中，陈希老师意识到幼儿可能存在危险并采取了一系列保护措施，有效制止了一起绑架案。首先，老师意识到孩子可能存在的危险，出于保护孩子的本能让孩子得以幸免；其次，及时向园长汇报情况，并准确地判断危机发生的原因；再次，与家长进行了及时有效的沟通，并协助民警立刻调查，从而避免了危险的发生。

由于危机发生的突然性、不可预测性和隐蔽性，幼儿园应提高教职工的危机意识、制定严密的危机预防方案和应急方案，遵循幼儿园危机处理的原则，增强教育工作者的责任心与危机意识。

① 陈群.幼儿园危机管理实务[M].北京：中国轻工业出版社，2009：230-231.

本章小结

1.幼儿园公共关系的特征:以社会公众为对象,以社会美誉为目标,以互利互惠为原则,以长远为方针,以沟通为手段。

2.幼儿园公共关系的重要意义:宣传推广,树立幼儿园良好的形象优化环境,提高幼儿园办园质量,协调关系,开发利用好各类教育资源化解危机,促进幼儿园管理创新。

3.幼儿园做好家长关系的方式和方法:个别方式包括家庭访问、入园离园个别谈话、电话、网络平台联系、书面联系;集体方式包括家长会、家长开放日、家长委员会、家长进课堂等。

4.幼儿园与社区合作的方式有:挖掘社区资源,拓展教育内容和空间;发挥幼儿园优势,服务社区。

5.媒体对幼儿园管理产生的影响有:信息的接收与发布更加便捷;调动家长及社会参与幼儿园管理的主动性;吸收先进的管理经验,树立良好形象;高关注度带来管理新挑战。

6.幼儿园对媒体的运用要点:加强与媒体联系,建构良好的幼儿园社会形象;借助新媒体优势,打造高效便捷沟通平台。

7.幼儿园公共关系危机处理:了解幼儿园公共关系危机的类型和幼儿园公共关系危机的处理原则;掌握幼儿园公共关系危机处理的基本程序。

思考与实训

1.结合本章案例中的实际问题,尝试谈一谈幼儿园公共关系管理在幼儿园管理中具有怎样的地位和价值?

2.结合实际,说一说幼儿园公共关系管理中应注意避免什么问题?

3.运用幼儿园公共关系管理的基本原理分析教育实践中存在的问题,尝试提出解决幼儿园公共关系管理问题的具体策略与思路。

4.请结合实际谈一谈幼儿园的公共关系中,如何体现人际沟通能力、开放意识、社会责任感以及奉献精神?

专题探讨

随着互联网技术和智能电子产品的发展,通过智能电子产品阅读网络新闻报道逐渐成为人们了解新闻事件的主要渠道。与传统新闻报道的形式不同,网络新闻报道不仅仅是单向信息的传递过程,其具备的网络评论功能使得新闻报道的读者不仅是信息的被动接收者,还可以通过发表在线评论成为信息的发布者。在新闻报道的传播过程中，新闻媒体作为一种重要的信息传播工具，涉及家园矛盾事件的报道深刻影响着新闻报道读者对家园关系的理解及其对幼儿园的信任，如近年来，幼儿园虐童、幼儿园装修污染、家长殴打幼儿园老师等新闻报道在一定程度上造成了当前家园关系的紧张与恶化，影响了家长与幼儿园之间的互信关系。

探讨：在新媒体环境下，自媒体如雨后春笋般出现，人人都是新闻传播者和新闻制造者，这会给幼儿园公共管理工作带来什么样的机遇和挑战？你如何看待新媒体对幼儿园产生的影响？这将会给幼儿园公共关系管理带来哪些变化？

第九章

幼儿园组织文化建设

学习目标

知识目标：

- 理解幼儿园组织文化的概念、特征、结构及内容；
- 了解幼儿园团队建设的内涵、方法及策略；
- 正确认识园本文化建设对组织文化建设的意义。

技能目标：

- 掌握幼儿园组织文化建设的方法；
- 能将组织文化建设的方法运用到团队文化建设、园本文化建设中，并提出合理意见。

学习重难点

学习重点：

- 重点：掌握幼儿园组织文化建设、团队建设、园本文化建设的内容，能正确理解和认识幼儿园组织文化建设过程中存在的问题。

学习难点：

- 难点：能够运用幼儿园组织文化建设知识分析组织文化建设、团队建设、园本文化建设实践中存在的问题，并根据问题提出适当的解决对策。

案例破冰

原来，你是这样的鼓楼幼儿园

六朝古都金陵城中，鼓楼高岗之上是那古朴又充满稚趣的小园子，凝望那汉白玉雕像，鹤琴先生的嘱托，言犹在耳。百年沧桑，唯追求的是“活教育”。百年初心，唯不变的是“一切为儿童”。

南京市鼓楼幼儿园的前身，是由中国幼教之父，著名教育家、儿童心理学家陈鹤琴1923年创办的实验园，从鼓楼岗上的私家小院起步，鼓楼幼儿园已近百年。

很多来鼓楼幼儿园观摩的同行都好奇：鼓幼的老师为什么始终满怀热情、积极主动地投身于研究和实践？有的幼儿园观摩之后集体学习鼓幼精神。鼓幼的精神是什么？那是从陈鹤琴建园时期就形成的科学实验的研究精神。研究精神是鼓楼幼儿园的文化之一，是鼓楼幼儿园保持生命活力的源泉。研究精神不断唤醒鼓幼的教师，它将蕴含“活教育”等价值观的血液传输到校园的每个角落，引领幼儿园向着科学教育幼儿的方向行进，召唤着鼓幼人持续提升专业素养，不断拼搏、创新、向前迈进。

启示：幼儿园组织文化建设到底涉及哪些内容？如何以良好的文化氛围融洽团队精神、形成团队合力呢？怎样才能形成独特的幼儿园园本文化呢？

资料来源：中国教育报学前周刊，名园探秘之鼓楼

第一节　幼儿园组织文化建设概述

幼儿园组织文化是在长期的教育实践中积累和创造出来的,是其成员认同和遵循的价值观念体系、行为规范准则和物化环境风貌的一种整合和结晶,一般可分为精神文化、物质文化、制度文化三种形态。幼儿园组织文化是一所幼儿园最宝贵的财富,也是幼儿园长远发展的核心竞争力。良好的组织文化不仅有助于幼儿健康成长、凝聚和激励全体保教人员,还有助于提升办园质量,进而助力幼儿园的可持续发展。

一、幼儿园组织文化的内涵

(一)组织文化

组织文化,是指组织在长期的生存与发展中形成的为组织所特有的、且为组织多数成员共同遵循的最高目标价值标准、基本信念和行为准则等的总和及其在组织中的反映。它是组织整体精神的概括和凝聚,具体地说,组织文化是指组织全体成员共同接受的价值观念、行为准则、团队意识、思维方式、工作作风、心理预期和团体归属感等群体意识的总称。

(二)幼儿园组织文化

幼儿园组织文化是幼儿园在长期发展过程中形成的,为全园师生所认同并遵循的共同价值观、精神信念及行为准则的总和。它一经形成,就成为幼儿园全体成员共用遵循的普遍文化,对全体成员产生深远且持久的影响。它渗透于园所的一切活动中,幼儿园独特的园所建筑、园服、园训、园徽、保教队伍建设、园本课程文化、制度文化等,都体现着该幼儿园特有的组织文化,它构成园所生存的基础,是园所发展的内驱力和成功的关键。

幼儿园组织文化可从两个层面进行理解:

广义的幼儿园组织文化是园所内全体成员共同接受的价值观念、行为准则、团队意识、思维方式、工作作风、心理预期和团队归属感等群体意识的总称。

狭义的幼儿园组织文化是指幼儿园的物质设施、习惯化的行为方式、管理结构及其相应的制度,以及幼儿园内隐的园所文化、园风师风、全体教职工的职业价值观等。

二、幼儿园组织文化的结构

文化是人类各种行为方式和思考方式的整体,幼儿园组织文化是幼儿园共有的价值观、信念和习惯体系,有自己的结构。幼儿园组织文化从外到内、由表及里依次为物质文化(表层)、行为文化(幔层)、制度文化(中层)和精神文化(深层)[①]。

(一)物质文化层面

幼儿园物质文化是幼儿园全体组织成员在教育实践过程中创造的各种物质设施的总和,是幼儿园组织文化的物化形态。它位于幼儿园组织文化的最表层,是幼儿园组织文化中最直观、最表象的部分。包括幼儿园的名称、宣传手册、广告、园容园貌、园徽园服、建筑文化、设施文化、环境文化等。它是幼儿园文化的空间物态形式,师生可以直接感受到,具有物质特性。是通过园舍建筑、设施设备、活动场地、教学器材、玩教具、图书影像资料、环境布置、空间布局以及绿化等有形的东西折射出的幼儿园的理念、价值、审美等无形的东西。因此,幼儿园物质文化不仅是幼儿园组织文化的“外壳”,还是幼儿园组织文化“内核”的载体,体现着一定的价值目标、审美意象。

小资料9-1

日本藤幼儿园

日本藤(Fuji)幼儿园,由享誉盛名的加藤积一和加藤久美子夫妇创办,一经落成便吸引了全世界的目光,并被经济合作与发展组织评为世界上最优秀的教育建筑典范。这个奇异建筑,无墙壁、无阻隔、无界限,让孩子们在“嘈杂”的环境中专心上课,在“甜甜圈”房顶上自由奔跑,在百年大树下尽情嬉戏……不论在幼儿园建筑设计、幼儿园管理、师生互动环节的设计、现代生活与文化传承的思考、儿童的需要、现代生活的预备等方面,都跳出了传统幼儿园的框架。可见,幼儿园独特的物质文化能折射出幼儿园组织文化的内涵和办园理念。

---

① 王普华.幼儿园管理[M].北京:高等教育出版社,2014.

（二）行为文化层面

行为文化位于组织文化的第二层，主要是组织活动和组织成员行为规范的体现。幼儿园行为文化是幼儿园在长期的发展过程中，幼儿园组织成员所形成的共同的行为习惯，共同的活动文化，它是幼儿园作风、精神风貌、人际关系的动态体现，同时也是幼儿园精神、价值观的折射。如员工是否有时间观念，是否能够建立和谐、融洽的同事关系，对待家长的态度是否热情周到，对待幼儿是否有耐心和爱心，部门之间是否团结协作等。

（三）制度文化层面

制度文化是组织成员在共同的组织活动中应遵守的行为规范的总和，包括各种规章制度、道德规范和职工行为准则，是组织文化的中间层次，制度文化体现幼儿园的管理理念、人文精神和运行效度，对组织成员的行为产生规范性、约束性作用。它既包括国家颁布的教育方针、政策、法律、法规等，也包括政府主管部门制定的各类章程、规划、指示、要求等，还包括幼儿园结合自身实际而制定的有关教育教学、科研、工作、学习、日常管理等方面的规章制度。当幼儿园的制度与幼儿园文化融合之后便形成了幼儿园制度文化，这种制度文化直接把幼儿园组织文化外化为师生员工的自觉行为，从而形成一种其他幼儿园无法模仿的幼儿园核心理念。

因此，幼儿园制度文化建设的重点在于积极倡导以人为本、尊重人的权利、满足人的需要、促进人的发展的新理念；建立以科学管理手段为途径，以发展人的主体性、促进人的全面和谐发展、提升人的生命价值为根本目的的制度文化体系，激励和陶冶教职工，不断实现幼儿园培育人、发展人的价值。

典型案例

面对制度与情面

做操时间，园长发现中一班的明老师还是穿着高跟鞋带操，不免有些气恼，已经私下说过她三次了。园长想立即制止，转念一想还是等她做操出现闪失或活动不方便时再指出其错误，针对性会更强。然而，整个带操活动，明老师穿着高跟鞋跑、跳、转、蹲等动作都很到位，仿佛脚下是一双平底鞋。但是，幼儿园管理制度明确规定：教职工上班时间不准穿高跟鞋。为保持制度的严肃性，园长当众向明老师说明她的行为违反幼儿园规章制度，要按规定接受一定的惩罚。不料明老师嘴巴一撇："罚就罚呗，我懒得换鞋。"

案例分析：

事实上，这种类似的情况可能不只是在一所幼儿园里出现过。制度是幼儿园的"法"，是保证幼儿园各项工作正常运转的重要基础。合理的规章制度对幼儿园有关人员的价值观念、思想品德、行为和生活方式的选择，有着直接的规范和导向作用。但是如果制度不合理、执行不合理或员工不认同，则会引起幼儿园秩序的混乱，甚至产生比较严重的负面影响。幼儿园在制度文化建设方面应采取立足本园、以人为本的建设方式：

(1)让员工理解认同幼儿园制度文化建设的价值和意义。首先，让员工理解制度文化建设是实现幼儿园发展目标的一个必要手段；其次，要让员工认同，制度是幼儿园的"法"，"没有规矩，不成方圆"。以制度执行过程中出现的迟到、早退等实际事例向员工说明，如果没有制度约束，只靠每个人的自觉无法保证良好的工作秩序。

(2)贯彻落实"幼儿为本"的理念，以促进每位幼儿的全面发展为制定和执行管理制度的出发点和落脚点。

(3)结合幼儿园的办园和发展历程，继承发扬幼儿园原有的制度文化，构建信任团结工作、学习环境和人际支持网络。

资料来源：杜燕红.幼儿园组织与管理[M].武汉：武汉大学出版社.2019.

(四)精神文化层面

精神文化是幼儿园组织文化的内核，又称为内隐文化，是组织文化的深层，是核心和灵魂，决定整个组织文化的性质和状态。主要是指幼儿园全体成员所信奉的价值观和组织精神，是一所幼儿园本质的、个性的精神风貌的集中体现，也是幼儿园组织成员行动的指导原则，更是幼儿园发展的不竭动力。主要包括价值观念、群体意识、精神风貌、道德习俗、价值标准等。

幼儿园精神文化蕴涵着独特的凝聚力和感染力，是激励全体教职员工不断努力的精神力量，是幼儿园可持续发展的巨大内驱力。幼儿园组织精神文化是现代意识与幼儿园个性相结合的一种群体意识，通过简洁而富有哲理的语言形式来概括，通常以园训、园歌、园规、园徽等形式表现出来。

如某幼儿园的组织文化被提炼为“三实”:朴实——教育的本质理念应该是朴实无华、有一定规律的;真实——教育实践来自生活,回归真实才是最有生命力的,孩子需要在真实体验中学习、成长;扎实——教育工作所追求的应是扎扎实实的日积月累。“三实”体现了该幼儿园的办园理念与价值追求,确立了其主流价值观。①

(五)四个文化层面的关系

物质文化、行为文化、制度文化、精神文化从外到内的分布就形成了幼儿园组织文化的结构,它们密不可分、相互作用,如图9-1所示。物质文化是组织文化的外在表现和载体,是制度文化和精神文化的物质基础;行为文化和制度文化则约束和规范着物质文化和精神文化的建设;精神文化是形成物质文化、行为文化和制度文化的思想基础,也是组织文化的核心和灵魂。因此,在建设和优化幼儿园组织文化的时候我们不仅要关注物质层、制度层等显性的内容,而且要深入精神层面,并从幼儿园精神文化的核心——组织成员的价值观抓起。有人说如果物质文化、行为文化是幼儿园的“外表”,制度文化则是幼儿园的“骨架”,那么,精神文化则是幼儿园的“灵魂”②。

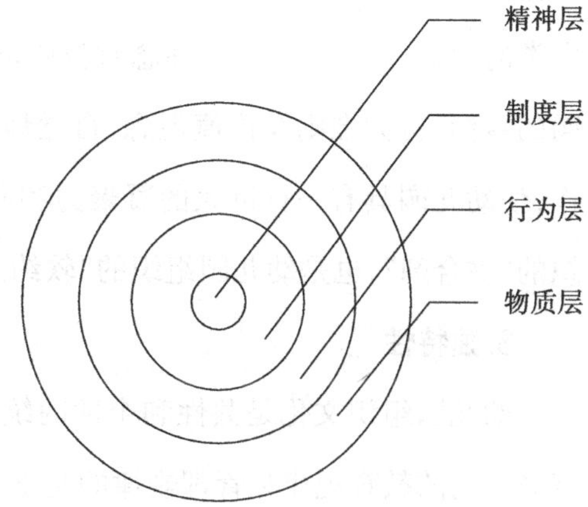

图9-1 组织文化结构

三、幼儿园组织文化的特征与功能

(一)幼儿园组织文化的特征

1.无形性

幼儿园组织文化所包含的共同价值观、精神信念及行为准则是组织内一种群体意识现象,渗透于幼儿园的方方面面。在这种组织文化的影响下,全体教职员工会自觉地按照幼儿园的共同价值观念和行为准则去工作、学习和生活,这种作用是潜移默化

①秦旭芳,向海英.学前教育管理学[M].长沙:湖南大学出版社,2015:237.

②刘媚.幼儿园组织与管理[M].成都:电子科技大学出版社,2020:59.

的，是无法度量和计算的，因此幼儿园的组织文化是无形的。当然，无形性的组织文化可以通过幼儿园独特的规章制度、组织成员一致的和一贯的行为方式、园所的物质设施等形式具体体现。

2.凝聚性

良好的组织文化建立在共同的信念、价值观念上，强调的是组织目标与组织成员工作目标的一致性。幼儿园组织文化之所以对幼儿园发展起作用，并不是靠规章制度之类的约束，而是靠其核心理念对教职员工的熏陶、感染和引导，使教职员工认同幼儿园的目标、行为准则及价值观念，自觉地按照幼儿园共同的价值观念和行为规则去工作，使幼儿园具有一种巨大的凝聚力和向心力。因此，幼儿园组织文化既是幼儿园组织的“黏合剂”，也是幼儿园组织的“软约束”力量。

3.独特性

幼儿园组织文化是共性和个性的统一体，幼儿园在教育教学实践活动中，必须在遵守共同的教育规律和管理规律的基础上寻求个性。由于各个幼儿园的办园历史、办园环境、师资队伍建设、社区环境、发展特点各不相同，就决定了各个幼儿园不可能有完全相同的文化。所以，每所幼儿园必须从自身实际出发，寻求自己的特色和风格，有自己的根和魂，从而实现幼儿园的可持续发展。

4.相对稳定性和可塑性

幼儿园的组织文化是在幼儿园长期发展过程中逐渐总结、培育和积累形成的，但在组织发展的过程中，组织文化不会因园所的规模或人员变动而发生巨大变化，因此具有相对的稳定性。同时，幼儿园的组织文化的目的在于指导幼儿园的保教和管理实践，是在各项实践活动中长期优化形成的，因此幼儿园组织文化具有可塑性。

（二）幼儿园组织文化的功能

1.导向功能

导向作用包括价值导向作用和行为导向作用。幼儿园组织文化的导向功能，是指组织文化能对幼儿园和幼儿园每个成员的价值取向和行为取向起引导作用，使幼儿园中的个体目标与其整体目标相一致。它可以引领全体教职工朝着幼儿园所期望的正确方向去发展，使幼儿园更快、更好、更稳定地生存和发展。

2.凝聚功能

幼儿园的文化是一种“黏合剂”,可以把全体教职员工紧紧地团结在一起。幼儿园组织文化的凝聚功能,是指幼儿园成员共同认可的价值观与幼儿园组织的价值观相一致时,会产生一种巨大的向心力和凝聚力,使教职员工与幼儿园形成“命运共同体”,发挥出巨大的整体效应。因此,幼儿园组织文化对幼儿园成员具有强大的凝聚作用,使其团结在一起,形成一致对外的强大力量,从而提升幼儿园的核心竞争力。

3.激励功能

激励即激发内在精神力量或状态。幼儿园组织文化的激励功能,是指组织文化具有使幼儿园成员从内心深处产生一种自信自强、团结进取的情绪,从而激发幼儿园成员的积极性和创新精神。组织文化强调以人为本的管理方法,注重内在引导,从理解、关心、尊重、爱护等方面满足员工实现自身价值的心理需求,激发内心深处的责任感和使命感。

4.约束功能

俗话说“没有规矩,不成方圆”。幼儿园的管理不仅需要制度化的“硬”规矩,更需要组织文化的“软”规矩。幼儿园组织文化的约束功能,是指组织文化对每个成员的思想、心理和行为具有约束和规范的作用。组织文化的“软”规矩,可以弱化组织对成员心理的冲撞,削弱由制度约束而引起的心理抵触,从而使内外因相互作用,产生更为强大、持久的约束效果。

5.辐射功能

幼儿园不是教育的孤岛,它与周围的环境息息相关。幼儿园组织文化的辐射功能,是指组织文化一旦形成较为固定的模式,不仅会对幼儿园及其全体成员产生影响,而且也会通过各种渠道对社会产生影响。幼儿园组织文化的辐射功能主要体现在两个方面:一方面,组织文化的传播对幼儿园树立公众形象有一定的帮助;另一方面,组织文化对社会文化的发展也有巨大影响。

四、幼儿园组织文化建设的原则与方法

(一)幼儿园组织文化建设的原则

1.以人为本原则

人是组织文化生成的第一要素。以人为本,是幼儿园组织文化建设的第一原则。

叶澜教授曾说:“教育是直面人的生命、通过人的生命、为了人的生命质量提高而进行的社会活动,是以人为本的社会中最体现生命关怀的一种事业。”因此,幼儿园作为实现培育人、发展人的教育目标的机构,幼儿园组织文化建设要体现人本管理的特色,做到尊重人、理解人、信任人和关心人。在具体的组织文化建设过程中体现出对教职工、幼儿、家长的尊重、理解和信任,创造和谐、融洽的幼儿园环境,使幼儿园组织文化深入人心,得到员工、幼儿、家长的认同。

2.内容与形式相统一

幼儿园组织文化属于意识形态的范畴,但它又要通过幼儿园或职工的行为和外部形态表现出来,这就容易形成表里不一的形象。因此,在建设幼儿园组织文化的过程中,必须从职工的思想观念入手,树立正确的价值观念和组织精神,在此基础上形成幼儿园形象,做到内容与形式相统一。比如,精心设计的园徽、园服及“员工生日会”“员工、亲属大联欢”等形式多样的活动,让幼儿园组织文化建设被广大员工看得见、摸得着,为组织文化建设锦上添花。

3.普遍性与特殊性相结合的原则

幼儿园组织文化建设不仅与社会主流价值观、组织精神的要求一致,具有一定的普遍性,如以社会主义核心价值观为统领,传承和发扬中华民族传统优秀文化等。同时,由于幼儿园各具特色,在进行幼儿园组织文化建设时要结合本园办园历史背景、师幼特点、办园环境等自身发展特点,有意识地体现幼儿园的个性和独特性,防止千篇一律,没有特色。

4.不断创新的原则

创新是幼儿园组织文化的生命力,是组织文化得以持续发展的动力和要求。在幼儿园组织文化建设过程中,不能固守一种固定的文化表现形式,既要保持其文化的本质和精髓不变,又要不断创新它的表现形式,充实新的文化内容,这是组织文化获得巩固和发展的必然要求。

(二)幼儿园组织文化建设的具体方法

1.榜样法

榜样法是指通过树立、宣传典型人物、先进模范的事迹,发挥模范带头作用,对好人好事进行直接表扬，为广大员工树立直观形象的榜样。幼儿园要不失时机地充分利用示范效应，使组织理念形象化、直观化，从而使更多的人理解并认同组织理念。

著名教育家、哈佛大学校长科南说过："一所学校的荣誉不在于校舍和人数，而在于一代一代教师的质量。"管理者要挖掘整理一线名师的故事，总结提炼其优秀品质和教育智慧，将他们的故事当作教师教育的生动教材，加深加强榜样的影响力和号召力，弘扬新时期的师者风范，提高教师综合素质，推动幼儿园文化建设向更高水平迈进。

2.激励法

激励法是指运用精神、物质的鼓励，或者二者相结合的鼓励，激发员工动机，以营造良好氛围，塑造组织精神的各种途径和方法。包括以下几种方法：

(1)赞许

包括当面称赞、书面表扬等形式，对员工符合组织价值观的行为给予肯定，以强化其行为动机。赞许过程中需注意：一是赞许内容有根有据，实事求是；二是注意赞许的时间和场合；三是赞许的程度恰如其分，不拔高、夸张、渲染；四是注意赞许频率。

(2)奖励

奖励包括物质奖励和精神奖励，也可以是物质奖励与精神奖励相结合。奖励要遵循论功行赏的原则，慎重、准确、公正地进行。

(3)参与

让员工适当地参与到幼儿园重要的活动或管理决策中来，提高员工在幼儿园的归属感，并充分发挥主人翁精神。

3.教育法

教育法是指通过各种教育、宣传、组织学习、开会传达等形式，促进幼儿园教职工理解、认同和接受幼儿园组织文化的管理方法。一方面注意做好正面的教育宣传工作，另一方面也要注意做好员工的自我教育，如运用谈心谈话活动、演讲比赛、达标活动、征文活动等形式，让教职工对标幼儿园组织文化建设的要求找差距，进行自我教育，转变价值观和行为。

4.感染法

感染法，即"春风化雨""润物无声"，运用幼儿园的物质文化、制度文化，运用一系列的文艺活动、体育活动和读书活动等，培养职工的自豪感和向心力，在潜移默化的过程中形成集体凝聚力。

典型案例

“奉献卡”的效应

某园获得上级单位的表扬，全园教职工精神振奋，工作更加积极主动，甚至出现不少教师自觉加班加点的可喜局面。但也有一些教师认为：现在是市场经济，加班加点就应该给报酬。

园领导班子分析了园内现状，认为教师的要求虽然合理，但在园内经济不景气的情况下，还不能满足这样的要求。同时，园领导认为：在幼教工作中还应该鼓励教师爱岗、敬业，提倡奉献精神。于是，他们为每个职工设计了一个“奉献卡”，请教职工本人把自己加班奉献的时间和内容如实填写在“奉献卡”上，每月一小结，通报表扬，并在年底颁发适当奖励。这样，乐于奉献的教师得到园方的认可，得到精神满足，不思进取的教师也会碍于脸面，不想“奉献卡”上一片空白，从而提升了所有教师的工作热情，促进工作的顺利开展。

资料来源：道客巴巴

第二节　幼儿园团队建设

一、幼儿园团队建设的含义和意义

幼儿园就像一个雁队，每个人都在各自平凡的岗位上发挥聪明才智、挥洒青春热血、成就教育梦想。美国学术和教育之父诺亚·韦伯斯特(Noah Webster，1758—1843)说："人们在一起可以做出单独一个人所不能做出的事业；智慧+双手+力量结合在一起，几乎是万能的。"幼儿园管理是一个多层次、多因素的动态综合活动的过程，只有通过有目的、有计划、有步骤地进行幼儿园团队建设，把成长的动力、时间和平台公平地给予每一个成员，才能建设高素质、高质量的师资团队，使团队充满活力、蓬勃发展。

(一)幼儿园团队建设的含义

美国著名管理学教授斯蒂芬.P.罗宾斯于1994年首次提出了"团队"的概念，他认为团队就是为了实现某一目标而相互协作的个体所组成的正式群体。美国管理学家劳伦斯·霍普认为，团队是一个组织在特定的可操作范围内，为实现特定的目标而建立的相互合作、一致努力的由若干成员组成的共同体。现代科学认为，团队是由两个或两个以上的人组成的一个共同体，该共同体合理利用每一位成员的知识和技能协同工作，解决问题，达成共同的目标：团队内的成员在工作上相互依附，在心理上彼此意识到对方的存在，在感情上相互影响，在行为上有共同的规范。有研究者提出，团队因任务而相互依存、相互作用，团队成员认可自己归属于该团队，他们具有相互补充的技能，为达到共同目的和组织绩效目标而努力。①

①张欣，程志宏.现代幼儿园管理实务[M].上海：复旦大学出版社，2014.

小资料9-2

斯蒂芬·P·罗宾斯

斯蒂芬·P·罗宾斯是美国著名的管理学教授，组织行为学的权威，他在亚利桑那州立大学获得博士学位。曾就职于壳牌石油公司和雷诺金属公司。有着丰富的实践经验，并先后在布拉斯加大学、协和大学、巴尔的摩大学、南伊利诺伊大学、圣迭戈大学任教。罗宾斯博士兴趣广泛，尤其在组织冲突、权力和政治，以及开发有效的人际关系技能等方面成就突出。

斯蒂芬 · P · 罗宾斯
(Stephen P. Robbins)

在教学和写作之余，罗宾斯博士经常参加教师田径比赛。从1993年进入50岁以后，他创造了几项室内和室外的世界速跑纪录，他还赢得过世界退役军人运动会 100米、200米和400米金牌。1995年，罗宾斯博士被美国田径协会教师田径委员会命名为当年40岁以上级别的"杰出田径先生"。

资料来源：斯蒂芬·P·罗宾斯_360百科（so.com）

简而言之，团队就是由两个或两个以上的个体相互作用、相互依赖，为了特定目标而按照一定规则结合在一起的组织，是一群具有不同技能、相互依存的成员的集合体。

幼儿园团队主要是指幼儿园所有教职工为实现幼儿体、智、德、美等方面全面发展，促进其身心和谐健康发展的目标而组成的共同体。幼儿园团队范围很广：既可以是党支部、团支部、工会、后勤组、班组、年级组、教研组等各种行政性或非行政性群体，又可以是教师自愿参加的各种兴趣小组、课题研究小组、项目策划小组、项目合作小组、智囊团等学术的或学习性、甚至临时性群体。①

幼儿园团队主要指幼儿园领导班子、保教队伍共同组成的团队。“幼儿园团队”实际上不仅是为了共同承担社会工作责任而“聚集”在一起的一群人，而更应该是为了通过相互扶持，共同获得专业能力提升、个人潜能提升、个人自我价值感提升、个人职业幸福感和生活幸福感提升，从而在心理空间、情感空间中“凝聚”在一起的一群人。②

①刘彩莲，龚欢，王卫红．幼儿园组织与管理[M]．北京：中央广播电视大学出版社，2016：152.

②许卓娅．走向生态的儿童教育研究丛书平等对话的力量从怎么看到怎么办[M]．南京：南京师范大学出版社，2013.

幼儿园团队建设是指通过设置团队目标,运用科学合理的途径来培养一支具有较强凝聚力、团结奋进的高素质幼儿园团队。好的领导团队保教团队一起合作、奋斗,才能实现幼儿园有效管理与运行。

(二)幼儿园团队建设的意义

幼儿教育是为一个人、一个家庭、一个民族的未来奠基的事业,要求幼儿教育工作者要以高度的责任感、使命感满怀热情地投入到工作当中来。幼儿园团队建设是幼儿园教师文化深层次的体现,它集中体现了幼儿园的价值观念、目标追求以及幼儿园的精神风貌、个性特色和社会魅力。

1.良好的团队建设促进共同目标的实现

幼儿园团队建设有助于形成良好的群体内聚力、团队精神、和谐的人际关系。幼儿园建立团队的目的是实现某一既定目标,开展团队工作也是为了更快、更好、更有效地完成这个目标。在幼儿园团队建设中,很多时候,有很多目标是相互冲突的,不同教师的个人价值观、受教育背景也不同。团队的领导人,要清楚地知道核心目标是什么,也就是团队将来的发展方向是什么,然后围绕目标做出相应的管理决策,统一教师力量,让大家为了一个目标而努力奋斗,形成团队合力,从而实现团队目标。

2.良好的团队建设可以提高幼儿园管理质量和保教质量

幼儿园团队建设和管理与教职工队伍的专业性、稳定性、积极性和创造性有着密切的联系,直接影响着幼儿园的管理质量和保教质量。幼儿园里每位员工的言行,在一定意义上都代表着幼儿园,影响着幼儿园的形象。一个幼儿园发展的根本是队伍的整体建设,因此团队成员每个人的素质都很重要。

小资料9-3

"飞行的大雁"

大雁以列阵飞行而闻名,一会排成"人"字形,一会排成"一"字形,一些科学家认为,他们之所以这样做,并不是因为个体之间有深厚的联系,主要是为了节省体力,更顺利地完成长途旅行。1970年,里萨满和斯科伦伯格利用空气动力学理论首次给出了一个估算:与单个大雁相比,一个由25只大雁组成的

“人”字形编队可以多飞71%的航程。

大雁“人”字形夹角大小经常会在24度到122度范围内变化，而且大多数时间，它们会选择“一”字形，只有20%的飞行时间里，它们才会选择“人”字形。“人”字形大雁的飞行队伍中，飞行最前面的头雁扇动翅膀时，会在身后形成一个低气压区，紧跟在后面的大雁可以通过它来减少空气的阻力，从而达到节省体力的目的。

3.良好的团队建设可以实现成员的互补

霍兰德的人格——工作匹配原理表明，如果个体所从事的工作与其人格特点一致，其绩效水平和满意度会提高。

团队成员有不同的人格特点、不同的技能、不同的优势，管理者要了解能够给团队带来贡献的个体优势，从而使工作任务分配与成员个人风格一致。管理者有责任放大每位成员的优点，多给予鼓励，让教师们在工作中充满信心。著名的管理学家德鲁克曾说，有效的管理者择人任事和升迁，都以一个人能做什么为基础。用人决策不在于如何减少人的短处，而在于如何发挥人的长处。管理者在分配工作任务时，有必要从年龄结构、职务结构、学历结构、能力结构等方面综合考虑，力求做到优化组合，即不是简单采用人力叠加的方法，而是注重员工组合中的互补度、认可度和透明度。①

小资料9-4

鲶鱼效应

挪威人喜欢吃沙丁鱼，市场上活沙丁鱼的价格要比死鱼高许多。所以，渔民总是千方百计地想让沙丁鱼活着回到渔港。可是虽然经过种种努力，绝大部分沙丁鱼还是在中途因窒息而死亡。但却有一条渔船总能让大部分沙丁鱼活着回到渔港。原来，船长在装满沙丁鱼的鱼槽里放进了一条以鱼为主要食

①刘彩莲，龚欢，王卫红.幼儿园组织与管理[M].北京：中央广播电视大学出版社，2016：153.

物的鲶鱼。鲶鱼进入鱼槽后,由于环境陌生,便四处游动。沙丁鱼见了鲶鱼十分紧张,左冲右突,四处躲避,加速游动。这样一来,一条条沙丁鱼就活蹦乱跳地回到了渔港,这就是著名的"鲶鱼效应"。

那么,在管理实践中我们如何运用这一效应促进幼儿园团队的建设呢?

启示:

1. 打破惯性思维,鼓励开放的心智模式

要像那位船长用一条小小的鲶鱼改变整条渔船的内部环境一样,果断地转变思路,采取措施,打破习以为常的"稳定"假象,构筑富有活力与生机的环境,从而实现园所竞争力和生命力的全面提升。

2. 应适度营造危机氛围,激发教师实现自我超越

适度的危机意识可以有效调动园所内部的生命力和创造力,带来活跃、发展的新局面。适度的危机感既是对传统管理模式的一种挑战,也为良性发展奠定了基础。

二、幼儿园团队建设的内容与方法

《幼儿园工作规程》第七章第三十八条规定:幼儿园按照国家相关规定设园长、副园长、教师、保育员、卫生保健人员、炊事员和其他工作人员等岗位,配足配齐教职工。第三十九条规定:幼儿园教职工应当贯彻国家教育方针,具有良好品德,热爱教育事业,尊重和爱护幼儿,具有专业知识和技能以及相应的文化和专业素养,为人师表,忠于职责,身心健康。

(一)领导班子建设

1.领导班子的构成

幼儿园的管理首先必须有一个结构合理、有权威的指挥系统来统筹管理幼儿园的整体工作,使幼儿园工作高效运转、产生最优管理效应。领导班子是幼儿园的管理中枢,是由幼儿园中具有一定决策权并对幼儿园的发展负责的幼儿园高层管理者组成的队伍,是决定和影响幼儿园发展的核心群体。[①]一般来说,幼儿园领导班子是由正园长、副园长、党支部书记、教研室主任、后勤负责人等主要负责人组成。

①张慧敏.幼儿园组织与管理[M].北京:人民邮电出版社,2014.

2.领导班子建设的方法

(1)严格选拔。幼儿园领导班子的选拔,是领导班子建设的第一步。在选拔领导班子成员时,要考虑领导班子合理的组成结构,包括数量、年龄、性别、学历、职称、能力、专业等,通过科学、合理的选拔产生的领导班子,能够使领导班子的团体效应最大化。因此,首先要形成科学有效的领导班子选拔制度。其次,充分了解每一位成员的年龄、个性、能力、专业等特点。最后,在选拔过程中坚持公正、公开,严格把关,以防不正之风。

(2)重视培养。尼采说过:“要提高别人,自己必须是崇高的。”领导班子作为幼儿园工作的领头羊,需要通过参与各种培训活动、学习活动提高自身素质。首先幼儿园及上级主管部门要注意组织和提供各类幼儿园领导班子培训,如通过参与园本培训、国培计划、各类专家讲座等提高团队的业务素养。其次,领导班子成员要将终身学习理念贯穿到学习、工作、生活之中,让学习成为一种常态。最后,创新是永葆生命力的源泉,领导班子成员要不断将学习与创新相结合,在学习中创新、在创新中学习,不断提高领导班子的整体素质。

(3)提高威信。管理者手中有一定的权力,有权力不等于有权威,有权力也不等于有魅力。并非位高权重就能赢得人们的尊重和信服,位低职轻就没有感召力和凝聚力。作为领导者,要善于利用自己的人格魅力去树立威信,用自身行为潜移默化地影响、感染教师,以自己的人格魅力去营造良好的园风。首先,领导班子要具有同心同德的意识。其次,领导班子要言行一致,言必行,行必果。最后,领导班子成员要作风正派,公平公正,言而有信,不因私废公。

(4)团结协作。幼儿园的有效管理离不开领导班子集体的力量。领导班子的团结协作,能够在无形中为其他教师起到表率的作用,也能向外展现幼儿园良好的团队精神文化和积极的园所风貌,促进幼儿园的有效管理,给幼儿园的持续发展创造条件。首先,主要领导者的团结是前提,“一把手”间的相互协作,能为其他成员做好表率。其次,领导班子成员之间需要相互包容、求同存异。再次,树立领导班子共同的信仰及价值追求。最后,建立和完善领导班子的分工制度。

（二）保教队伍建设

1.保教队伍的构成

幼儿园保教队伍主要指幼儿园内的专任教师以及保育员。《幼儿园教职工配备标准（暂行）》中规定："全日制幼儿园每班配备2名专任教师和1名保育员，或配备3名专任教师；半日制幼儿园每班配备2名专任教师，有条件的可配备1名保育员。"各班的教师和保育员的选择和搭配，直接影响幼儿班级的管理工作和保教工作的正常运行，而保教队伍的质量是决定一个幼儿园教育质量的关键因素。优质的保教队伍有利于幼儿园保教工作的顺利开展，有利于更好地实现幼儿园的管理目标，给幼儿带来优质的教育。

2.保教队伍建设的方法

（1）合理选拔，因岗用人。幼儿园教师实行聘任制，并具备幼儿园教师资格；保育员应当具备高中毕业以上学历，受过幼儿保育职业培训。科学、严格地选拔与任用幼儿园教师与保育员，是建设高质量保教队伍的前提。首先，结合幼儿自身实际制定科学、合理的用人制度，考察应聘人员的特点、能力水平等综合素质。其次，成立评审领导小组，公平、公正地选拔与任用人才，切忌因人设岗、让工作迁就个人的需要。再次，在分配工作时，综合考虑人员特点、工作任务以及班级特点，有针对性地分配、组合保教队伍。最后，定期了解教职工的工作状态和工作的匹配度，对不合理的任用与分配及时调整，实现人员分配的"最优解"。

（2）肯定成绩，激发热情。激励保教队伍，调动保教队伍的积极性，激发工作管理的热情，从而有效促进自身专业发展，更好地实现幼儿园保教目标和管理目标。首先，了解保教人员的特点和需求，提供充分展示自己的舞台，对取得突出成绩的，及时给予肯定和奖励，多元化、多层次地满足物质和精神需要。其次，创设宽松自由的物质和精神环境，舒适的工作环境以及积极的心理氛围，在轻松、舒适的环境中调动团队工作积极性。再次，要以人为本，爱护、尊重和信任保教人员。最后，注重民主管理，让所有的教职员工参与到幼儿园的管理当中，增强责任感和创新精神。

（3）重视培训，促进成长。对保教队伍进行有计划、有目的的培训和教育，能有效促进他们的专业成长，保持保教队伍的与时俱进，以组建一支既有干劲又有能力的高素质、高标准教师队伍。首先，组织好入职培训。幼儿园对所有新入职的保教人员进行入职培训,可以使其更快地适应工作岗位、开展教学活动。其次,重视岗位培训。岗位培训是提高保教人员素质的有效方法,具有很强的针对性和实效性,可以有效地提高教师的技能、理论知识,有利于自我教育机制的形成。再次,重视观摩活动与专题讲座的开展。通过观摩优秀教师的保教活动,可以汲取有益的经验,促进保教能力的提升;通过聆听专家、学者的专题讲座,可以获得新的保教理念和方法。最后,重视教学研究。保教人员教学研究是提高保教质量的有效方式之一,同时也是促进教师专业成长的重要途径。

小资料9-5

新时代幼儿园教师职业行为十项准则

教师是人类灵魂的工程师,是人类文明的传承者。长期以来,广大教师贯彻党的教育方针,教书育人,呕心沥血,默默奉献,为国家发展和民族振兴做出了重大贡献。新时代对广大教师落实立德树人根本任务提出新的更高要求,为进一步增强教师的责任感、使命感、荣誉感,规范职业行为,明确师德底线,引导广大教师努力成为有理想信念、有道德情操、有扎实学识、有仁爱之心的好老师,着力培养德智体美劳全面发展的社会主义建设者和接班人,特制定以下准则。

一、坚定政治方向。坚持以习近平新时代中国特色社会主义思想为指导,拥护中国共产党的领导,贯彻党的教育方针;不得在保教活动中及其他场合损害党中央权威和违背党的路线方针政策。

二、自觉爱国守法。忠于祖国,忠于人民,恪守宪法原则,遵守法律法规,依法履行教师职责;不得损害国家利益、社会公共利益,或违背社会公序良俗。

三、传播优秀文化。带头践行社会主义核心价值观,弘扬真善美,传递正能量;不得通过保教活动、论坛、讲座、信息网络及其他渠道发表、转发错误观点,或编造散布虚假信息、不良信息。

四、潜心培幼育人。落实立德树人根本任务,爱岗敬业,细致耐心;不得在工作期间玩忽职守、消极怠工,或空岗、未经批准找人替班,不得利用职务之便兼职兼薪。

五、加强安全防范。增强安全意识,加强安全教育,保护幼儿安全,防范事故风险;不得在保教活动中遇突发事件、面临危险时,不顾幼儿安危,擅离职守,自行逃离。

六、关心爱护幼儿。呵护幼儿健康，保障幼儿快乐成长；不得体罚和变相体罚幼儿，不得歧视、侮辱幼儿，严禁猥亵、虐待、伤害幼儿。

七、遵循幼教规律。循序渐进，寓教于乐；不得采用学校教育方式提前教授小学内容，不得组织有碍幼儿身心健康的活动。

八、秉持公平诚信。坚持原则，处事公道，光明磊落，为人正直；不得在入园招生、绩效考核、岗位聘用、职称评聘、评优评奖等工作中徇私舞弊、弄虚作假。

九、坚守廉洁自律。严于律己，清廉从教；不得索要、收受幼儿家长财物或参加由家长付费的宴请、旅游、娱乐休闲等活动，不得推销幼儿读物、社会保险或利用家长资源谋取私利。

十、规范保教行为。尊重幼儿权益，抵制不良风气；不得组织幼儿参加以营利为目的的表演、竞赛等活动，或泄露幼儿与家长的信息。

资料来源：中华人民共和国教育部门户网站

三、良好的幼儿园团队建设的策略

（一）用人文化的管理激励团队

1.增强人性化的关怀，提升团队幸福感

马库斯·韦伯认为："任何一项伟大的事业背后，都必须存在一种无形的巨大的精神力量。"在我看来，这种无形的力量就是人心的力量。幼儿园坚持以人为本的精神文化建设，实施以人为本的管理机制，注重激发教师的主体意识，增强教师的自我管理能力，尊重教师的个性化特点，理解教师的需求，在工作环境和心理空间上给予教师一定的自由度，用尊重、关爱和赏识去唤醒他们内心的情感，激发他们潜在的能量，使他们做快乐的幼儿教师。

2.目标管理人性化，提高团队的归属感和凝聚力

每个人内心深处都有被尊重和需要的渴望，如果能激发这种需求，让每个人想说、敢说、喜欢说、有机会说并能得到积极的反馈和应答，那么即使是后勤的做饭阿姨也会有超强的责任感。为了增强团队成员的主人翁意识和责任感，提高其参事议事能力，以及归属感、凝聚力，在制定幼儿园相关的考评制度时，要充分征求意见、做好论证，体现"我们的幼儿园我们自己做主"的理念，激发团队的热情和参与度。

3. 多元激励评价，构建和谐团队

都说赞美和欣赏他人是一种美德、一种素养和一种能力。只有教师经常被鼓励和欣赏，他们才能时常去鼓励和欣赏孩子。幼儿园要通过建立一套好的激励机制提升团队的动力。激励要围绕团队的工作目标来实施，把个人目标和团队目标融为一体，激励内容注意物质、成长、精神相结合，激励时效注意短期、中期、长期相结合，激励来源注意自我激励、外部激励相结合。采用多元的激励评价，让所有教师都拥有自己的舞台，唤醒和激发出每个成员内心深处的主动性、内在潜力和创造精神，发挥强烈的责任感和使命感，让更多人闪光耀眼，形成一种隐性的力量，不断推动幼儿园健康和谐发展。

（二）用标准化、制度化的管理规范团队

1. 建立和完善规章制度，做到有“规”可依

要充分发挥规章制度作为幼儿园管理手段的作用，需制定与幼儿园实际相符的规章制度。不切实际过高或过低的标准均会减弱成员的工作积极性，不能发挥制度应有的作用。规章制度的建立、制定与实施是在过程中不断完善的，并非一蹴而就。通过宣传、讲解和试行等方式让园内成员知悉规章制度并遵照执行，在制度面前一视同仁。在具体实际中，要及时深入了解情况、发现不足，并科学地完善制度，以适应幼儿园现阶段切实的发展需求。

2. 制度明晰具体，便于执行

制度的内容应具体明确，使执行者易于理解和掌握。制度的表述上要做到用词准确、严谨，避免影响制度的执行。使团队成员参与制度的制定中，做到“民主”与“集中”的结合，使每个成员都真正理解制度存在的意义，了解制度的具体要求、具体步骤，减少工作中问题的出现，保证制度的有效性。

（三）建设富有内涵的校园文化凝聚团队

1. 丰富幼儿园物质文化环境

内涵丰富的幼儿园物质文化，是办园实力的重要标志，是教职员工、幼儿及家长的整体素质及创造能力的重要体现，对身处其中的每一位成员都有着潜移默化的浸润与熏陶，时刻发挥着育人的作用。在物质文化环境创设过程中要立足物态文化，激化动态发展，让“环境育人”，让“环境说话”。做到因地制宜、量力而行，同时又凸显个性、突

出特色，在文化沉淀中走出自己的物质文化建设之路，使其在幼儿园不断发展的过程中得到丰富和完善。充分发挥幼儿园物质文化“隐性”教育的功能与力量，增强团队的凝聚力。

2.加强柔性的精神文化创设

柔性管理以“人性化”为标志，依靠人性解放、权力平等、民主管理，从内心深处激发每个成员的内在潜力、主动性和创造精神，创设健康向上、人人心情舒畅的幼儿园文化氛围。柔性管理以关爱为出发点，满足教职员工对尊重、信任、成就感的需要，满足自我实现的需要，提高工作积极性和效率，增强幼儿园的凝聚力，促进幼儿园的发展。

第三节 幼儿园园本文化建设

习近平总书记在十九大报告中指出:文化是一个国家、一个民族的灵魂。文化兴则国运兴,文化强则民族强。园本文化是幼儿园的血液,构成幼儿园生存的基础,是幼儿园发展的灵魂。园本文化好似一条不断流淌于园中,使幼儿园得到滋润与营养的河流,蕴含着鲜活灵动的情感、行为及思想,带给幼儿园特有的生命力,引领着幼儿园实现长流不息地生长与发展。[①]园本文化具有隐蔽性和延续性的特点,所营造的育人环境时刻发挥着潜移默化的育人作用。要建设优质幼儿园,需要不断丰富、完善园本文化内涵,形成自己的特色文化,让幼儿园真正成为孩子学习、活动的乐园。

一、园本文化的含义与功能

(一)园本文化的含义

园本文化,是一所幼儿园在长期教育实践和管理过程中,逐渐形成的特有的价值观念及承载这些价值观念的活动形式和物质形态,包括幼儿园成员共同遵循的最高目标、价值标准、基本信念和行为规范,是具有本园特色的文化。它是经过历史发展的积淀,逐渐形成并不断获得传承的,是充实的、可以长期主导校园发展的具有深厚底蕴的人文性价值,是园本管理不断追求的境界。幼儿园的园本文化建设应符合两方面的要求,一是有利于幼儿的身心健康发展,符合幼儿对环境质量的要求;二是有利于教职员工的发展,能够激发教职员工的归属感和责任感。因此,园本文化就是一所幼儿园在发展中所积淀的文化资源与"成人"精神,是由它自己的历史背景和组织中的"人"所塑造的,园本文化影响着幼儿园全体师生的行为和成长。[②]园本文化建设是一所幼儿园的魂,是一所幼儿园最值得品味的东西,引领着幼儿园的各项建设,推进幼儿园的可持续发展,提高教育品质。文化建设是现代幼儿园走内涵式发展之路的必然选择。

---

①马胜.部队幼儿园的风采:对长沙市S园园本文化的研究[D].长沙:湖南师范大学,2020.

②赵敏.园本文化的生长与教师的专业发展[J].教育科学论坛,2015(07):52-56.

（二）园本文化的功能

1. 有利于创造良好的幼儿成长环境

《幼儿园教育指导纲要（试行）》明确指出，“教师的态度和管理方式应有助于形成安全、温馨的心理环境；言行举止应成为幼儿学习的良好榜样。”良好的园风、园貌的形成，能够熏染教师善良与宽容、温润与敦厚、恬静与理性的品质，其结果最终会体现在儿童身上。孩子成长的氛围需要成人去营造，营造氛围需要爱，需要智慧。有爱的老师，其身心所散发出来的信息，能使孩子感觉到美好、祥和、关爱以及信任。因此，优秀园本文化能够为幼儿成长创造良好的发展环境。

2. 有利于教师专业成长

幼儿园文化不仅深刻影响着幼儿的健康成长和发展，也与教师的专业成长息息相关，更代表着幼儿园的形象与气质、个性和风采。幼儿园里所有人员可以借助园本文化的建设和发展来奠定更坚实的成长基础，在实现园所价值的同时拥有园所明晰且显著的文化烙印。因此，园本文化可以促进教师人格品质的提升，促进教师的专业发展。

3. 有利于增强幼儿园的核心竞争力

优秀的幼儿园文化是幼儿园持续前进与健全发展的强大动力。优质园本文化能汇集人心从而引发共同向上的力量，引领幼儿园昂首挺胸地前进。幼儿园的园本文化是润物细无声的宝贵教育资源，是推动园所、教师、幼儿共同进步的富饶土壤。园本文化就像是一所幼儿园的名片，是提高办园质量和核心竞争力的法宝，是办园过程与长远发展中的重要组成部分。

拓展阅读

康纳斯（Connors）的幼儿园教育质量提升模型

康纳斯（Connors，2016）的幼儿园教育质量提升理论模型认为，构建支持教师成长的专业环境是提高班级教学支持、促进儿童全面发展的有效途径。该模型描绘了从完善托幼机构内部政策到构建支持教师成长的专业环境（合作的专业文化和持续改进的专业文化），再到形成支持儿童成长的学习环境，进而促进儿童学习和发展的路径，并充分考虑了领导者和教师的个人特征（见图9–2）。

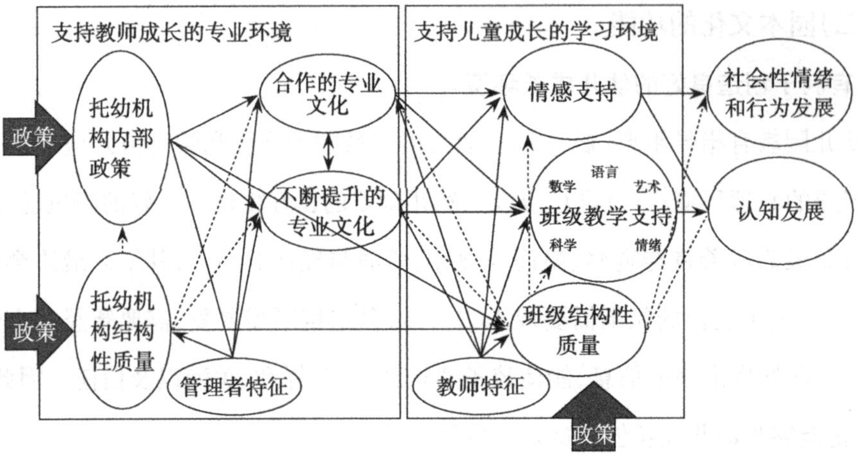

图9-2　幼儿园教育质量提升模型——基于支持教师专业成长的文化环境

托幼机构教育质量提升模型中包括两个环境：支持教师成长的专业环境和支持儿童成长的学习环境。首先，支持教师成长的专业环境由托幼机构的内部政策和托幼机构的结构质量两个方面构成。内部政策是园所管理、课程建设、教师发展、教研制度和机制，如教师培训与指导、课程建设等；托幼机构的结构性质量是指园所位置、办园性质、设施设备、收费水平、教师教龄、师幼比（班级规模）、教师工资待遇、发展规划等。内部政策对师幼比、幼儿园的空间设施、发展规划等结构性质量具有调节作用。其次，儿童成长的学习环境由情感支持、班级教学支持和班级结构性质量构成。班级的结构性质量影响过程性质量（班级教学支持和情感支持），过程性质量直接影响儿童发展。托幼机构的政策以调节结构性质量的方式调节班级的过程性质量。

康纳斯的模型包含两条提升质量的途径：一是从管理者的个体特征到幼儿园托幼机构的内部政策和托幼机构的结构性质量，再到建构支持教师成长的专业文化环境；二是从教师的个体特征到合作的专业文化和不断提升的专业文化，再到班级结构性质量和过程性质量的途径。支持教师成长的专业环境是政策干预与高质量过程性质量和高质量儿童发展之间变化的关键机制，教学支持是其中的核心变量。在支持性的专业环境中，教师的教学知识、技能、信念和价值观得到改变、更新与发展，促使教师将教学知识转化为有益于儿童发展的课堂实践。例如，在合作文化氛围浓厚的专业环境中，教师会把积极合作的文化以高质量社会情感支持的形式带入对班级教学的支持。再如，在持续提升的专业文化中，教师主动参与专业学习活动，了解早期保育与教育发展的前沿理念、学习新的教学策略，自觉追求高质量的班级教学支持。

资料来源：蔡红梅，刘小慧.普惠性幼儿园新手教师的教学支持现状及提升研究——托幼机构教育质量提升模型的视角[J].当代教育与文化，2021，13(06).

二、园本文化建设的内容

(一)办园背景与办园理念

要办好一所幼儿园,需要有一个正确的认识和定位。因此,办幼儿园首先需要解决两个根本问题:一是“我们要办什么样的幼儿园”;二是“我们怎么办幼儿园”。第一个问题关系办园的方向,反映办园者的教育价值观;第二个问题关系办园的方法,反映办园者管理理念和专业能力。可见,办园理念不仅仅是管理理念,更重要的是要为幼儿营造一种怎样的生活和教育环境。

1.幼儿园办园背景

幼儿园发展背景是园本文化建设的基础。园本文化的形成与生长,是基于本园特有地理、外貌、人物、事件,经过长期的实践和积淀,不断完善而显现出来的。园本文化的建设需要与自身办园实际、当地文化特点相适应,不同的幼儿园有不同的办园背景,从而形成不同的园本文化。因此,园本文化的建设,需要寻根,找到自己生长的根,进而在根上浇水、培土、施肥,促进其多元生长。幼儿园寻根之旅可从以下方面进行:幼儿园所处的社区环境及人们的需求,幼儿园的办园状况和人文基础,幼儿园的发展历史,幼儿园的师资结构,幼儿园现有的优势与不足,幼儿园在所在区域的级别和条件等等。园本文化建设过程中,一定要从自身背景出发,从不同的视角不断发现、聚焦与提升。只有正确认识自己,才能客观准确地认识他人与周围环境,才能确立适宜的管理思路和目标,才能锲而不舍地朝着既定目标努力。

典型案例

吉祥物:“虎虎”与“慧慧”

S园是一所部队幼儿园,踏入S园园中,刚进门的右手边便能看到两只卡通的小老虎在园门口。这便是S园的吉祥物,名叫“虎虎”(左)与“慧慧”(右)的两只小老虎。

Y园长："我们园里的吉祥物'虎虎'与'慧慧'这两个小东西，有着他们特殊的寓意。首先从园所角度来说，老虎是森林里十分威猛的动物，选择用百兽之王'虎'来代表我们的园所形象，也象征我们幼儿园在部队幼儿园里的引领风范，以及作为省示范园在整个幼教行业里的领先水平。再从孩子角度来看，我们的吉祥物的卡通形象也十分可爱，'虎虎'是个男孩，'慧慧'是个姑娘，代表着园中的小男孩和小女孩们。不是有虎虎生威这个词嘛，这也代表着我们想要培养孩子们坚强的意志、健康的体魄、快乐的心态。另外，从办园理念这方面来看，虎虎的形象十分威武，身体健壮，寓意有爱、有毅。慧慧的形象亲和，聪明伶俐，寓意立智、立美，这也就体现了我们园的育人理念。"

案例来源：马胜. 部队幼儿园的风采：对长沙市S园园本文化的研究[D]. 湖南：湖南师范大学，2020:22.

2. 办园理念

办园理念是园所教育思想与精神的凝练，集中反映园所人员对于幼儿园教育与幼儿发展的认识和决心。没有鲜明的办园理念，幼儿园发展就没有灵魂，没有统帅。每个幼儿园都应该根据自身的办园实际与经验提炼自己独特而科学的办园理念。幼儿园办园理念要注重促进幼儿园的内涵式发展，"内涵式发展"包括两方面的意义。一是幼儿发展的内涵，为孩子未来发展打基础，教给孩子终身享用的东西；二是幼儿园发展的内涵，办出自己的特色和优势，保持旺盛的生命力，促进幼儿园可持续发展。铸就"以幼儿为本"的鲜明特色，以文化为核心，挖掘幼儿园特色，认真实践办园理念，引领幼儿园办园特色的形成与发展，创建幼儿园品牌。

（二）幼儿园园本课程

课程是幼儿的生活，是幼儿在幼儿园生活和学习品质的体现。因此，幼儿园要注重结合幼儿园文化，着力建设既符合幼儿成长又能凸显园本文化的园本课程。园本课程是幼儿园根据国家、地方的课程政策，从自身实际出发，充分利用国内外教育资源，通过对课程的创编、选择和整合而形成的、体现本园特色的个性化课程体系。园本课程体现幼儿园的特色，符合幼儿需要。教育往往是以课程的形式显现给幼儿，园本文化也往往以特色课程为载体呈现给孩子。构建有本园“特色”的课程是每位园长专业道路上追求的梦想。在创建园本课程过程中，需要注意两点：一是要向与本园条件相近或有共同点的幼儿园学习，取长补短，促进自身优势的最大化发展，力求“效法”而不是“效仿”；二是要着重研究本园独特的文化内涵和创新点。进而科学决策，找准有决定意义的突破口，并由点到面，分类推进，以特色项目带动其他工作，以其他工作促进特色的优化，形成特色鲜明、独树一帜的幼儿园课程。

典型案例

“活教育”理论体系

“活教育”理论是我国学者陈鹤琴提出的第一套系统的幼儿教育理论和方法体系，对当时依赖国外教育资源的旧中国来说具有划时代的历史意义，也引导着近百年中国学前教育的发展。它不仅是鼓幼坚守科学幼儿教育的基础性理论，更成为幼儿园理性思考、不断变革的实验火种。鼓楼幼稚园早期实验中教师的理论功底、研究态度、实干精神，成为鼓楼幼儿园世代相传的鼓幼精神。

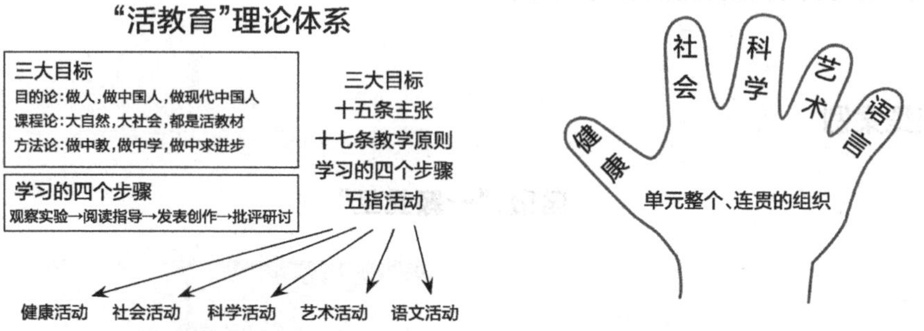

资料来源：中国教育报学前周刊，名园探秘之鼓楼

（三）幼儿园特色师资建设

教师是课程的实施者，是直接与幼儿接触的人，教师团队的建设直接关系到幼儿园课程的质量，关系到幼儿成长环境质量。培育园本文化的过程中也是优化教师、幼儿生命的过程，是促进教师增强教学智慧、增强课程开发与课程实施能力的过程。因

此，园本文化发展离不开对特色教师的培养。教师的成长为幼儿园特色文化建设提供内部动力，幼儿园为教师的成长搭建成熟的专业平台，两者相辅相成。对一所学校来说，形成自己的办园特色，单纯依靠教师自发的教学创造是不够的，更需要把教师个人的教学创造转化为幼儿园的教学创造，才能形成新的教学特色，没有对教师教学创造的保护和鼓励，就不可能与时俱进地进行独特园本文化的创建。幼儿园要注意将园本文化的核心理念和教师的专业发展目标通过环境的创设、科学严谨的教师培养计划转化为具体的行为。

（四）幼儿园特色教科研

良好的教研氛围和有效的教研活动能够持续促进教师的成长和发展，能够持续提升幼儿生活和学习质量。园本文化的建设需要理论的指导，实践需要科研的支持，建设园本文化一定要有“科研先导”“科研兴园”的研究意识，全方位、多视角地开展针对幼儿园自身特色的科研工作。深入研究幼儿园的历史背景、现实状况和创办特色文化的对策，强化科研意识，把创办特色园本文化作为幼儿园的一项重要工作，坚持“以人为本”的研训理念，依据教师不同的发展需要，采取多元化研训方法，立足“园本研训”，致力于“行动研究”，将教研过程与日常教学实践及教师的实际问题紧密结合，落实“岗位成才”，充分发挥每位老师的优势，为其专业化成长搭建平台，加速教师的成长，从而为幼儿园的可持续发展提供有力保障。

典型案例

园徽：“一颗星星”

图9-3 园徽

图9-4 园徽花坛

五角星本身蕴含着“胜利”的意义，常被运用于旗帜上和部队之中。S园以象征红色军队文化的五角星作为园徽的基本造型元素，突出其部队幼儿园的身份，喷火造型代表着如火箭冲破天际般的冲劲，象征着一种力量与使命感。

Y园长：“我们是部队幼儿园，也就选用了星星这个标志来代表我们，设计了我们的园徽‘一颗星星’（图9-3）。这个创意以可爱的立体圆五角星为基础，五角星代表我们幼儿园的每一个孩子，再配以小巧的喷火造型。传达我们尊重每一个孩子，帮助孩子去建立自己的梦想，相信他们的发展具有无尽可能的态度。可以看到它由无数的线条组合而成，也代表我们园全体教职员工和家长们面对发展团结一心拧成一股绳，奋发向上，业绩突飞猛进。五角星色彩丰富代表了不同个性的孩子，也代表孩子丰富多彩的每一天。”

幼儿园内的各类象征符号如吉祥物、园徽、园服等等，都彰显着一个园所的文化表达与文化现象。这些高度凝缩的具体形象传递着幼儿园的价值追求与精神愿景，也能令人感受到由它所投射出来的幼儿园的独特文化感染力。

案例来源：马胜.部队幼儿园的风采：对长沙市S园园本文化的研究[D].湖南：湖南师范大学，2020：23-24.

三、幼儿园园本文化建设的策略

园本文化的建设不是一朝一夕能完成的，它是一个不断在实践中反思成长的持续而漫长的过程。园本文化建设关键在园所的个性文化，即幼儿园的“性格”，这是长期以来形成的一种稳定的发展方向。幼儿园需要找到自己的文化身份，打造符合自己身份与气质的园本文化，展现园所文化中最本真而美丽的光芒。

（一）挖掘园所历史文化意蕴

美国知名学者特伦斯·E.迪尔曾言：“成功的学校会格外地重视他们的过去。反过来说，这也是成功学校的一个显著标志。他们就是靠这种历史感将所有的教职员工、学生、行政管理人员以及校友紧密地团结在这个受人爱戴的集体里。”①因此，幼儿园在建设园本文化时要尊重本园历史，从幼儿园的发展历程中沉淀，并具备一定的历史感。

1.基于园所历史

本土历史是滋养本土文化的土壤，它的重大事件、重要人物等都会给本土文化打

①特伦斯·E·迪尔，肯特·D·彼得森.校长在塑造学校文化中的角色[M].王亦兵，译.北京：中国青年出版社，2006.

上深深的烙印。首先,幼儿园可以恰当地对自身历史进行挖掘,将一些突出而特别的事件或人物从园所发展过程中提炼出来,用于园本文化的渗透和建设之中。其次,幼儿园在园本文化建设过程中,应尝试使用多种方式和手段保留一些历史印记,把幼儿园的历史进行外显化。如将园所历史故事或成果以图片、视频、文字等不同的形式进行记录和保存。再次,幼儿园的文化需要持续地传承、发展与沉淀,幼儿园在保存历史记忆的同时,要遵循时代发展,幼儿园园本文化的建设要回应时代要求。在重视历史沉淀的基础上跟随时代的要求与变革更好地适应外在环境,从而与外界环境相互影响、互相适应,实现共同发展。

2.基于社区资源

《幼儿园教育指导纲要(试行)》指出,“幼儿园应与家庭、社区密切合作,与小学相互衔接,综合利用各种教育资源,共同为幼儿的发展创造良好的条件。充分利用自然环境和社区的教育资源,扩展幼儿学习和生活的空间。幼儿园同时应为社区的早期教育提供服务”。可见,幼儿园所在的地理环境与幼儿园的发展息息相关,影响着园所文化内涵,因此,园本文化的建设应积极利用社区资源。幼儿园要在充分了解和筛选社区资源的基础上,筛选最为契合园所文化本身及最为适宜孩子发展的内容融入园本文化建设之中,同时通过“请进来”和“走出去”社区资源利用模式,展开多种多样的双边互动。

3.基于园本环境

环境的育人功能是幼儿园环境文化创设必须关注的内容,幼儿园的环境关系幼儿自我个性的发展,因而园所的环境创设要与本园文化相融并呈现文化意蕴。幼儿园在建园之初就应该系统地考虑园所环境中设施设备、建筑、场地布局中应有的园本文化意蕴。同时,幼儿园应有符合本园园所理念与身份的形象识别系统。对于幼儿园来说,形象识别系统是园本文化的视觉化表现,是浓缩和提炼的具有象征和标志性意义的园所“徽章”[①]。幼儿园的“吉祥物”“园徽”等形象识别系统成为园所展示园本文化特色的一张名片。

①陆蓉.砥砺特色　还原本色——对幼儿园文化建设的现场分析和思考[J].早期教育(教科研版),2012(03):50-53.

(二)凝练个性化的园本文化理念

如果说外在的物质文化是园本文化的表层基础,个性化的教育理念与价值观就是塑造幼儿园园本文化的灵魂。对于幼儿园来说,办园宗旨、办园理念、育人目标等理念就是文化这根强韧的线的魂,是幼儿园的核心精神和愿景所在。

1.注重理念的沉淀与落实

个性化的教育理念与教育价值观是从园所发展历程中凝练而来的。幼儿园从园所创办及发展历程中寻找自身的精神支撑,找寻园本文化发展的根在前进道路中将其提炼为有自身色彩的教育理念与价值观。同时,幼儿园在开展园本文化建设过程中,要注重将理念落到实处,而不是停留在喊口号上。幼儿园园本文化建设应该从喊口号走向实干,从"表"走向"里"。

2.注重文化的浸染与熏陶

园本文化建设过程中要注重文化的浸染与熏陶,应该让幼儿园的所有人感受到良好的风气和精神的感染。幼儿园所有人员对幼儿园的各项理念与目标的理解应该是透彻的,而不流于表面。同时,园本文化不应是局限于成人的理解与落实,而是全员的、全方位的。幼儿园的理念应该以幼儿能接受和理解的方式传达给他们,如设计一些图案、标语、教育活动,在一日生活的各个环节,都应抓住教育契机去熏陶幼儿。

3.注重文化的未来发展

园所个性化的教育理念与价值观是幼儿园发展的心之所向,是幼儿园办园目标与办园理念的灯塔,它应该包括对园所未来发展的畅想,亦即指引其坚持和努力的方向,从而使园本文化在扎根之后能茁壮成长。园本文化建设在重视历史沉淀的同时,要注重顺应时代要求,丰富自身园本文化内涵,推动园所文化更快更好地向前发展。

(三)凝聚园本文化的人力资源

苏联著名作家马克西姆·高尔基曾言:"人是文化的创造者,也是文化的宗旨。"文化产生于人类的社会实践之中,人是文化的享受者也是文化的核心。幼儿园教育和发展中发挥关键作用的是园中的一线教师,教师的生活需求、工作情况、心理状态、专业成长等都直接对园本文化建设与发展产生影响。

1. 找准定位，扬长补短

有文化底蕴的人容易产生自我意识的觉醒，管理者应该是一个不断唤醒教师心理动力的激励者。“长善救失”不仅针对儿童教育，对于教师专业成长也具有同样的意义。不同性格、学识、能力乃至于不同的年龄、教龄的教师也有着不同的“善”与“失”。管理者要充分重视人的价值，了解所有教职员工的“善”与“失”，在管理中更多地投入人文关怀，根据不同教师的特点，提供不同的成长模式，帮助教师找准定位、扬长避短，实现以人为本，达到品质发展的效果。

2. 分层激励，凝心聚力

良好的园本文化不仅能激发教师的敬业和奉献精神，也能将他们的事业心和成功欲化成具体目标，激发他们的原动力。在各项活动中根据教师各自的工作能力和角色定位扬其“长”“善”。在日常管理实践中以教师为中心，尽可能让教师在工作中拥有一定程度上的工作自由度，有更多发挥主观能动性的机会，为教师提供展示才能的平台和空间。自主的空间和时间能让教师将目光更多地聚焦于孩子的成长和自身价值的提升，推动教师专业的提高及发展①。

3. 营造良好团队氛围

幼儿园开展的教育实际上属于一种集体行为，对幼儿的成长与发展的影响同样也是一种整体效应。园本文化的建构本身就是群体效能的体现。因而，幼儿园在园本文化建设中应注重营造良好团队氛围，提高团队凝聚力。幼儿园管理者应关注良好团队氛围的营造和团队凝聚力的提升，将团队精神作为园本文化建设中的宝贵资源予以培养和爱护。

本章小结

1. 幼儿园组织文化的结构：从外到内、由表到里依次为物质文化（表层）、行为文化（幔层）、制度文化（中层）和精神文化（深层）。

2. 幼儿园组织文化的特征与功能：结合无形性、凝聚性、独特性、相对稳定性和可塑性等特征，实现导向功能、凝聚功能、激励功能、约束功能、辐射功能。

3. 幼儿园组织文化建设的原则与方法：坚持以人为本、内容和形式相统一、普遍性

① 王唯一. 幼儿园组织气氛与幼儿园教师情绪劳动的关系研究[D]. 沈阳：沈阳师范大学，2019.

与特殊性相结合、不断创新等原则，以榜样法、激励法、教育法、感染法等具体方法进行。

4.幼儿园团队建设的内容与策略：分析幼儿园团队建设的含义，总结团队建设主要从领导班子建设、保教队伍建设两方面进行，提出用人文化的管理激励团队、标准化与制度化的管理规范团队、建设富有内涵的园所文化凝聚团队等团队建设策略。

5.幼儿园园本文化建设：分析园本文化的含义，分析办园背景与办园理念、园本文化课程建设、园本文化师资队伍建设、特色科研队伍建设等园本文化建设内容，提出挖掘园所历史文化意蕴、凝练个性化的园本文化理念、凝聚园本文化的人力资源等园本文化建设策略。

思考与实训

1.联系实际谈一谈幼儿园组织文化建设的功能。

2.结合实际，尝试谈一谈团队建设在幼儿园组织文化建设中具有怎样的地位和价值？

3.结合实际，思考当前幼儿园园本文化建设过程中存在的问题，尝试提出促进园本文化建设的具体策略与思路。

专题探讨

某实验幼儿园在组织文化建设中取得了很多傲人的成绩，如重视幼儿园物质文化的创设，重视教育教学行为的科学化，重视树立良好的内外部交往氛围等。但是，其组织文化也存在一些不足，例如，忽略创设富有人文内涵的物质设施，忽略了幼儿园精神文化的内化。

请你结合本章所学内容，谈一谈幼儿园应如何发挥自己的优势，弥补自身不足，完善园所的组织文化建设。

第十章 幼儿园工作评价

学习目标

知识目标:

- 了解幼儿园工作评价的含义、功能和类型;
- 明确幼儿园工作评价的基本原则,了解幼儿园工作评价的内容;
- 熟悉幼儿园工作评价的步骤及如何对幼儿园工作评价进行方案设计。

技能目标:

- 运用幼儿园工作评价的方法与步骤分析工作中存在的问题;
- 掌握幼儿园工作评价的基本方法和步骤;
- 能够对幼儿园工作评价中所存在的问题提出解决对策。

学习重难点

- 重点:了解幼儿园工作评价的内容,并能够明确幼儿园工作评价的意义,从而有效地掌握幼儿园工作评价的方法与步骤。
- 难点:在掌握幼儿园工作评价的内容、方法与步骤的基础上,能够制定出一套较为完整的幼儿园工作评价方案体系。

案例破冰

幼儿园的一次绩效考核

某公办幼儿园的一名园长非常注重对教师的绩效考核,绩效考核得分与教师的奖金、职称和荣誉评定直接挂钩。该园长经过园务会议商定,根据过往的教学经验设定了教师工作绩效考核评价表,教师相互之间进行评价、园长对幼儿教师进行评价、家长对幼儿教师进行评价。到年底绩效考核时,园长按照对每个教师的总体评价情况发放奖金。

问题:你认为园长采取的绩效考核评价方式正确吗?如果你是该园长,你将如何对教师的绩效进行考核?本章内容围绕幼儿园工作评价概述、原则与内容、方法与步骤、方案实例等方面展开,旨在帮助学习者明确幼儿园工作评价的意义,能够科学有效地组织实施幼儿园工作评价。

第一节 幼儿园工作评价概述

在教育实践过程中，美国著名的教育心理学家布卢姆指出："评价作为一种反馈—矫正系统，用于在教学过程中的每一步骤上判断该过程是否有效。"《幼儿园教育指导纲要（试行）》指出：教育评价是幼儿园教育工作的重要组成部分，是了解教育的适宜性、有效性，调整和改进工作，促进每一个幼儿发展，提高教育质量的必要手段。[①]评价的过程，是教师运用专业知识审视教育实践，发现、分析、研究、解决问题的过程，也是其自我成长的过程。

一、幼儿园工作评价的含义

评价通常指评定价值，也就是价值判断。布卢姆认为："评价乃是系统地收集证据以确定学习者实际上是否发生了某些变化，确定学生是否发生变化的数量和程度。"

幼儿园工作评价是指根据一定的标准和程序，有目的、有计划、有组织地对幼儿园的各项工作，采取科学的态度和方法调查、搜集、整理、处理相关信息，在此基础上做出价值判断的过程。幼儿园工作评价是教育评价的一个重要组成部分，同时也是学前教育管理的重要内容和手段。通常来讲，幼儿园工作评价的含义可以从以下几个方面来进行理解。

第一，幼儿园工作评价是一个活动过程，且是一种连续性的活动，包含着科学的方法与步骤。

第二，幼儿园工作评价需要一定的依据，虽然幼儿园各项工作的评价标准不一致，但都是依据各项政策法规和幼儿园教育目的进行的。

第三，幼儿园工作评价是一种主观能动的有意行为，有目的、有计划、有组织。

第四，幼儿园工作评价需作出价值判断，评价是揭示价值的重要手段，只有通过评价，才能把客体潜在的价值形式转化为现实的价值形式。

---

① 中华人民共和国教育部.幼儿园教育指导纲要(试行)[M].北京:北京师范大学出版社,2001.

二、幼儿园工作评价的功能

（一）诊断功能

评价者采取问卷、观察、测评等方法，对搜集到的资料进行整理和分析，诊断幼儿园工作中哪些环节做得好，哪些环节还存在问题，并对存在的问题仔细分析原因，寻找改进的方法，为幼儿园工作的改进和决策提供科学依据。这一评价功能与中医中的“望闻问切”类似，通过科学的诊断寻求对症下药。

（二）鉴定功能

将幼儿园的各项工作与教育目标相对照，对评价对象进行比较或者按照一定的标准进行分类，可以判断幼儿园教育目标是否达成、教育质量的等级、各项工作合格与否等。

（三）导向功能

幼儿园教育评价作为一种管理手段，全体教职工应树立正确的教育价值观，并按照评价标准来调整自身行为，引导幼儿园的各项工作朝着评价者预设的理想目标方向前进，确保教育目标的实现。

（四）激励功能

幼儿园工作评价一方面可以向被评价者反馈评价信息，另一方面也可以为园所管理者决策提供依据。评价结果会直接或间接地影响到被评价者的荣誉、绩效、工作态度、职称评定、利益等方面，从而能够有效地激发被评价者的内在成就动机，提高其工作的积极性和创造力，促使其全力以赴地做好相关工作。激励功能是鉴定的必然结果，恰如其分的评价结果可以给人以心理上的满足感，从而激励人不断向上。因此，只有公平、合理、客观、科学的评价，才能真正起到激励作用[①]，从而达到教育管理的目的。

（五）调节功能

幼儿园工作评价的调节功能是指把评价信息及时反馈给评价主体，使其对幼儿园的各项工作存在的问题能够及时调整和改进。例如，评价主体认为评价对象已经达到

---

① 杜燕红.学前教育管理学[M].郑州：郑州大学出版社，2012：243.

或超出评价目标,可以将评价目标提高,反之则将评价目标降低,使评价目标符合被评价者的最近发展区,也能够让评价对象了解自身所具备的优势和存在的不足,把握正确的改进方向,以实现自我调节。

(六)服务功能

服务功能是指在幼儿园工作评价中及时向政府部门、幼儿家长、社会公众等反馈评价结果信息。例如在政府部门制定相关政策、投入财政经费、修建园所时反馈幼儿园工作质量,可以为政府部门决策提供科学的依据;家长在了解幼儿园教育质量后,也能根据孩子的实际情况选择适宜的幼儿园就读;社会监督和问责,有利于进一步提升幼儿园教育质量,满足社会知情权。[①]

三、幼儿园工作评价的类型

幼儿园工作评价的类型是指按照不同的分类标准,将幼儿园工作评价划分为不同的种类。各种评价类型的侧重点不一致,需根据幼儿园工作的不同情境选择适宜的评价类型,在评价过程中可能同时存在着几种评价类型。幼儿园工作评价的类型可以按照评价的范围、评价参照的标准、评价的内容范围和复杂程度、评价的功能、评价的主体和评价的方法进行划分。

(一)按评价的范围划分

按照参与评价的范围,可分为宏观评价、中观评价、微观评价。

1.宏观评价

宏观评价主要指以幼儿园工作中的全部问题或有关宏观决策方面的问题为对象进行评价。例如,对幼儿园的管理体制、经费管理制度、行政管理机构等方面进行的评价。[②]

2.中观评价

中观评价主要指以幼儿园内部的各项工作为评价对象。例如幼儿园保育工作评价、幼儿园家园沟通工作评价、幼儿园后勤保障工作评价、幼儿园环境创设工作评价等方面的内容。

---

① 潘月娟,董莎莎.幼儿园教育评价[M].北京:高等教育出版社,2014:6-7.

② 霍力岩,潘月娟,黄爽.学前教育评价[M].北京:北京师范大学出版社,2015:20-21.

3.微观评价

微观评价主要指以幼儿发展或教师教学的某一具体方面为评价对象。例如对幼儿智力、专注力、情绪情感等方面的评价,对教师教育实践中的提问及应答行为方面的评价。

通常来讲,宏观评价的主体是教育行政部门;幼儿园管理者主要是进行中观评价和微观评价;一线教育工作者更多的是进行微观评价。

(二)按评价参照的标准划分

按照评价参照的标准,可分为相对评价、绝对评价、自身差异评价。

1.相对评价

相对评价是指在评价对象中选取一个或多个对象作为基准,然后把其余评价对象与该基准进行比较的评价方法。该方法可以确定评价对象在群体内所处的位置。在幼儿园工作中,常运用相对评价的方法如评选优秀教师,以某位教师为标准来判断其他教师达标的情况,或者教师表扬某位小朋友,让这位小朋友作为监督管理员,并以这位小朋友为标准来评价其他小朋友是否能够当班级监督管理员。相对评价也可以称为常模参照评价。在对小区配套幼儿园进行定级评价时,通常将该区域内的示范园或者一级园作为基准,并把附近的小区配套幼儿园与之进行比较,这样的评价就是相对评价。

2.绝对评价

绝对评价是指在被评价对象的范围之外,选取一个客观标准,然后把各个评价对象与之相比较,判断其达到的程度,并做出价值判断的方法。例如幼儿园保健医生对幼儿生长发育水平的评价、幼儿园园舍建筑质量安全的评价、幼儿园饮食饮水卫生安全的评价就属于绝对评价。相对评价和绝对评价各有利弊,在评价过程中应把两种评价方式相结合,做到相互补充,提升幼儿园工作评价的水平。

3.自身差异评价

自身差异评价是指对被评价对象的过去和现在进行比较,或者把被评价对象的各个侧面相互比较,来判断被评价对象的发展、变化的评价方法。例如一位新手教师刚开始教育实践能力较差,经过一年的成长后教育实践能力逐渐提高,自己与自己相比较，这就是自身差异评价。自身差异评价注重的是被评价对象本身变化、发展所带来的差异，减轻了被评价对象的压力。相对评价和绝对评价更多是在做横向比较，是用某一个体与其他个体相比；而自身差异评价更多是进行纵向比较，是拿自己和自己比。[①]

（三）按评价的内容范围和复杂程度划分

按照评价的内容范围和复杂程度，可分为分析（单项）评价、综合（整体）评价。

1. 分析（单项）评价

分析评价也称作单项评价，指把评价内容分解成若干个项目，就某一方面进行的评价，且评价较为细致。如幼儿园保教工作评价、办园条件评价、总务工作评价等。

2. 综合（整体）评价

综合评价也称作整体评价，是对评价内容整体的各个方面进行的评价。例如将幼儿园定级为示范园、一级园、二级园的评价过程就属于综合评价。在幼儿园工作评价过程中，分析评价、综合评价往往可以相互结合，先用分析评价进行部分评价，再用综合评价进行整体评价，综合评价往往是建立在分析评价的基础上进行的。

（四）按评价的功能划分

按照评价功能，可分为诊断性评价、形成性评价、总结性评价。

1. 诊断性评价

诊断性评价又称“教育前评价”，是指在幼儿园某项工作开始前进行的预测性或摸底评价，其目的是了解幼儿园工作的现状，发现不足和问题，为有针对性地开展某项工作收集好信息，或者为解决某个问题做好准备。例如在幼儿入园之前，通过家长访谈对幼儿的身心状态和饮食习惯等方面进行摸底测验，为后续教师有针对性地开展教育教学工作做好铺垫，做到因材施教。

2. 形成性评价

形成性评价又称“过程性评价”，是指在幼儿园工作组织实施的过程中进行的评价，能够及时发现活动过程中存在的偏差或问题并做出调整，以获得改进工作的依据。例如幼儿园每隔一段时间就要召开一次全园教研大会，对幼儿园工作中的某项内容进

① 鄢超云.学前教育评价[M].北京:高等教育出版社,2010:20-21.

行一次评价，目的是让教师能够及时了解该项工作的状况，使其朝着预定的理想目标前进。

3. 总结性评价

总结性评价又称“教育后评价”“终结性评价”，是指在幼儿园某项工作结束后对其最终结果进行的评价，是对该项工作的成果进行的价值判断。总结性评价最为关注的是结果，很少关注过程和原因。

表 10-1 诊断性评价、形成性评价和总结性评价的异同

	诊断性评价	形成性评价	总结性评价
评价目的	了解评价对象的基础或现状，以便“对症下药”“因材施教”	获得改进工作的依据，并能够及时地做出调整或修改	以预期目标为标准，检验工作成果达到目标的程度
评价时间	幼儿园工作组织实施之前	幼儿园工作组织实施过程中	幼儿园工作组织实施结束后

（五）按评价的主体划分

按照评价主体，可分为自我评价、他人（外部）评价。

1. 自我评价

自我评价是指评价主体与评价对象一致，评价者依据一定的评价准则对自己进行的评价。这种评价是一种自我反思、自我提高的过程，但主观性较强，且缺少外界的参照标准，难以进行横向比较，容易出现评价结果过低或者过高的两极分化的结果。如教师在集中教学活动后的教学反思、期末工作总结等都属于自我评价。

2. 他人（外部）评价

他人评价又称外部评价，是指除评价对象自身以外的任何人或组织对该对象进行的评价，这种评价可以从不同角度对幼儿园的各项工作进行较为全面、客观的评价。如教师相互之间的评价、园长对幼儿教师的评价、教育行政部门对幼儿园的评价、家长对幼儿教师的评价等。

(六)按评价的方法划分

1.数量化评价

指对那些可以量化的评价对象,运用教育统计与测量、数字模型或数学的方法收集数据资料,并对这些数据进行分析,最终得出评价结论。例如对幼儿的身高、体重、智力发展水平等进行测量。

2.非数量化评价

非数量化评价指对幼儿园工作中不便进行量化的评价对象,运用观察、访谈、个案分析、调查等多种方式收集资料,且对收集到的信息做出判断,进行定性描述与解释。

第二节　幼儿园工作评价的原则与内容

一、幼儿园工作评价的原则

(一)目的性原则

幼儿园工作评价的目的在于提高园所管理水平、提升教育质量,进而实现学前儿童全面发展。评价目的主要是依据《3-6岁儿童学习与发展指南》《幼儿园教育指导纲要(试行)》和《幼儿园工作规程》制定。评价目的要符合幼儿园正确的办园方向,才有利于教育总目标的实现。评价本身不是目的,要避免走入为了评价而评价的误区,每一次评价应有具体的目的,遵循目的性原则,确定评价标准和评价方法。

(二)多元化原则

1.评价主体的多元化

评价过程是一个多方参与的过程,应该是一种多层次、多主体参与的评价体系,上级教育管理部门、幼儿园管理人员、幼儿、幼儿教师、家长、社区等都可以参与幼儿园工作评价中来。

2.评价方法的多元化

在幼儿园工作评价中常用的方法有观察法、测验法、访谈法和问卷调查法等。

3.评价内容的多元化

幼儿园工作评价的内容涉及管理状态、公共关系等方面的内容,主要包括幼儿园评价、教师教育行为评价和幼儿发展评价。

4.评价功能的多元化

随着教育评价范围的扩大,评价功能也有所扩大,表现出诊断功能、鉴定功能、导向功能、激励功能、调节功能和服务功能等多维性功能的整合。

（三）动态化原则

幼儿园工作评价包括静态评价和动态评价。静态评价关注评价对象在特定的时间和空间中的现实状态，有助于进行横向比较，便于看清评价对象是否达到了某种标准。动态评价关注评价对象的发展潜力和发展趋势，有助于纵向比较，便于看清评价对象的变化过程，从而发现其发展的规律。静态评价和动态评价各有优劣，在评价过程中需把二者结合起来，既要考虑评价对象的现实状况便于横向比较，也要考虑评价对象的变化过程便于纵向比较。

（四）客观性原则

幼儿园工作评价时不能仅凭想象或猜测而主观臆断，要依据教育规律，采取实事求是的态度，从客观实际出发获取真实信息，从而保证评价过程和结果客观、公正、准确。这就要求幼儿园工作评价要根据教育目标确定的评价标准来进行，确保评价结论科学准确。

（五）改进性原则

幼儿园工作评价不仅要了解幼儿园实际的管理水平，而且要根据评价过程和结果发现新的问题，不断改进和提升幼儿园的管理工作。幼儿园工作评价既有指导实际、改进工作的作用，也能充分调动幼儿园教师工作的积极性和主动性。

二、幼儿园工作评价的内容

以幼儿园整体内部各方面的工作为对象，把幼儿园工作评价的内容划分为四个方面，如下图所示。①

1. 管理状态评价

包括办园理念、办园水平、规章制度和管理目标的评价。

2. 工作人员评价

包括领导干部队伍、保教师资队伍和园长领导艺术的评价。

① 张凤，季首领，郭克功．学前教育管理[M]．沈阳：辽宁大学出版社，2013：239.

3. 工作评价

包括教育工作、保育工作和总务后勤工作的评价。

4. 公共关系评价

包括家长工作、与主管部门关系、与社区关系的评价。

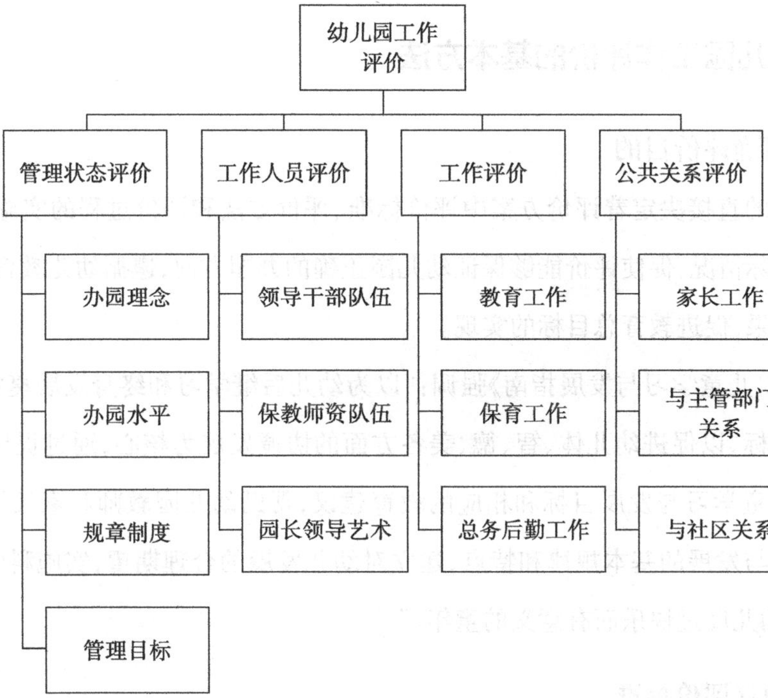

图 10-1　幼儿园工作评价的内容

第三节 幼儿园工作评价的方法与步骤

一、幼儿园工作评价的基本方法

(一)明确评价目的

评价目的直接决定着评价方案中评价标准、评价方法和评价过程的实施,并结合幼儿园的实际情况,促使评价能够保证幼儿园正确的办园方向,遵循幼儿教育规律,得出可靠的结果,促进教育总目标的实现。

《3—6岁儿童学习与发展指南》强调:“以为幼儿后继学习和终身发展奠定良好素质基础为目标,以促进幼儿体、智、德、美各方面的协调发展为核心,通过提出3—6岁各年龄段儿童学习与发展目标和相应的教育建议,帮助幼儿园教师和家长了解3—6岁幼儿学习与发展的基本规律和特点,建立对幼儿发展的合理期望,实施科学的保育和教育,让幼儿度过快乐而有意义的童年。”

(二)确立评价标准

评价标准的确立是幼儿园工作评价中的一个难点,幼儿园评价标准是人为制定的,为了使评价标准更具有客观性,首先,在确立评价标准时,要以正确的教育观、教育质量观为指导,切忌为了评价而评价,为了完成任务而评价;其次,评价标准的制定应具有科学性,在科学的教育观、评价观的指导下,科学研究制定评价标准,而不是凭空想象。

(三)选择和确定评价内容

幼儿园工作评价的具体内容主要涵盖管理状态评价、工作人员评价、工作评价和公共关系评价四个方面的内容。幼儿园工作者可以根据本园实际需要和各阶段的工作重点,选择确定要评价的内容。

(四)确定评价主体

这个部分主要是解决“由谁来评”的问题,幼儿园工作评价的形式一般分为内部评价和外部评价,即评价主体可以是幼儿园内部成员,也可以是非幼儿园成员。

1.内部评价

包括自我评价和他人评价,指以幼儿园内部成员为评价主体,对幼儿园的各项工作进行评价。自我评价指幼儿园工作者对自己的工作做出评价,此时评价的主、客体是统一的,但评价结果不具有客观性;他人评价的主体可以是个人,也可以是集体,他人评价包括教师互评、管理者评价、管理者对教师的评价等。

2.外部评价

评价主体不是幼儿园内部成员,一般外部评价主体包括幼儿园主动邀请的第三方评价者和上级教育行政部门。

(五)设计评价方案

1.明确评价所依据的目标

当前幼儿园教育工作评价依据的目标,必须是依据《3—6岁儿童学习与发展指南》《幼儿园教育指导纲要(试行)》和《幼儿园工作规程》提出的保教工作目标。特定幼儿园课程模式评价依据的目标,可以是该课程模式提出的课程目标,但必须符合“指南”“纲要”和“规程”的主要精神。

2.设计评价的指标体系

评价指标体系是指由表征评价对象各方面特性及其相互联系的多个指标构成的具有内在结构的有机整体。指标一般分为定量指标和定性指标,定量指标用于考核可量化的工作,而定性指标侧重于考核不可量化的工作。由于教育工作的复杂性等特点,决定了教育工作评价的指标不能都用数字来表示。设计评价的指标体系需注意评价指标应能全面、完整地反映内容或对象的实质;各要素之间应该是相互独立排斥,而不是交叉包含的关系;评价指标要能够逐层分解,并逐步具体化,具有较强的可操作性,如师德评价体系(见小资料10-1)。

小资料10-1

幼儿园师德评价体系(节选)

一、评价对象

本办法适用于我园全体在职教职员工。

二、评价依据

《教师法》《中小学教师职业道德规范(2008年修订)》、浙江省教育厅《关于进一步规范普通中小学办学行为的规定》《义乌市教育局关于进一步加强中小学教师师德建设工作的意见》《义乌市教育局关于进一步规范中小学办学行为的实施意见》。

三、评价内容

(一)爱国守法(二)爱岗敬业(三)关爱幼儿(四)教书育人(五)为人师表(六)终身学习

四、评价标准

评价结果设四个等次:优秀、合格、基本合格、不合格。优秀比例原则上控制在实际参加考核人数的45%以内。

(一)优秀:模范遵守《中小学教师职业道德规范(2008年修订)》,爱岗敬业,师德高尚,无违背教师职业道德行为,受到幼儿和家长的爱戴和好评。师德评价总分不低于90分。

(二)合格:遵守《中小学教师职业道德规范(2008年修订)》,无违背教师职业道德行为,得到幼儿和家长的认可。师德评价总分不低于70分。

(三)基本合格:能够遵守《中小学教师职业道德规范(2008年修订)》,师德评价总分在60-69分。或有违背《中小学教师职业道德规范(2008年修订)》行为,但情节较轻并能够及时认识错误、改正错误,且师德评价总分不低于60分者。

(四)不合格:不能认真遵守《中小学教师职业道德规范(2008年修订)》,师德评价总分低于60分者。

资料来源:义乌市北苑街道前洪幼儿园(2012年9月)

3.选择评价方法

评价方法大体可分为两种类型,一类是量化评价,一类是质性评价。常见的量化评价如测量法和问卷调查法等。质性评价也被称为自然主义评价,这种评价方法认为量化评价是歪曲的教育信息,且有可能丢失重要的信息,它主张评价应全面反映教育现象的真实情况,为改进教育和课程实践提供真实可靠的依据。常见的质性评价方法有:访谈、表现性评价、档案袋评价和苏格拉底式研讨评价等。

二、幼儿园工作评价的实施步骤

幼儿园工作评价的实施是评价人员以评价方案为依据，收集资料、处理信息，对评价对象实行价值判断的过程。

（一）建立评价工作领导小组

为保障幼儿园工作评价的顺利开展，工作领导小组应涵盖具有不同资源优势的人员，如理论知识丰富的人员、有幼儿园管理经验的人员、有具备分析评价结果技术的人员等，更有利于保证评价工作的科学性和有效性。

（二）培训评价人员

为保障评价工作的科学性、客观性和公正性，幼儿园工作评价应选择合适的人员作为评价的主体，并对他们进行理论和技术培训，让评价主体认识到评价的意义，了解各项评价指标和评价标准，掌握幼儿园工作评价的具体方法。

（三）取得评价对象的支持与配合

向评价对象广泛宣传、说明本次评价的目的和意义——评价工作不是针对个人，而是为发现幼儿园工作中存在的问题，进一步提高幼儿园工作质量。使评价对象对评价工作有正确的认识，从而争取其支持与配合。

（四）实施预评价

在进行正式评价前，可以选取一部分评价对象进行预评价，广泛征求意见并对评价方案进行调整和修正，同时也有利于减轻被评价者的心理压力。

（五）收集资料信息

幼儿园工作评价中收集到的资料信息越全面越充分，也就能越真实、客观地反映幼儿园工作的实际状况，常见的收集资料方法有观察法（叙事记录、事件记录、频次记录、持续时间记录、检核表记录、等级评定量表记录等）、测验法、访谈法、问卷调查法和作品取样法等。应根据评价目的和内容，选取贴切的评价方法收集资料信息。

（六）实施正式评价，分析评价结果

对评价过程中收集到的资料进行统计处理，并对结果进行解释，分析其原因，肯定做得好的地方，并指出存在的问题，同时提出改进工作的意见和建议，撰写形成评价报告。

第四节 幼儿园工作评价方案实例

幼儿园工作评价方案是幼儿园工作评价准备阶段的一项核心工作，是为了实现一定的教育目的，对评价的对象、方式、内容、适用范围、标准和实施程序等进行的一系列设计。由于幼儿园工作评价的类型不同，因此幼儿园工作评价方案的内容也有所差异，通常幼儿园工作评价方案的设计包括明确评价目的、选择并确定评价主体和评价对象、建立评价指标体系和选择评价方法和拟定评价的实施程序等主要内容。

幼儿园等级评定是幼儿园管理工作的重要组成部分，是规范和引领幼儿园办园行为，提高保育教育质量，促进每一个幼儿身心健康发展的必要手段。本节以《成都市幼儿园等级评定细则（2020年修订）》为例，了解幼儿园工作评价方法。该细则从办园条件、安全卫生、内部管理、队伍建设、保育教育、儿童发展、办园效益七个维度，建构幼儿园质量评价体系。

一、适用范围

全市范围内所有公、民办幼儿园。

二、等级分类

幼儿园等级分为三级，由高到低分别为一级、二级和三级。

三、指标体系

根据办园条件、办园质量和办园效益，将幼儿园等级评定指标分为一级指标7个，二级指标23个，三级指标50个。

四、评定实施

（一）指标要求

三级园：各项指标总分达65分及以上，二级指标各项得分不低于其分值的60%；

二级园：各项指标总分达75分及以上，二级指标各项得分不低于其分值的70%；

一级园：各项指标总分达85分及以上，二级指标各项得分不低于其分值的80%。

（二）评定单位

等级评定实行分级负责、分等评估原则。区（市）县教育行政部门负责属地内二、三级园评定和一级园初评，市教育局负责一级园评定。

（三）评定方式

市、区（市）县教育行政部门建立等级评定专家库，从专家库中随机抽选教育教学、卫生保健、安全管理、财务管理、技术装备、人事等方面的专业人员组成评审组，采用定性、定量相结合的方法，通过看（园所环境、教育活动、资料）、听（汇报、座谈）、问（问卷调查、个别访谈）、评（评分、评级）等办法，对照《成都市幼儿园等级评定细则（2020年修订）》（以下简称《评定细则》）进行综合评分。

表10-2　成都市幼儿园等级评定细则

（2020年修订）

一级指标	二级指标	指标内容	评分标准	评估方式
A1 办园条件 14分	B1 园舍场地 4分	1.园舍建筑应经有关部门验收合格，符合消防、抗震、防雷等安全规定。（2分）	●园舍建筑设计、施工设计图纸齐备，符合抗震要求，有防雷设施，取得建筑质量检测合格意见书或具有竣工验收图纸和报告。（1分） ●取得建筑工程消防验收意见书。（0.5分） ●绿地率达30%及以上。（0.5分）	●查看相关材料 ●现场查看各类用房及使用情况
		2.室内外场地布局合理，功能齐全，面积达标。（2分）	●生活用房通风采光良好，面积达到《幼儿园装备规范》（DB51/T1433-2012）要求且布置在三层及以下。（0.5分） ●有不同功能的兴趣活动室，活动室总面积不低于120 m²。（0.5分） ●户外设置有玩沙玩水区、30m跑道、种植园地、饲养角等。（0.5分） ●杂物垃圾区域与其他部分相对隔离。（0.5）	

续表

一级指标	二级指标	指标内容	评分标准	评估方式
		3.户外大中型设施、运动器械、活动用具种类丰富、数量充足。(2分)	●户外活动场地配大中型玩具3件以上,6个班以上增加套件数。(0.5分) ●班级运动器械丰富,生均3件以上。(0.5分) ●各区域活动用具能满足入区幼儿每人1件以上。(1分)	
		4.活动室防护设施完善齐全,教学设备、玩具材料充足、适宜。 (2分)	●活动室有纱窗、空调、紫外线灯或空气消毒机、消毒柜等设备。(0.5分) ●活动室配备有教学用黑板或教学一体机、电子琴/钢琴,多媒体等设备,家具数量充足、高度、大小适宜,摆放适合幼儿生活、游戏。(0.5分) ●玩具材料种类多样、数量充足,适合儿童年龄特点,使用率高。(1分)	
	B2 基础 设施 8分	5.幼儿生活设施、卫生间设备配置合理。(1.5分)	●班级卫生间水龙头6个、大便器(蹲位)4个、小便器(沟槽)4个(位)。(0.5分) ●配有满足班级人数需要的口杯架、毛巾架,保温桶或饮水机等生活设施,口杯每人1个,有标识,幼儿能区分。(0.5分) ●配备单人床,一生一床、独立使用卧具。(0.5分) ●不符合相关要求的限期整改。	●现场查看设施设备数量 ●观察幼儿使用情况 ●查看相关资料、目录
		6.办公设备、教师专业用书保证充足,符合教育发展需求。(1.5分)	●办公设备包括计算机、打印机及网络系统等必要设备能满足需要。(0.5分) ●每年订阅专业报刊7种以上,教师人均工具书及教参书12册及以上。(0.5分) ●有教学挂图或电子教学资源。(0.5分)	
		7.功能室(区)设施齐备,材料充足,便于幼儿取放、使用。(1分)	●功能室设置符合幼儿特点,材料充足,满足全园幼儿多样化兴趣需要。(0.5分) ●幼儿书籍人均5册及以上,并逐年增加生均0.5册及以上。(0.5分)	
	B3 班级 规模 2分	8.班级规模符合要求,班额在规定范围内。(2分)	●班级规模不大于12个班为宜,最多不超过15个班。(1分) ●小班(3—4周岁)25人,中班(4—5周岁)30人,大班(5—6周岁)35人,混合班30人。(1分)	●查看各班幼儿花名册(以收费名单计) ●随机实地抽查班级

续表

一级指标	二级指标	指标内容	评分标准	评估方式
A2 安全卫生 15分	B4 保障条件 5分	9.重视幼儿园建筑设施、大型玩具等重要点位、重要环节的安全检查与管理。(1.5分)	●幼儿园室内外无安全隐患,定期对临空防护栏杆、电源插座、大型固定玩具、运动器械进行安全检查维护。(1分) ●园门外侧有防撞装置、禁停警示标志;幼儿在园时禁止机动车驶入园内。(0.5分) ●以上未按规定设置,限期整改。	●现场查看 ●查看相关记录
		10.按照国家相关要求对消防设备设施实施动态管理,确保完好有效。(1分)	●紧急出口和安全通道畅通,疏散指示标志灯正常,消防设施完好有效。(0.5分) ●灭火器配置数量应符合《建筑灭火器配置设计规范》GB 50140规定。每组灭火器数量不少于2具,每组保护最大距离15米;灭火器压力表指针在正常压力区间之内。定期检查灭火器。(0.5分) ●未按要求配备消防设施设备的,限期整改。	●现场查看 ●查看相关资料
		11.食堂按照国家相关要求配备安全设施设备。(1.5分)	●食堂配有防蝇、防鼠、防尘、防腐、防毒、消毒、留样等设施设备,并能正常使用。(1分) ●食堂安装燃气泄漏控制报警系统,配备灭火毯、灭火器等食堂专用消防设备,相关人员会正确使用。(0.5分) ●食堂证照审验逾期的限期整改。	●现场查看 ●访谈相关人员
		12.保健室设备齐全,能正常使用。(1分)	●保健室设备符合《成都市托儿所幼儿园卫生保健工作管理实施细则》要求。配备儿童观察床、桌椅、药品柜、资料柜、流动水或代用流动水等设施并能正常使用。(1分) ●不按要求配备或不能正常使用的限期整改或暂缓评定等级。	●现场查看
		13.安全管理、职责明确、应急预案齐备、管理过程落实。(2分)	●相关人员安全管理职责清晰,幼儿园应投保校方责任险。(1分) ●有完善的各类应急预案且知晓度高,定期开展安全应急演练。(1分)	●查看相关资料

续表

一级指标	二级指标	指标内容	评分标准	评估方式
	B5 风险管控 10分	14.幼儿膳食管理科学规范,安全营养。(2分)	●依据《餐饮服务食品安全操作规范》(国食药监食[2011]395号)和《成都市幼儿园膳食管理办法》相关规定,食堂管理的14项制度上墙。(0.5分) ●动态、科学编排幼儿带量食谱,每季度进行一次营养分析,制作有创意能激发幼儿食欲。(0.5分) ●明厨亮灶、烹饪规范,严格执行食品留样制度和食品溯源制度。(0.5分) ●饮用水安全充足。每学期对饮用水进行检测,并提供饮用水合格检测报告。(0.5分) ●饮用水不符合要求的,限期整改。	●现场查看 ●查看相关资料
		15.建立严格的卫生保健、幼儿身体发育、教职工体检、传染病防控等动态管理机制。(4分)	●严格执行卫生保健十项制度及餐具、玩用具消毒制度,定期检查到位,资料规范。(1分) ●营养性疾病等幼儿个案管理100%;视力、听力、口腔异常幼儿的登记管理100%;预防接种查验率100%;每年至少开展1次儿童心理健康的宣教。(1分) ●幼儿入园体检率、定期检查率100%、儿童生长发育达标率95%以上,体检有分析、有反馈。教职工每年进行健康体检,并及时更新健康证。(1分) ●严格执行传染病防控制度和应急预案,过程管理资料规范、齐备。(1分) ●聘用无健康证的工作人员暂缓评定等级。	●查看相关资料、证件 ●现场查看消毒工作情况
		16.创设符合幼儿年龄特点的安全的教育环境,定期开展安全教育活动。(2分)	●有园级、班级学期安全教育计划,安全教育活动生动、有针对性。(0.5分) ●对教职工、儿童开展安全培训和安全教育。(0.5分) ●幼儿玩具用具安全性高,教育环境中有易于幼儿识别的安全教育标识。(1分)	●现场查看班级环境 ●观察活动中的幼儿 ●查看相关资料

续表

一级指标	二级指标	指标内容	评分标准	评估方式
A3内部管理12分	B6办园方向2分	17.依法办园，坚持立德树人根本任务；办园理念先进，办园目标明确，有具体的实施措施。(2分)	●认真贯彻教育方针，严格执行国家和地方的教育法律、法规和有关政策、规章及制度等。(0.5分) ●有明确的以幼儿发展为本、科学保教、家园共育的办园理念和办园目标。(0.5分) ●有体现正确的教育价值取向，符合本园实际、措施具体可行的近期、中长期发展规划，并动态调整。规划制订程序民主、规范，且体现办园个性，被全体教职员工了解认同。(0.5分) ●有逐年发展的园务计划及阶段、部门配套实施措施，对计划的实施定期检查和总结调整。(0.5分)	●查看相关资料 ●访谈园长、教师
	B7管理机制7分	18.办园行为及用工规范，实行园长负责制或董事会领导下的园长负责制。(2分)	●证照齐全，并按要求公示办园证件、办园宗旨、投诉电话等内容。(0.5分) ●有规范的机构章程，实行园长负责制或董事会领导下的园长负责制。(0.5分) ●依法与聘用教职工签订劳动合同，按规定为教职工购买社保。(0.5分) ●依法保障教师在进修培训、评选先进、专业技术职务评聘等方面的合法权益。(0.5分)	●查看相关证件、资料 ●查看园务公开栏 ●查看劳动合同及社保购买情况
		19.管理机构健全，各机构运行情况良好。(1分)	●有3名以上正式党员幼儿园，要单独建立党组织，并按期进行换届。正式党员不足3人的幼儿园，可就近就便与其他学校建立联合党组织。(0.5分) ●坚持党建带群建，加强幼儿园工会、共青团等群团组织建设。设立园长办公会、园务委员会或教职工代表大会、家长委员会、膳食委员会等民主平等、科学有效的管理决策机制。(0.5分)	●查看相关资料 ●访谈教师
		20.重视制度建设与创新，规章制度完善、合理，并能适时调整与发展。(2分)	●有能激发教职工积极性、保证幼儿园各项工作正常运转和质量提升的完善的制度体系，包括幼儿园行政、业务、安全、后勤、保健、财务、家园等制度。(1分) ●制度执行严格，落实到位，并切实产生积极作用。(1分)	●查看管理制度及资料

续表

一级指标	二级指标	指标内容	评分标准	评估方式
		21.重视管理过程的落实。对幼儿园部署的各项工作有定期检查和考核评价机制,实效明显。(2分)	●领导班子定期对班级教育教学工作进行检查和指导,有记录、有分析。(1分) ●园长每月开展听评课或参加教研不少于2次,业务副园长每周跟班听课、看活动或参加教研时间不少于2次。(1分)	●查看资料 ●访谈教师
	B8财务管理2分	22.全面贯彻执行《会计法》,落实财务法规。(1分)	●有专(兼)职财会人员;财务管理制度健全规范、严格执行收费项目和收费标准,定期公示,无乱收费现象。(1分)	●现场查看收费公示情况 ●查阅收费文件、相关制度
		23.财务账目、资产账目规范、明晰。(1分)	●有规范的财务报表,资金来源明晰、支出合规;每年有不低于年度公用经费总额的5%用于教育科研和培训研修。幼儿膳食费独立核算、专款专用,盈亏率不超过2%。(0.5分) ●资产管理制度健全、管理规范,各类资产台账清楚、账务相符。园舍改造、设备添置等重大项目决策经集体研究决定。(0.5分)	●查阅近3年财务报表及年度审计报告 ●查阅财务制度等资料 ●查阅伙食费收支情况及食堂出入库台账 ●现场查看公示情况
	B9资源信息管理1分	24.教育资源内容丰富,资源融合度、利用率高。(1分)	●有纸质、电子、材料等多种资源,有专人负责各类资源的收集整理,分类科学、种类齐全、注重过程,各类资源能提供丰富的教育信息。(0.5分) ●各类资源管理先进、目录清晰、动态开放、利用率高,能在反复使用中彰显其教育价值;建立资源定期对外宣传共享平台。(0.5分)	●现场查看 ●访谈教师、管理员、家长及社区人员 ●查看网络平台

续表

一级指标	二级指标	指标内容	评分标准	评估方式
A4 队伍建设 15分	B10 人员配备 6分	25.按国家相关规定，配足配齐教职工。（3分）	●3个班以下设园长1人，4—9个班设正、副园长各1人，9个班以上或寄宿制园设园长1人、副园长2人。（1分） ●班配备2教1保（或3教）；寄宿制每班增配1教和1保。（1分） ●保育人员与儿童配备比例1∶150。炊事人员与儿童配备比例：三餐一点或二餐二点1∶50，一餐二点或二餐一点的1∶80。保安人员配备2名以上。（1分） ●若有两类及以上岗位未配足配齐，限期整改，暂缓评定等级。	●查看社保缴纳花名册、各类资格证原件、培训证明等资料 ●现场抽问或技能考查
		26.各岗位人员具有规定学历、资格证书、岗位培训证书等，任职资格合格率达100%。（3分）	●正、副园长应具有大专以上学历，取得教师资格证，有三年以上幼儿教育工作经历，并取得幼儿园园长岗位培训合格证书。（1分） ●专任教师应具有幼儿园教师资格。保育员具备高中毕业以上学历，受过幼儿保育职业培训。（1分） ●医师应具有《医师执业证书》；护士应具有《护士执业证书》；保育员应当具有高中及以上学历，并经过当地妇幼保健机构组织的卫生保健专业知识培训并考核合格。保安人员年龄18至50周岁，持有公安机关颁发的保安员证。（1分） ●有犯罪、吸毒记录、精神病史者、教职工患传染病期间在幼儿园工作情况，或有2人及以上相关资格证未达标情况，限期整改，暂缓评定等级。	
	B11 研培机制 5分	27.注重园本研培，研培制度健全，教职工队伍发展规划符合本园实际，研培活动形式多样、有实效。（2分）	●建立研培组织，并建立科学、有效、可行的教职工队伍研培制度。（0.5分） ●有符合本园实际的年度研培计划和工作总结。（0.5分） ●突出问题导向，开展针对性强的相关理论学习、实践观摩、经验交流等形式多样的、有效的研培活动。（1分）	●查阅教师研培资料 ●访谈教师

续表

一级指标	二级指标	指标内容	评分标准	评估方式
		28.教职工园本研培参与率达100%;培训学时符合相关规定。(2分)	●园本研培涉及所有岗位,人员参与率100%。(1分) ●所有在职教师每五年内累计学分不得少于360学分(原则上每年不少于72学分),新任教师在试用期内应完成不少于120学分的岗位适应性培训。(1分)	
		29.全园教师积极参与教育科研,骨干教师逐年增加,主研或参研区(县)级及以上教育部门立项课题(含小专题)并在区(市)县及更大范围推广。(1分)	●近三年有新增的区(县)级及以上荣誉称号骨干教师。(0.5分) ●有区(县)级及以上课题,并有推广。(0.5分)	
	B12师德师风4分	30.开展常态化师德师风政策学习、优秀教师选树宣传等教育活动;将师德师风要求融入对教师日常管理全过程;形成尊重和爱护幼儿的积极向上的园风园貌。(3分)	●健全关于教师学习师德师风政策法规的学习制度,建立党建与师德建设联动机制,开展系统化、常态化学习,每月至少组织1次教职工政治学习。(1分) ●开展优秀教师选树宣传活动,采取实践反思、情景教学等形式,发挥优秀教师典型引领示范和辐射带动作用。(1分) ●签订师德承诺书,注重日常管理,严格师德督导与考核。在园所显著位置公示幼儿园及教育主管部门举报电话、邮箱等信息,依法依规接受监督举报。(1分) ●近3年经查实有违反教师职业道德行为准则情节严重的,暂缓评定等级。	●查阅师德师风建设资料 ●访谈家长和教师 ●现场查看
		31.维护教师合法权益,尊重关爱教师,为教师营造良好的从教环境。(1分)	●每年有为教职工办实事的项目。(0.5分) ●无侵犯教职工合法权益行为。(0.5分)	

续表

一级指标	二级指标	指标内容	评分标准	评估方式
A5 保育教育 15分	B13 教育理念 3分	32. 树立科学的儿童观、教育观；尊重幼儿的发展规律和学习特点，坚持以游戏为基本活动；坚持保教并重；关注个别差异。(3分)	●尊重幼儿的人格和权利。(0.5分) ●尊重幼儿身心发展的规律和学习特点，坚持以游戏为基本活动。(1分) ●坚持保教并重，注重保育与教育相结合。(1分) ●关注个别差异，促进每个幼儿富有个性的发展。(0.5分)	●访谈教师、园长 ●现场查看幼儿活动
	B14 课程建设 5分	33. 结合本园实际，编制幼儿园课程方案，推进课程园本建设，逐步建构园本课程；常态优质的整体实施课程，并逐步建立促进课程不断发展的评价体系。(5分)	●实施《幼儿园教育指导纲要(试行)》《3—6岁儿童学习与发展指南》及本市课程指导意见，依据幼儿身心发展特点和教育规律，编制适合本园实际的课程方案。课程内容涵盖德、智、体、美、劳等方面，促进幼儿全面和谐发展。(1分) ●根据实际，逐步构建完整、适宜、可持续的园本课程。(0.5分) ●结合本园优势和资源，充分挖掘、筛选幼儿园周边可利用的资源，因地制宜地开发、充实幼儿园课程内容。(1分) ●通过丰富的活动常态优质的整体实施课程。(1.5分) ●周期性地对幼儿园课程执行的情况和问题进行分析评估，调整课程内容、改进教学管理，形成课程不断革新的机制。(1分)	●查阅课程建设资料 ●现场查看班级活动
	B15 环境创设 2分	34. 提供健康、丰富、具有支持性的环境；营造尊重、接纳和关爱的良好氛围。(2分)	●提供健康、丰富、互动的生活和活动环境。(1分) ●幼儿园的空间、设施、活动材料和常规要求等有利于引发、支持幼儿的游戏和各种探索活动。(0.5分) ●营造尊重、接纳和关爱的氛围，建立良好的同伴和师生关系。(0.5分)	●现场查看 ●访谈教师、幼儿

续表

一级指标	二级指标	指标内容	评分标准	评估方式
	B16 活动实施 5分	35.根据幼儿兴趣、需要、季节特点科学组织一日活动，作息制度体现计划性与灵活性的平衡；各项活动符合幼儿的年龄特点和发展水平，体现保教结合的原则。(5分)	●合理安排一日作息时间，保证户外活动(正常情况下每日不少于2小时，其中体育活动不少于1小时；如遇极端天气，有室内备选活动方案)、游戏和自由活动(每日不少于1小时)等时间。(0.5分) ●坚持以游戏为基本活动，提供丰富、适宜的游戏材料，鼓励幼儿自主选择游戏。(1分) ●教育活动的目标、内容、组织形式适宜，注重引导幼儿直接感知、动手操作和亲身体验。(1分) ●不提前教授小学教育内容，无“小学化”倾向。(1分) ●教师在生活、活动中观察、研究、评价幼儿，通过多种方式回应、指导幼儿。(1分) ●有健康教育计划并纳入课程内容，培养幼儿良好的生活卫生习惯。(0.5分)	●现场查看班级活动 ●访谈教师 ●查看相关资料
A6 儿童发展 15分	B17 身心健康 5分	36.喜欢运动，身体发育和身体素质良好，动作协调灵敏。(2分)	●有参加体育活动的兴趣(0.5分)。 ●身体发育良好，形成正确的站姿、坐姿、走姿等身体姿势。(0.5分)。 ●具有一定的力量、耐力和平衡能力，走、跑、跳、投掷、平衡、钻爬等大、小肌肉基本动作发展良好(1分)。	●查看健康记录 ●观察活动中幼儿 ●与幼儿随机交谈 ●查看教师的评价记录 ●综合家长访谈情况
		37.情绪安定愉快，有一定的适应能力。(1分)	●日常生活中情绪稳定，且能用适度方式表达情绪。(0.5分) ●能较好地适应幼儿园日常各项活动及天气变化。(0.5分)	
		38.有基本的生活自理能力，以及基本的安全知识和自我防护能力。生活、卫生、学习习惯良好。(2分)	●有基本的生活自理能力。(0.5分) ●有基本的安全知识，以及自我防护意识和能力。(0.5分) ●生活、卫生、学习习惯良好。(1分)	

续表

一级指标	二级指标	指标内容	评分标准	评估方式
	B18 交往与适应 4分	39. 乐于为自己、他人服务。愿意与人交往，关心尊重他人，具有自尊、自信、自主表现。(3分)	●能做好力所能及的事情，乐于为他人服务，有一定的任务意识。(1分) ●主动与他人交往，主动分享、合作和交流，接纳和亲近同伴。(1分) ●具有自尊、自信、自主表现。(1分)	●观察活动中幼儿 ●与幼儿随机交谈 ●与教师个别交流 ●查看教师的评价记录 ●综合家长访谈情况
		40. 喜欢并适应群体，遵守基本的行为规范，具有初步的归属感。(1分)	●喜欢并适应群体活动，有规则意识，能理解并遵守日常生活中基本的行为规范。(0.5分) ●具有初步的归属感。(0.5分)	
	B19 认知能力 3分	41. 有良好的语言行为习惯；乐于与人交谈，并能清楚地表达自己的想法和感受；喜欢听故事，看图书，并有一定的书面表达愿望。(1.5分)	●讲话有礼貌，具有文明的语言习惯。(0.5分) ●喜欢用语言与人交往，能认真倾听，并清楚表达自己的想法。(0.5分) ●喜欢听故事、看图书，具有初步的阅读理解能力，并有书面表达愿望和书写兴趣。(0.5分)	●观察活动中的幼儿 ●与幼儿随机交谈 ●查看幼儿作品 ●查看教师的评价记录 ●综合家长访谈情况
		42. 好奇心强，喜欢探究，并具有初步的探究能力；有初步的数认知，并运用到日常生活中。(1.5分)	●亲近自然，对周围的事物和现象感兴趣，有强烈的好奇心和求知欲望。(0.5分) ●能运用各种感官感知、探究周围事物和现象，具有初步的探究能力和逻辑思维能力。(0.5分) ●能感知生活中的数、量及数量关系，以及形状与空间关系，能初步用简单的数学方法解决生活中问题。(0.5分)	

续表

一级指标	二级指标	指标内容	评分标准	评估方式
	B20 艺术审美 3分	43. 喜欢、欣赏美，并具有初步地感受美、表现美和创造美的情趣和能力。(3分)	●喜欢、欣赏自然界和生活的美，以及多种多样的艺术形式和作品。(1分) ●能用自己喜欢的方式进行艺术活动并能大胆表现、创造。(2分)	●观察艺术活动中的幼儿 ●与幼儿随机交谈 ●查看幼儿的艺术作品 ●查看教师的评价记录 ●综合家长访谈情况
A7 办园效益 14分	B21 多元评价 6分	44. 幼儿喜欢本班教师，喜欢同伴，喜欢幼儿园。(1分)	●师幼关系、同伴关系融洽。(1分) ●师幼关系、同伴关系一般。(0.5分)	●查看幼儿活动情况 ●随机访谈幼儿
		45. 开展家长评园及师德测评活动，有记录、有分析、有反馈、有措施；家长对幼儿园办园方向、管理水平、保教质量满意度高。(2分)	●每学期有家长测评活动，有记录和分析，对家长的评价有措施、有反馈。(1分) ●家长满意度90%以上。(1分) ●满意度85%—89% 。(0.5分) ●满意度80%—84%。(0.3分)	●查看家长测评情况 ●访谈家长
		46. 开展员工评价幼儿园管理的活动，有记录、有分析、有措施、有反馈，员工对幼儿园的管理工作满意度高。(2分)	●每学期有员工评园活动，有记录和分析，对员工的评价有措施、有反馈。(1分) ●员工满意度90%以上。(1分) ●满意度85%-89%。(0.5分) ●满意度80%-84%。(0.3分)	●查看员工评价情况 ●访谈各岗位员工代表
		47. 积极与社区联系，开展形式多样的活动，社区反响好；办园规范，声誉良好，主管部门评价高。(1分)	●幼儿园与社区联系紧密，园社活动丰富，社区反响好。(0.5分) ●幼儿园办园行为规范，声誉良好，主管部门评价高。(0.5分) ●近三年有任何一项违规行为(事故)，且情节严重造成恶劣影响的，或受到教育、治安、消防、卫生、食药监、物价等主管部门查证属实的信访或举报的，暂缓评定等级。	●查看社区评价资料 ●查看主管部门检查工作反馈情况 ●征询主管部门意见

续表

一级指标	二级指标	指标内容	评分标准	评估方式
	B22示范作用4分	48.能够协助教育部门做好业务指导和管理工作；积极参与本地区师资培养培训工作，成为区(市)县级及以上幼儿教师职前见习基地和教师发展基地；承办区(市)县级及以上教育教学观摩活动。(4分)	●是区(市)县级及以上幼儿教师职前见习基地。(0.5分) ●是区(市)县级及以上教师发展基地。(0.5分) ●有交流、指导和教育教学观摩接待等相关制度。(0.5分) ●承办区(市)县级及以上教育教学观摩活动。(1分) ●基地活动、承办教育教学观摩活动及交流活动丰富，且活动呈现主题系列化。(0.5分) ●对本地园所和教师的促进作用效果明显。(1分)	●查看基地、接待观摩、交流等证明 ●查看基地活动、接待观摩、交流等相关资料
	B23辐射作用4分	49.通过各种途径和形式，为其他各类幼儿园提供指导和服务。长期、经常开展针对本区薄弱园的帮扶活动，成效显著；建立指导帮扶制度，有专人负责指导帮扶、有计划、有记录、有成效。(2分)	●有指导帮扶工作相关制度，且有专人负责，职责分明。指导帮扶活动，有计划、有记录、有总结。(0.5分) ●能面向薄弱幼儿园开展有针对性的帮扶活动。(0.5分) ●长期、经常开展指导帮扶活动，且成效显著。(1分)	●查看帮扶工作资料 ●访问被帮扶园所
		50.充分利用家庭、社区拓展教育资源扩大教育空间，定期开展家园共育、社区服务活动，形成良好的共育氛围。(2分)	●重视家园共育，家长工作开展规范，形式多样，内容丰富，有计划、有落实、有记录、有总结、有实效。(1分) ●定期开展社区服务活动，有计划、有过程、有总结。(1分)	●查看家园活动资料 ●查看社区服务活动资料

资料来源:成都市教育局.成都市教育局关于印发《成都市幼儿园等级评定办法(2020年修订)》的通知.

本章小结

1.幼儿园工作评价是教育评价的一个重要组成部分,同时也是学前教育管理的重要内容和手段。幼儿园工作评价是指根据一定的标准和程序,有目的、有计划、有组织地对幼儿园的各项工作,采取科学的态度和方法进行调查、搜集、整理、处理相关信息,在此基础上做出价值判断的过程。

2.幼儿园工作评价的功能:诊断功能;鉴定功能;导向功能;激励功能;调节功能;服务功能。

3.幼儿园工作评价的类型:按评价的范围划分;按评价参照的标准划分;按评价的内容范围和复杂程度划分;按评价的功能划分;按评价的主体划分;按评价的方法划分。

4.幼儿园工作评价的原则:目的性原则;多元化原则;动态化原则;客观性原则;改进性原则。

5.幼儿园工作评价的内容:管理状态评价;工作人员评价;工作评价;公共关系评价。

6.幼儿园工作评价的基本方法:明确评价目的;确立评价标准;选择和确定评价内容;确定评价主体;设计评价方案。

7.幼儿园工作评价的实施步骤:建立评价工作领导小组;培训评价人员;取得评价对象的支持与配合;实施预评价;收集资料信息;实施正式评价;分析评价结果。

思考与实训

1.为什么说幼儿园工作评价是幼儿园管理过程中的重要组成部分?

2.如何设计幼儿园工作评价方案?

3.在幼儿园工作评价中应该注意哪些问题?

4.结合幼儿园教育实践,谈谈如何理解幼儿园工作评价的功能和实施步骤。

5.谈谈你对幼儿园工作评价的认识和理解。

专题探讨

五“破”五“立”:新时代教育评价改革明确五方面重点任务

新华社北京2020年10月13日电,中共中央、国务院印发了《深化新时代教育评价改革总体方案》,明确了5个方面22项重点改革任务。

教育部负责人介绍,方案围绕党委和政府、学校、教师、学生、社会五类主体,坚持破立结合,系统设计改革任务。对于党委和政府教育工作的评价改革,“破”的是短视行为和功利化倾向,“立”的是科学履行职责的体制机制,相应提出完善党对教育工作全面领导的体制机制、完善政府履行教育职责评价、坚决纠正片面追求升学率倾向3项任务。在改革学校评价方面,“破”的是重分数轻素质等片面办学行为,“立”的是立德树人落实机制,相应提出坚持把立德树人成效作为根本标准、完善幼儿园评价、改进中小学校评价、健全职业学校评价、改进高等学校评价5项任务。

探讨:《深化新时代教育评价改革总体方案》中明确提出完善幼儿园评价,重点评价幼儿园科学保教、规范办园、安全卫生、队伍建设、克服“小学化”倾向等情况。结合你见习或了解的某一所幼儿园的实际教育情况,谈谈如何改进该幼儿园工作评价,以促进其更好发展。

参考文献

一、图书

[1]武尔夫.教育人类学[M].张志坤译.北京:教育科学出版社,2009.

[2]夸美纽斯.大教学论[M].任钟印译.北京:人民教育出版社,2006.

[3]才金城.中国古代管理思想与智慧[M].北京:清华大学出版社,2014.

[4]蔡连玉.幼儿园经营与管理[M].上海:华东师范大学出版社,2013.

[5]陈群.幼儿园危机管理实务[M].北京:中国轻工业出版社,2009.

[6]程风春.幼儿园管理的50个典型案例[M].上海:华东师范大学出版社,2011.

[7]迪尔克·克斯勒著.马克斯·韦伯的生平、著述及影响[M].郭锋,译.北京:法律出版社,2000.

[8]董旭花,韩冰川.自主游戏——成就幼儿快乐而有意义的童年[M].北京:中国轻工业出版社,2021.

[9]杜燕红.学前教育管理学[M].郑州:郑州大学出版社,2012.

[10]樊莹,罗淑贞.财务学原理[M].广州:暨南大学出版社,2002.

[11]范先佐.教育财务与成本管理[M].上海:华东师范大学出版社,2004.

[12]郭咸纲著.西方管理思想史(第三版)[M].北京:经济管理出版社,2004.

[13]金含芬.学校教育管理系统分析[M].西安:陕西人民出版社,1993.

[14]庞丽娟.中国教育改革30年.学前教育卷[M].北京:北京师范大学出版社,2009.

[15]彭聃龄.普通心理学(第五版)[M],北京:北京师范大学出版社,2019.

[16]秦明华,张欣.幼儿园组织与管理(第2版)[M].上海:复旦大学出版社,2014.

[17]秦旭芳,向海英.学前教育管理学[M].长沙:湖南大学出版社,2015.

[18]汤发良.管理学原理[M].北京:清华大学出版社,2014.

[19]陶金玲.幼儿园班级管理[M].南京:南京大学出版社,2019.

[20]特伦斯·E·迪尔,肯特·D·彼得森.校长在塑造学校文化中的角色[M].王亦兵,译.北京:中国青年出版社,2006.

[21]王春燕.幼儿园课程概论[M].北京:高等教育出版社,2012.

[22]王晖晖,李晶.幼儿园管理[M].北京:北京理工大学出版社,2010.

[23]王普华.幼儿园管理[M].北京:高等教育出版社,2014.
[24]王雯.学前教育管理学[M].北京:北京大学出版社,2014.
[25]线亚威.幼儿园文化建设指导策略[M].北京:高等教育出版社,2011.
[26]肖玉.幼儿园管理[M].北京:人民邮电出版社,2017.
[27]闫秀敏.道家无为管理智慧[M].北京:人民出版社,2013.
[28]袁柏乔,张兴福.管理学[M].上海:上海交通大学出版社,2018.
[29]张慧敏.幼儿园组织与管理[M].北京:人民邮电出版社,2014.
[30]张莅颖,刘海燕,佟秀莲.幼儿园组织与管理[M].北京师范大学出版社,2018.
[31]张燕.邢利娅.幼儿园组织与管理[M].北京:北京师范大学出版社,2000.
[32]张燕.学前教育管理学[M].北京:北京师范大学出版社.2009.
[33]中国学前教育研究会.中华人民共和国幼儿教育重要文献汇编[M].北京:北京师范大学出版社,1999.
[34]中华人民共和国教育部.3—6岁儿童学习与发展指南[M].北京:首都师范大学出版社.2012.
[35]周三多,陈传明,鲁明泓.管理学——原理与方法(第五版)[M].上海:复旦大学出版社,2011.
[36]朱国云.组织理论:历史与流派[M].南京:南京大学出版社,2014.

二、期刊论文:

[37] 陈晓云.论6S管理法在幼儿园管理中的运用[J].课程教育研究,2015(05).
[38] 翟弦亮.OECD国家保教一体化政策研究[D].首都师范大学,2014.
[39] 底会娟,段青如.新西兰学前教育质量评估的轨迹、现状及特点[J].中国考试,2020(04).
[40] 范明丽,洪秀敏.我国学前教育管理体制改革的历程与方向——改革开放40周年回眸与展望[J].学前教育研究,2019(01).
[41] 范明丽,庞丽娟.当前我国学前教育管理体制的主要问题、挑战与改革方向[J].学前教育研究2013(6).
[42] 冯玉梅,孙璐璐.新媒体时代幼儿园教育舆情的特点、价值及利用[J].江苏第二师范学院学报(教育科学).2017,33(07).
[43] 葛晓英,王默,杨冬梅.幼儿园教师培训内容需求的调查分析[J].天津师范大学学报(基础教育版),2021,22(04).
[44] 郭小玲,何永琴,刘珺等.以环境育人为理念的本科教学实验室管理模式探讨[J].生物工程学报,2020,36(07).
[45] 郭燕芬,柏维春. 我国学前教育经费投入——产出效率分析及政策违议[J].学前教育研究,2017(2).
[46] 侯晋雄,王锦辉.关于提升非权力领导影响力的几点思考[J].理论与改革,2008(06).
[47] 江夏.英国现行学前教育督导制度的内容、特点及其对我国的启示[J].外国教育研究,2014,41(05).

[48] 姜晓，潘云．我国台湾地区幼儿园基础评鉴实施现状及启示[J]．教育观察，2020(04)．
[49] 李槐青．幼儿园管理中的领导艺术探析[J]．湖南第一师范学院学报，2010，10(02)．
[50] 李欢欢，黄瑾．“高素质善保教”幼儿教师培训模型之构建[J]．中国教育学刊，2019(02)．
[51] 刘炳香．论领导影响力[J]．理论学刊，2003(06)．
[52] 刘颖，李晓敏．OECD国家学前教育质量监测系统分析及其对我国的启示[J]．学前教育研究，2016(03)．
[53] 刘泽仪．英国现行学前教育督导评估内容、特点及启示——以《学前教育督导手册》为例[J]．教育导刊(下半月)，2021(12)．
[54] 陆蓉．砥砺特色还原本色——对幼儿园文化建设的现场分析和思考[J]．早期教育(教科研版)，2012(03)．
[55] 马胜．部队幼儿园的风采：对长沙市S园园本文化的研究[D]．长沙：湖南师范大学，2020．
[56] 庞丽娟，范明丽．当前我国学前教育管理体制面临的主要问题与挑战[J]．教育发展研究，2012(4)．
[57] 庞丽娟．加快推进《学前教育法》立法进程[J]．教育研究，2011(8)．
[58] 彭宇．美国学前教育质量评价与提升系统(QRIS)研究[D]．长沙：湖南师范大学，2017．
[59] 尚爽．沈阳市保育员职业认同现状及影响因素研究[D]．沈阳：沈阳师范大学，2020．
[60] 王唯一．幼儿园组织气氛与幼儿园教师情绪劳动的关系研究[D]．沈阳：沈阳师范大学，2019．
[61] 杨丹．新媒体环境下幼儿园危机管理——以上海市松江区为例[D]．上海：华东政法大学．2017．
[62] 虞永平．在课程管理实践中提升幼儿园课程建设的质量——厦门市思明区幼儿园课程建设的启示[J]．学前教育研究，2005(10)．
[63] 张传烈．领导艺术：特点及表现形式[J]．政治学研究，2001(01)．
[64] 赵敏．园本文化的生长与教师的专业发展[J]．教育科学论坛，2015(07)．
[65] 苗建明，霍国庆，刘蓉晖．领导影响力研究[J]．领导科学，2006(12)．
[66] 朱良．幼儿园的安全管理与安全教育[J]．学前教育研究，2003(12)．